国家自然科学基金旅游研究项目文库

要素流动重塑跨境旅游合作空间的内在机理与演化路径

以中越边境地区为例

黄爱莲 / 著

中国旅游出版社

序 言

我第一次去越南是在1994年，那个时候应该说非常新奇，和越南国家旅游局会谈，谈的时候感觉越南人提的问题基本是我们1978年提的问题。我当时有一个很明显的感觉，这是一个阶段性的差距，那个时候旅游基本没有开展起来。第二次去越南是2016年，胡志明市、河内、下龙湾一路看下来，有一个感觉是中国全域旅游示范区在下龙湾，因为下龙湾有很多中文的标志，很多管理方式感觉也很熟悉，因为他要服务中国客人。芒街也去过两次，第一次去芒街很早了，那个时候芒街给我就留下了很深的印象，越南人用手提包装钱，用尺子量钱，不数。第二次去芒街，一看越南盾，还是币值很大，为什么不做一次货币改革呢？每次折算觉得很费劲。去看了几个赌场，说句老实话这个东西不能长久，果然火爆几年就过去了。

我们研究跨境合作的问题，实际上是站在新的平台上。我们中国人对越南的认识有误区，我们到越南以后有几个比较深刻的感受。第一，越南是一个大国，在中南半岛，在全世界都是一个大国。有人说我们中国有14亿人口，越南有1亿人口，不是大国，这是误区。这个误区看轻了越南的市场潜力，看轻了越南的发展。第二，感觉越南改革的深度和突破非常强，这点我们要好好学习。因为这种改革的强度实际上蕴含了越南下一步发展的潜力。第三，越南发展很快，包括中国现在很多产业在向越南转移，也有很多中国的投资商在越南投资，从海防省到广宁省，一路上都是一片一片的工业区。这种感觉我们很熟悉，大体也是我们以前走的路，像那个时候珠三角、长三角工业区的发展。所以从这个角度来说，中国和越南方方面面都是：第一互补，有一个互相补充的关系；第二互促，有一个互相促进的关系。说句老实话，越南现在已经对我们构成了竞争与挑战。但从另一方面说，对我们是一种促进关系，这里不必有什么危机感，不用一说挑战就是危机，这种思路是错误的；第三，我们努力达到互利。

一、关于跨境旅游两个区

发展跨境旅游合作区，探索建设边境旅游实验区。经过这么多年的发展，严格地说边境旅游区已经形成，中国所有的口岸我都走遍了，像东兴这样的口岸已经是一个比较成熟的口岸，相比新疆、内蒙古那些口岸，东兴这个口岸真的更为成熟，有些东西已经形成了，但是需要深化。可是这是两个概念，不宜把这两个概念混在一起说，一个叫作边境旅游实验区，更多的是追求政策突破，一个叫作跨境旅游合作区，更多的是追求市场的完善，这是两个不同的诉求点，也应该是两种不同的模式。关于这两个区，有以下五个关系要考虑：

第一个关系是边境与跨境。这两者是有区别的，我们现在经常混在一起说，边境旅游严格地说擦个边儿，我们多年做的东西，跨境旅游合作不是擦边的问题，一定往内地延伸，延伸到什么程度是一个问题，但是不延伸谈不上跨境旅游合作。另外，边境基本是单方面的，跨境一定是双方的，所以如有跨境合作上的问题，要害在合作上。

第二个关系是边境贸易和边境旅游的关系。多年以来边境贸易和边境旅游相互拉动，产生很大的作用，到今天这个作用有多大？这需要研究。尤其今天东兴口岸，边境贸易和边境旅游仍然很强。比如说当年新疆，在旅游统计里有一个专项统计叫边境贸易旅游统计，做边境贸易统计觉得旅游有点委屈，做边境旅游统计贸易有点委屈，所以专门列了一个指标叫作边境贸易旅游，这个数量很大，到今天边境贸易和边境旅游之间的关系，仍然是有活力的促进的关系。

第三个关系是边贸与大贸，边境贸易与我们正常的贸易往来之间的关系。原来边贸是一个补充，可是对于很多边境地区来说边贸不是补充，是主体，特别是这么多年以来沿线的八个涉及边境的省份，但是这些年经济迅速发展，边贸主体的情况已经减少了。原来在我们的贸易体系中，边贸就是一个补充，但是对八个地方来说边贸是主体，现在虽然经济和贸易发展，特别是随着全球一体化的发展，边贸的主体性又下降了，在很多地方边贸都变成了一种补充。比如说广西，广西肯定是以大贸为主、边贸为辅，但是大贸没有发展起来的时候，是以边贸为主的，边贸对各个边境口岸地区，尤其发展边境旅游来说是非常重要的变数，也是非常重要的参数。东兴有15万常住人口，15万流动人口，15万流动人口基本做边贸，和做边贸的这些人比起来，旅游人口和流动人口是两个概念。东兴研究流动人口一部分是做边贸的，实际上是半常住的流动人口，一部分的旅游人口就是流动的。

第四个关系是边游与大游。边境旅游与大旅游这个关系，实际上像边贸和大贸一样，也在不断地变化之中，所以我们原来看得很重的边境旅游，现在没有那么重要了，这就是一个挑战。

第五个关系是大贸与大游。国家包括各个省区，大型贸易和公民的出境游。

这五个关系的把握，如果综合分析下来，才能够把边境旅游这个事看得更明白。

二、跨境旅游合作的挑战

1. 出境格局的改变

简单回顾一下中国公民出境的过程，大体在20世纪80年代末港澳游就开始了，那个时候港澳游简直比黄金还宝贵，谁要能去港澳就牛得不得了。到了20世纪90年代上半期，边境游开始了。边境游一开始就形成了一个黄金发展的格局，那个时候很多人到广西的目的就是为了去东兴。去一趟芒街变成了旅游的直接诉求，甚至变成很多会议的诉求。同样，到东北地区的黑龙江是为了去哪？布拉戈维申斯克（海兰泡），后来到符拉迪沃斯托克（海参崴），能到那儿看异国风情，也已经不得了。一直到1997年，中国公民出境旅游正式开始，那次也是国务院下了文件，港澳游、边境游一直到出国游，但是出国游并没有取消港澳游和边境游，后来形成的格局基本三个方面三足鼎立，进入21

世纪后这个格局才有了变化。随着大幅度的开放，大规模的出境开始产生，一方面我们的出境旅游的目的地越来越多，另一方面出境的手续越来越简便，包括国内手续，原来办一个护照对于普通公民来说是不可想象的事情，现在要说没有护照好像觉得不可想象了。这个过程在十几年里实际上改变了中国旅游的总体格局。

目前来说，边境游的地位已经从三足鼎立下降到微不足道，这是客观事实，也是对边境游最大的挑战。由此引发的是边境游含金量大幅度下降，如果从绝对数来说，没有多少下降，但是含金量下降了，吸引力下降了，这是一个客观事实。反过来说也可以看一下，中国的边境旅游10年的黄金时代已经过去了，这个里面还存在一个问题，这10年的黄金时代没有给我们真正产生黄金效益。其中一个重要的问题是什么？开放是一步一步的，政策也是一步一步的，等到最后政策到位的时候，我们发现机会过去了。这个情况之下就得研究到底怎么办？现在最大的挑战是为了一个边境游到某个地方专门去一趟，这个可能几乎没有，随时随地想去哪儿去哪儿，千吗非得跑边境呢？我看到很多边境口岸以前热闹非凡，现在冷冷清清，如黑龙江黑河、绥芬河这些原来都是主要的口岸，现在比较热闹一点的是呼伦贝尔的满洲里，但是满洲里更重要的不是边界游，而是边贸，边贸现在产生很大的作用，同时建立了一个边境贸易区和边境文化城，变成特殊的吸引力，到满洲里会感觉到很强的异国风情，又有俄罗斯的，又有蒙古的，包括冬天时候去也是这种感觉。这就是为什么我强调边贸、边游，大贸、大游之间的关系，这是一个根本的挑战，但是不意味着有了这样的挑战就起不来了。

2. 差异性

第一是文化差异，中国所有的边境都是如此，有的地方文化差异比较大，有的文化差异不突出，但是文化差异还是有的，文化差异不是挑战，是吸引力。

第二是发展阶段的差异，这种发展阶段的差异利用好了就行，利用不好就不行。举一个例子，从海防城到下龙弯，原来走过这条路，坐一个大巴，颠簸得很厉害，现在这路真是有进步，感觉不错，但是同乘的人发牢骚。对于旅游团坐大巴的人是这种感觉，但是对于自驾车的人感觉不同，可以比较过瘾地开一把，在中国开自驾车有一个很大的特点，是高速公路四通八达，跑起来几乎一模一样，同质化太强，开起来太舒服，但一点挑战性没有。所以说发展阶段差异处理好了，就是一个优势，处理不好是一个障碍。

第三是设施的差异，设施的差异是存在的。产品的差异化越大越好，同时要达到服务的均质化，没有服务的均质化，客人不满意，也影响吸引力。

3. 传统模式和传统思路

我们现在产品和线路内容单薄，怎么办？丰富内容，现在的手续相对来说还较为复杂，能不能简化？网络化的宣传，现代的宣传，我们努力提升，但是这个提升是谁来提升，操作主体是谁？所以只讲双方合作，这个东西要真正落实下来，跨境旅游的合作核心就是研究市场机制的深化。比如，双方能不能成立合资公司，这就形成一个操作主体，操作起来就方便了。

三、跨境旅游合作的机遇

第一个机遇，是国民旅游的需求膨胀，中国有一个特点是海量特征，我们一个很小的百分点都是一个巨大的绝对量。一次春运36亿人次，40天之内移动一次，全世界谁都无法想象，包括很多外国专家看不懂，40天之内相当于全世界人口的二分之一移动了一次，哪个国家有这种现象呢？这就是海量特征。同样，对于边境旅游来说，只要有相应的吸引力，不怕百分点小，市场绝对量仍然很大。

第二个机遇，是多元追求方式迭代。现在的旅游者不是以前的旅游者，以前的旅行社、大巴车、小旗子一挥的这套方式不灵了，现在新的方式不断迭代，在边境旅游和跨境旅游合作里面，要研究新的方式。

第三个机遇，是时间消费创造新局面。这个里面要打破一个市场惯性，大家总感觉边境旅游就是半日游，最多就是一日游，在那边能吃上饭就不错了，这是一个习惯。在云南缅甸的打洛口岸，过去一个小时回来了，相当于到那边逛了一个农贸市场。如果说边境旅游到今天为止还限于这种低层次，能行吗？可是这种传统模式现在有点根深蒂固，我们现在就得研究边境旅游和跨境旅游合作的时间消费问题。到底多长时间？时间越长越好。比如说从东兴到芒

要素流动重塑跨境旅游合作空间的内在机理与演化路径：

以中越边境地区为例

街，在广宁省的时间越长越好，反过来说越南人到东兴、在广西的时间越长越好，这是很自然的。这里面有一个问题就是要把眼光放长远。比如，如果出现旅游消费爆发性增长的势头，东兴怎么应对？广西怎么应对？所以这里的一个核心不在于人数，而在于停留的天数，在于花费数，到底花多少钱？这就需要创造一个新的局面。比如说我在瑞丽口岸，看上一样东西就是树化玉，买完了担心怎么给我寄过去呢？不用担心，100%毫发无损，确实如此，所以我花了4000元买东西，500元运费，非常满意。就是让客人心甘情愿地消费，欢天喜地地购物，心满意足地离开。严格地说，这也算一种小额贸易了。类似这样的事情，实际上是我们如何深化衍生的问题，就是通过时间的花费增加金钱的消费。

第四个机遇，是全域拓展共同吸引。到柬埔寨吴哥窟，整体是全域旅游的感觉，到了下龙湾也是全域旅游的感觉。我们全域旅游的概念在国际上是可以推广的。但是实际上重要的不是这个，而是全域旅游的概念怎么深化？怎么拉动？怎么让各行各业纳入旅游发展的体系？如果只限于互为客源国，互为目的地，这个是不够的，国际旅游合作区最长远的目标是构造一个新的产品类型，就是边境旅游合作目的地，然后吸引第三方，如果这个目的达到了，我们算从根本上达到了。

四、跨境旅游合作发展

第一，从边境到跨境。说句老实话，边境旅游实验区我不太关注，能争取多少政策，就多少政策，能做点什么，就做点什么，我更看重跨境旅游合作区。必须调整思路，从边境到跨境。

第二，从单向到合作。我们现在比较习惯自己是客源输出地，我们的人很多，就是一个单向的，我不这样看，想要形成合作机制，将来客源会相互流动，但更重要的是我们合作起来如何吸引第三方。

第三，保持传统模式的基础。传统模式虽然一步一步下降，但是现在还保持这个基础，不能说庄稼还没有长起来，就把去年的粮食吃光了。所以有一个延续的问题，有一个衔接的问题，但是存量模式一定会调整，可是不能因为会调整现在就把它扔了，要研究这个过程。

第四，自驾游延伸。自驾游的延伸恐怕是边境合作的重要载体，是一种创新的方式。我遇到过500辆车从内蒙古到二连浩特，出境穿越蒙古国到贝加尔湖，俄罗斯人都傻眼了，500辆车浩浩荡荡两个小时过不去，路况并不好，大家就一个感觉，过瘾。在南方不行吗？云南现在自驾车走老挝走昆曼这条线已经比较成熟了，很多人开始走了。另外，广西不能走吗？自驾游的这种延伸最重要的功能就是游得过瘾，游得方便。从广西到下龙湾，路上设一个露营地，下龙湾也要设一个露营地，让我们自驾车旅游者到了那个地方有一个回家的感觉。相当于做两个投资项目，但是自驾游的延伸起来了。

第五，乡村旅游的变化。现在乡村旅游各种新的方法、新的模式、新的建设都在开展，能不能把乡村旅游延伸一步，延伸到跨境旅游合作区里面？比如说将来提一个体验越南乡村旅游，这可能比较好玩，越南乡村旅游是怎么回事？无非我们合作一下，做几个点让大家过去就行了，这样的话乡村旅游不是过路逛一逛买点东西，而一定要在这住一晚，至少住一晚。

第六，休闲度假的拓展。我感觉把这个跨境旅游合作区做一个休闲度假区是可以的，现在从中国人出境来说，东南亚基本变成中国人最主要的度假地，越南在大家的印象中还是一个观光地，有一个芽庄起来，有一些度假地的感觉了。我们把跨境旅游区，比如说这个合作区，当作一个休闲度假区来建设，这样行不行？在东兴一个度假酒店住两晚，越南那边住两晚，因为有差异性，让大家觉得很有意思，构造了独特的吸引力，所以这个里面既有产品建设的深化问题，也有文化的差异性之中的同质化问题。

第七，市场机制的深化。一个跨境旅游合作区，不管东兴、芒街还是其他地方，根本问题是能不能形成一个好的市场机制。这个事情如果还靠政府运作，无非还是边境旅游，而不是跨境旅游合作。所以，首先，跨境旅游合作的基础就是市场基础，机制上应该是两方共同组建一个合资公司，划出一片地方来，共同来做跨境旅游合作区，这个合作区如果做休闲度假区没有问题，但是做旅游区就有问题，因为旅游区需要进一步的延伸，不是划一片地方的问题了。其次，按照原来的计划，一个边境贸易区划一片地作为基础，现在跨境旅游合作区再划一片地重点做休闲度假，和边贸联系在一起。因为有了一个好的市场运作机制，有了一个公司化的运作平台，就可以将跨境旅游合作区的实际外延扩大，实际外延扩大了，市场影响力就扩大了。如果没有这样的市场运行机制，大概仅限于大家说一说而已。我不希望这个事只是说一说而已。再次，要有政府的创新，无论是政府的支持力度、保障力度，还是政策力度，都需要支持。最后，要有金融的创新或者资本的创新，做这些事情总要花钱，搞建设可能花的钱多一些，这就需要银行的支持，需要产业资本和产业基金来支持，这些事情都不难。按照这样一个路数往下走，我们可以化挑战为机遇，把机遇落到现实上，来谋求跨境旅游合作的新发展。

以此文作为黄爱莲博士新著的序。

魏小安

世界旅游城市联合会首席专家

全国休闲标准化技术委员会副主任

前 言

在新一轮高水平开放开发下，我国边境地区跨境旅游发展迎来了发展的良好机遇，广西中越边境地区跨境旅游合作也赶上了发展的快车道。中越跨境旅游合作区如何在"一带一路"及国家的大发展战略下，突破边境障碍，实现商品、要素在跨境旅游合作区的集聚和优化配置，使边（跨）境旅游形成广西旅游业新的竞争力，壮大口岸经济，实施兴边富民战略，成为课题研究亟待解决的重要问题。

课题采用田野调查、参与式观察和深度访谈分析等方式，对中国西南中越边境旅游开发过程中跨境旅游合作空间生产与地方重构进行探索。主要内容包括六大部分：跨境旅游合作空间的要素流动理论研究；运行边（跨）境旅游者跨境体验的影响研究；边（跨）境旅游地居民参与权力配置关系研究；产业融合视角下边境旅游与边境贸易耦合发展的测度研究；跨境旅游与进口水果新业态培育研究；兴边富民行动背景下中越边境旅游竞争力评价研究。

研究结果表明：（1）旅游作为国家意志在边境地区空间的表达，使中越跨境地区地理空间所根植的物理、文化和社会空间发生深层次结构性生产，边境口岸国家边界不再是固定封闭的边界，旅游产业要素（主要有资本、政策、人员）等要素流动下打破边界的界限逐渐变得开放和渗透，边境地区逐渐变成一个开放和休闲的旅游目的地。（2）通过对东兴口岸的实证研究发现，在旅游兴边富民策略和市场逻辑下，旅游资本化导致东兴边境口岸社会分化，当地居民与边民利益分享认同表现出明显的"利益诉求"与"主体缺失"的空间分异，政府、当地居民的社会关系出现不同尺度断裂与重构。但是，居民身份认同与其对本地旅游发展的支持度存在正相关关系，具体影响作用程度依次为：权力关系>情感效应>经济利益>社会文化。（3）要素流动是推进跨境旅游合作空间形成的重要驱动力。边境旅游与边境贸易如何实现同步发展？通过对东兴、凭祥友谊关口岸的实证分析得出，2009—2018年，东兴市边境旅游与边境贸易产业均呈现比较明显的上升态势，均处于快速成长期，具备进一步耦合发展的产业内部条件。其耦合程度实现了从磨合阶段向稳定阶段的过渡，耦合协调水平经历了从低水平到中等水平的过渡；在同步性方面，边境旅游产业相对滞后于边境贸易产业，近三年逐步进入同步发展阶段。研究证明，2012年以来国家在东兴、防城港市给予的边疆先行先试区，边境旅游试验区等国家一系列政策推进对中越跨境旅游合作有积极和推动的作用。

通过对东兴口岸、凭祥口岸、中越跨境旅游合作区、防城港边境旅游试验区的案例研究，总结出"东兴六联合模式""防城港经验"以及"凭祥东盟水果之都"的成功经验，边境实践所取得的成效，充分证明和意味着国家扩大开放开发，是根据我国改革发展客观需要做出的自主选择。国家在防城港、凭祥等地设置边境试验区、自由贸易区，有利于推进东中西区域经济尤其是西部地区的协调发展，符合国家发展的整体战略安排。通过广西打造中国—东盟旅游合作示范区和中越跨境旅游产业融合示范区，实现我国沿海沿边的全方位开放，最终形成各具特色、互补发展的对外开放新格局。这也是落实习近平总书记在考察广西重要讲话中明确提出的"三大定位"，构建面向东盟的国际大通道、打造西南—中南地区开放发展新的战略支点、形成"一带一路"有机衔接重要门户的重要举措和成功经验。

广西跨境旅游合作区的建设研究充分说明，探索广西边（跨）境旅游发展布局、重点和时序，统筹利用好国际国内旅游资源与市场，促进旅游产业要素在区域内自由流动，利用好相关扶持性政策，加强旅游跨国合作，完善边（跨）境产业支撑政策体系，健全旅游对外合作体制机制，实现国家对外合作长远性计划制定，形成一系列可复制、可推广的经验做法，是中国—东盟（广西）自由贸易试验区建设的使命所在。

目 录

导 论 …… 1

第一章 旅游者：跨境旅游合作空间建构的逻辑起点 …… 7

第一节 跨境旅游地的情境建构与生成 …… 7

第二节 德天瀑布景区旅游情境感知 …… 14

第三节 边境旅游者情境感知及其对边境体验的影响 …… 22

第四节 德天瀑布景区旅游情境建构对策 …… 51

第二章 旅游地利益相关者：跨境旅游合作空间生产的主体 …… 56

第一节 跨境旅游合作与利益相关者 …… 56

第二节 跨境旅游合作利益诉求——身份认同的矛盾运动 …… 62

第三节 跨境旅游合作区中的居民与政府身份认同实证分析 …… 72

第四节 跨境旅游利益主体身份认同对策建议 …… 98

第三章 资本流动下跨境旅游合作区空间生产 …… 102

第一节 资本流动与空间生产 …… 102

第二节 资本流动下东兴跨境旅游合作区空间生产 …… 111

第三节 资本流动下空间生产的优化 …… 120

第四节 资本流动下跨境旅游合作的对策建议 …… 131

第四章 沿边开发开放政策与中越跨境旅游合作 ……………………………… 135

第一节 沿边开发开放政策概况 ………………………………………… 135

第二节 沿边开发开放政策与东兴—芒街跨境旅游合作……………… 148

第三节 中越跨境旅游合作的困境与机遇 …………………………… 157

第四节 中越东兴—芒街跨境旅游合作发展对策 …………………… 162

第五章 边境旅游与边境贸易耦合发展 ……………………………………… 167

第一节 边境旅游与边境贸易发展概述 ……………………………… 167

第二节 边境旅游与边境贸易耦合发展机理 ………………………… 173

第三节 东兴市边境旅游与边境贸易耦合发展水平测度……………… 180

第四节 东兴市边境旅游与边境贸易耦合发展对策 ………………… 203

第六章 跨境旅游与进口水果业态创新培育 ……………………………… 212

第一节 旅游新业态 …………………………………………………… 212

第二节 跨境旅游与进口水果产业 …………………………………… 227

第三节 凭祥市跨境旅游＋进口水果贸易业耦合发展………………… 244

第四节 凭祥市跨境旅游＋进口水果贸易新业态培育路径…………… 250

第七章 兴边富民行动与边境县域旅游竞争力评价 ……………………… 262

第一节 兴边富民行动与边境旅游发展 ……………………………… 262

第二节 边境县域旅游竞争力评价体系构建 ………………………… 269

第三节 广西边境8县（市、区）域旅游竞争力测度实证分析……… 275

第四节 边境县域旅游兴边富民竞争力提升策略 …………………… 287

结束语 空间正义与中越跨境旅游合作 ……………………………………… 294

参考文献 …………………………………………………………………… 297

附 录 …………………………………………………………………… 329

后 记 …………………………………………………………………… 340

导 论

一、要素流动及旅游流动性理论

要素流动是经济全球化的重要特征。国际贸易理论认为，一国之内的商品贸易与要素流动没有关税与贸易壁垒等限制，是完全自由充分地流动（克鲁格曼，1998）。在生产要素国际流动的影响下，经济全球化经历了从贸易自由化到生产国际化的进程。

西方学界讨论旅游要素理论问题，倾向从旅游发展过程中运用系统观来研究它的概念、原理、体系，研究系统各元素的构成及其间的依存关系。例如，Leiper（1979）认为凡是符合满足人们旅游需求的旅游产品、旅游消费和旅游供给都可以纳入旅游产业的范畴。Goeldner 和 Ritchie（2008）提出，目的地旅游产业发展的要素涉及自然资源与环境、建成环境、旅游业运营部门以及基本上由政府主导的规划、开发、营销部门等。没有旅游者的流动，就不会有旅游（Parrinello，2001）。Mordue（2007）认为旅游流动（tourism mobility）是旅游活动的共同内核。旅游流动的"流"谱系既包括地理空间中的大规模人员流动、商品、资本、信息的流动（Coles 和 Hall，2006；Hannam 和 Knox，2010），还包括人们每天的通勤和日常的旅行（Sheller 和 Urry，2006）。厄里（Urry，2004）从三个层面界定旅游流动，分别是旅游者身体的流动、资本的流动与关系的流动。

国内旅游学界的关注点主要集中在旅游要素、旅游流及旅游系统。孙尚清（1991）首次提出了旅游六要素。"六要素"说的提出，对人们认识开展旅游业发挥了启蒙作用，为构建旅游产业链提供了基本范式。魏小安（2012）认为，旅游要素包括三个层面，第一层面是运营要素，即传统上的旅游六要素；第二层面是休闲要素；第三层面是发展要素，包括土地、资金、人才、信息、能源、科技、管理、产权、品牌九类要素。国内学界多根据旅游流（主要指旅游客流）来理解旅游流动的空间分布或扩散规律（唐顺铁、郭来喜，1998；马耀峰、李旭，2001）。旅游流的概念有助于人们理解旅游活动。

吴必虎（1998）认为，旅游系统涉及客源地（旅游需求）、目的地（旅游供给）、其间的通道或渠道（信息、交通、营销等）及支持系统四大子系统。厉新建、张凌云等（2013）认为，必须树立全要素、全方位、全过程的理念发展旅游产业，树立大旅游的概念。

综上所述，目前国内学界关于旅游（产业）要素还存在争议，对要素流动理论的专门研究则更少，但是总体上遵循身体移动—资本信息流动—技术与旅游融合的"流动性范式"研究的发展趋势。本书顺应这一趋势，把要素流动的理论视角引入尺度研究之中，对中越跨境旅游合作区的空间实践进行考察，拓展跨境旅游合作空间研究的新领域，因此也就具有了一种理论价值。

二、旅游流动与空间生产

"空间转向"首先发生在西方学界。Lefebvre（1991）提出空间是社会产物，并建构了空间本体论的三元一体框架：空间实践、空间表征与表征空间。早期的地理学研究以绝对空间为主，从位置、尺度、区域、边界等地理学视角理解空间（Healey P，2004）。很难处理"空间"与"空间性"观念之间的关系（格雷克·格利高里，约翰·厄里，2011）。从地理空间向社会空间、文化空间转向是人文地理学科研究的前沿问题。空间本身既是一种"产物"，即由不同范围的社会进程与人类干扰形成的，又是一种"力量"，它要反过来影响、指导和限定人类在世界上的行为与方式的各种可能（Wegner P E，2002）。Agarwal S（2012）以转型理论视角，通过实证研究英国滨海地区在资本、权力、情感等内外在因素的推动下，滨海旅游空间通过组织、生产、再组织、再生产的交织出现，重构一个具有地方特色的旅游空间。

国内学界对空间生产理论的研究起步相对较晚，且多受制于地理学意义的空间。一些学者以空间概念为起点研究旅游地空间结构（保继刚、张朝枝、刘德龄，2013；朱付彪、陆林等，2012；刘泽华、李海涛、史春云等，2010；高楠、马耀峰、李天顺等，2012；章锦河、张捷等，2012；薛领、翁瑾，2010）。也有研究者从城市旅游空间形态、文化性旅游地、民族旅游村寨、古镇空间、传媒网络空间、景区绿道进行空间重构（侯兵，2013；黄震方，2012；孙九霞、苏静，2013；明庆忠，2014；李蕾蕾，2013；余勇，2013）。

在众多研究成果中，把要素流动与空间生产相结合的研究成果不仅少而且很不系统。例如，游海鱼、杨桂红（2009）基于空间生产的理论，提出旅游是一种获取经济效益的空间生产及商品化过程；李琮（2009）认为资本是旅游空间的生产方式与基本生产要素，旅游空间生产需要本土化；戴翔、梁树英（2010）分析了大理喜洲古镇在权利与资本的推动作用下，古镇旅游开发的过程中新空间主体的出现和社会关系的改变以及由此产生的新空间需求和相应的建筑景观转型。

综上所述，国内学界目前空间生产实践方面的研究文献主要停留在目的地层面，注重对旅游流动的规模进行"事后"测量，缺乏对旅游产业空间构建内在机理的深入研究，缺乏对旅游产业要素空间状态的量化测度研究。国内空间演化研究总体上正在向体系创新及模型构建的纵深方向发展。本书拟以最为活跃的产业发展要素——旅游者、旅游地利益相关者为核心，描述空间主体权力关系的复杂构成，其目标在于尝试打开旅游产业流动空间这一黑箱。

三、研究基础与理论支撑

目前国内外学者对跨境旅游（cross-border tourism）尚未形成统一的概念界定，基本上将其与"边境旅游"（border tourism）通用。跨境旅游合作区是区域旅游一体化的主要表现之一。跨境资源禀赋的融合性使区域内各方共享资源，是跨境旅游合作区形成的基础。所谓跨境资源禀赋融合是指相邻的边界区域的共同自然和文化旅游景观（Dallen，1999），跨境旅游是两国跨境合作和友谊的催化剂（Dallen，2012）。开放的边境是跨境旅游合作区形成的前提，Nilsson（2010）认为两国共建的国际旅游区及国家公园是近年来边境开放的结果。此外，国家历史、政治和文化制度等也常常影响跨境区域竞争和合作的进程（Sofield，2006）。国外跨境旅游合作区的形式多样，跨境保护区、国际公园、跨境小岛等均是学者关注的对象（Dallen，1999；Sanette，2004；Gelbman，2008）。欧盟、北美的跨境旅游合作区均为较成熟的旅游目的地，因而国外学者的研究多注重跨境旅游合作理论的深化。例如，Lovelock等（2006）构建了基于宏观、中观和微观三个层面跨界合作影响因素的分析框架。

国内的跨境旅游合作区实践是2010年出现的新生事物。在此之前，已有部分学者提出过类似概念。其中，赵明和郑喜坤（2004）所提出的"跨境旅游合作开发特区"与此概念较为接近，但并未进行深入探讨，且将其归于跨境经济特区的行列。可见，我国"跨境旅游合作区"这一概念的产生与"跨境经济合作区"有着密切联系。学界的相关研究集中出现于2010年之后，多围绕东北、西南边境地区具体合作区建设提出对策（夏友照，2011；赵明龙，2011），也有学者尝试对概念本身进行理论探讨（李飞，2013；袁珈玲，2014），但尚未建立起完善的理论架构。

通过对相关文献的分析可以发现：欧盟与北美边境地区由于内部一体化程度较高，跨境旅游发展较早，故跨境旅游合作区相关研究针对性较强；国内跨境旅游合作区由于诸多现实障碍多数尚未建成，无形中也影响到了相关研究的进一步深入，目前学界关于这一问题大多以"现状—问题—对策"的探讨为主，跨境旅游合作区形成与发展内在机理深入研究相对缺乏。基于此，本书拟进一步研究以下问题：

（1）以产业发展要素流动为主线探讨跨境旅游合作空间的流动特征，并将其与中越跨境旅游合作区的实际相印证。

（2）以跨境特色为核心在边界制约影响下发掘中越跨境旅游合作区核心竞争力。

（3）以"一带一路"倡议为背景，提出中越跨境旅游合作区发展的新举措。

四、认知跨境旅游合作流动空间

（一）要素流动是推进跨境旅游合作空间形成的重要驱动力

目前学界关于旅游（业）要素尽管还没能形成统一表述，但是要素流动的规模效应促生了全球化时代以旅游者为核心的旅游产业却是不争的事实。旅游产业要素可解释为客源地市场系统、出行系统、目的地系统与支持系统。本书以旅游系统为研究视野，重点立足于制衡旅游产业发展的某些关键要素。旅游产业发展要素有高流动性、低流动性和完全不流动之分，并在一定条件下遵守从高流动性要素所在地向较低流动性要素所在地流动的规律，其目标是寻求适宜的产业空间，融入并改变流入地的产业空间结构布局。所谓要素流动是指旅游产业发展诸要素在位移中实现优化配置，并由此导致旅游产业内部空间不断衍生互为条件、即时响应的有效关联性。引入要素流动视角旨在全面认知流入地要素供给结构、考察旅游产业集群量化的过程。

（二）常动不息是跨境旅游合作空间状态的基本呈现

流动空间是一种容纳各种社会实践同时发生其中，而又无地域相连的物质安排（Manuel Castells，2005）。关于空间结构理论，国内外学界已多有阐发，但是传统解释的最大不足在于过分倚重地理学视角，对空间本身生生不息的自生产能力有所忽略。旅游产业空间如何流动？本书认为，旅游产业空间建构以旅游者、旅游地利益相关者、旅游地为关键要素，并将其置于旅游系统整体之中。通过与人相关的产业发展要素的空间位移，全面激活人类活动与其所依附地表的交互作用能力，进而实现旅游产业空间主体的多维裂变与水平聚合。跨境旅游合作流动空间是要素流动的结果，同时它也再生产要素流动，并通过市场组织、企业经营、旅游产品形式等空间运行的具体方式体现出来。

五、中越跨境旅游合作区是一个具地方色彩的流动空间

地方空间是一个形式、功能和意义自我圈定在不间断地域之内部的场所，在此人们倾向参照地方来经营他们的生活（Manuel Castells，2005）。在经济

要素流动重塑跨境旅游合作空间的内在机理与演化路径：

以中越边境地区为例

全球化的语境中，时空压缩以强力方式使空间趋同，却无法完全消解地方的意义与功能。旅游产业的独特性决定了地方参照将使跨境旅游合作空间呈现某种地方性、差异性或异质性，进而改变空间基本格局。国界线把相连的疆域一分为二，跨境旅游合作空间因此也被赋予了一种跨境特色。边疆景观、民俗风情与跨境感知经由空间实践，使跨境旅游合作空间显现出感性空间、理性空间与想象性空间三个层面。要素流动与地方参照互相渗透，使中越跨境旅游合作区成为一个被打上地方烙印的流动空间。

跨境旅游合作区建设是开发资源寻求经济效益的系列活动，也是一个社会空间建构的过程。要素流动一对旅游需求的预期一激活旅游景观建设，作为利益相关者的政府、非政府组织、企业的深度介入推进旅游产业发展，旅游地的地方参照则使旅游地空间具备了想象性的精神文化特质。资本、权力、利益等要素流动与地方参照用于空间主体，使空间不断发生多维裂变与水平聚合，同时也使旅游地空间呈现为感性的空间、理性的空间与想象性空间三个层面的动态叠加。其空间关系网络的具体描述如下图所示：

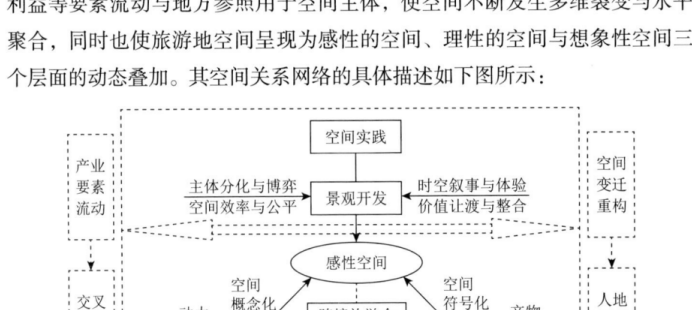

本书理论框架

第一章

旅游者：跨境旅游合作空间建构的逻辑起点

旅游者的出行构成了旅游消费的需求原点，是左右旅游产业空间运行的关键要素。一方面，中越跨境旅游合作区独有的海滨风光、喀斯特地貌、民族民俗文化、边贸交易等是影响旅游决策的重要因素。另一方面，基于边境线所产生的跨境感知——如中断与延续、同一与差异的共时态呈现，特别是这种内心体验与中越两国的语言、文化、政治和历史相互参证，也会给旅游者带来极大的精神震撼。人们对边境独特性的认知，从其生理基础来看，既关乎客观上边境障碍的特殊显现，又有过境时的恐惧、焦虑等身体反应，这种心灵震撼与生理压力的矛盾斗争，最终导致形成旅游决策——空间移动行为的发生。

第一节 跨境旅游地的情境建构与生成

一、旅游情境建构与空间生产

情境是一种特殊的空间场，而人们对于空间的认识经历了一个逐步深化的过程。早期人们主要倾向从位置、尺度、区域、边界等地理学视角理解空间（Healey P，2004），将其视为几何的物理容器或空的区域。随着人类实践与社会生活的开展，众多学者开始关注空间的非物质特性（涂尔干，

1999；齐美尔，2002；戈夫曼，2008），其外延因主体对物质空间注入特定的文化意义而得到拓展。这反映出空间本身的主体性日益突显，进一步说明情境能够在体现空间相对于主体意义的过程中得以建构。1974年，法国哲学家亨利·列斐伏尔提出空间生产理论，认为空间生产就是空间被开发、设计、使用和改造的全过程，空间是社会的产物，通过人类有意识的实践活动产生（Lefebvre，1991）。同时，空间本身不仅是一种"产物"，也是一种"力量"（Wegner P E，2002），而情境作为一种特殊的空间场能够凭借这种自我生产能力得以激活。针对各种空间关系的探讨是空间生产理论的一个核心，空间中各要素通过不断地组织与生产而形成特定的结构关系，使空间彰显出丰富多彩的文化内涵。因此，情境在很大程度上是空间各要素的关联性、结构性、有序性在主体意识中的反映，其建构过程表现为空间意义与价值的生产。

（一）旅游情境的多维空间建构

结合空间生产理论来看，旅游情境这一特殊的空间场是旅游目的地意义与价值所建构的，其建构过程在本质上是一种空间的生产。旅游地空间以其本身所具有的自生产能力进行地理空间的改造、分解和再造，形成充满地方色彩的文化空间。这一空间是用来娱悦旅游者的感知，诱发旅游者参与一系列事件，通过旅游情境的激活使其获得深刻体验。列斐伏尔曾提出展现空间生产的"三元一体"框架：空间实践（spatial practice）、空间表征（representation of space）与表征空间（space of representation）。根据上述框架，本书将旅游情境建构的空间维度分为物质景观空间、文化象征空间以及参与互动空间。

1. 空间实践：旅游情境的物质景观空间建构

空间实践对应外感的空间（Perceived space），即特定地理环境下具有外在几何形态的空间，包含了各类物质实体，担负着社会构成物的生产和再生产功能。由此来看，旅游情境中的物质景观空间是旅游者感知到的旅游地外在实体环境，该空间的生产主要涉及当地旅游部门、景区投资与建设单位对原有自然人文景观的利用及新的人造景观与设施的开发。在旅游者体验过程中，这一空间维度往往代表了各种视觉化的物质呈现，其特点是直观性、具象性，为更深层次的文化符号表征提供了物质载体。

2. 空间表征：旅游情境的文化象征空间建构

空间表征对应构想的空间（Conceived space），指政府官员、规划师、专家以及其他掌握空间表征权力的群体所塑造的概念化、意向化的空间，往往通过各类符号象征系统表达出来。相应来看，旅游情境中的文化象征空间是旅游者感知到的空间象征意义，体现在旅游规划者与营销者对旅游地进行的概念化设计与宣传、社会媒体与文化掮客引导的旅游地符号化形象以及旅游者自身对旅游地空间想象的话语表达等方面，具有明显的社会建构特性。这一空间维度的建构是体现旅游情境的主题文化色彩的关键，往往与旅游地文化意象密切相关。具体建构方式中应用最为广泛的是地方故事（Stockowski, 2002），这些故事对于烘托情境主题具有重要作用。

3. 表征空间：旅游情境的参与互动空间建构

表征空间对应生活的空间（Lived space），是空间居住者和使用者直接切身经历出来的空间，体现了真实与想象共时态的统一，并且强调空间主体本身的在场。结合上述阐释，旅游情境中的参与互动空间是旅游者感知到的空间中所切身经历的部分，该空间的生产主要指旅游地参与性活动项目的设计，其中很大程度上也包括了旅游者与当地居民主客交往平台的建立。这一空间维度主要体现了旅游情境的具身参与的特点，反映出旅游者对情境的体验不只是"看"和"想"，而更多的是"做"，通过旅游者与空间各要素的"共事"来感受世界（Crouch, 2004），集中鲜明地体现了旅游情境的"表演性"，使旅游者在空间体验中实现想象与情感的升华。

旅游情境的三种空间维度也具有一定的内在联系。首先，文化象征空间作为空间的表征，可视为物质景观空间的文化内涵层面，是掌握文化表征权力的相关群体对景区有形环境所建构的概念化意象。其次，参与互动空间在范围上与物质景观空间重叠，而旅游者在该空间维度的具身体验其实是对物质景观空间所做的符号化使用。最后，根据旅游情境的"表演"特质，旅游者不仅满足于在文化象征空间中被动地接受所展示事物的特殊意义，他们更希望自己能在"舞台空间"上成为"表演者"，主动参与到各种象征性情境中以满足自身情感体验需求。综合以上分析，旅游情境各空间维度及其相互关系如图1-1所示。

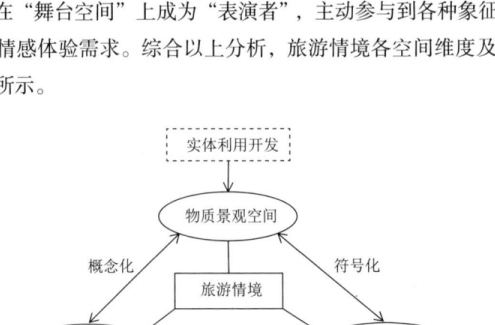

图1-1 旅游情境的空间维度框架

二、边境旅游地的情境建构与生成

（一）边境旅游地情境的空间建构

边境是一种特殊的地理空间，其独特的政治地理区隔以及由此延伸出的社会文化特性使其具备区别于其他旅游地的特殊属性。基于旅游视角对边境特殊属性的剖析，美国学者Dallen J. Timothy（2001）提出边境与旅游存在三种空间关系：（1）边境作为旅游目的地；（2）边境作为旅游障碍；（3）边境作为旅游调节器，如图1-2所示。其中，"旅游目的地"属性是上述三大关系的核心（Timothy，2006）。由于边境是国家主权的象征，而边境的形成是历史文化的见证，因此其本身是非常具有特色的旅游目的地（张广瑞，1996）。边境的这一核心属性表明其对旅游者具有特殊的吸引力，这种吸引力依托各类边境旅游吸引物，它们构成了边境旅游地情境空间建构的要素基础。

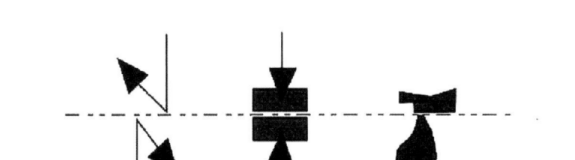

图 1-2 边境与旅游空间关系类型

根据 Timothy 的分类框架，边境旅游吸引物可总体上分为边境线相关的吸引物以及边境地区相关的吸引物（Timothy，1995、2001）。边境线相关的吸引物指各种作为两国分界的标志物或被国家边界"一分为二"的自然奇观，包括国门、国旗、界碑、界标、分界纪念物、口岸设施、边检人员、边防隔离带以及界河、界山、界湖等。在全世界范围内比较典型的有德国柏林墙、朝韩38线等历史或现实中的划界标志，而全球四大跨国瀑布群等景观也因横跨两国而增添了魅力。边境地区相关的吸引物则主要依托边境特殊的地理区位，包括各类跨国休闲购物场所以及国际公园、国际飞地以及边境社群等。上述吸引物的价值突显在很大程度上也与边境两国的开放开发有关。如在一体化程度较高的美加与欧盟，相邻国家的边境旅游者可享受更为便利的跨境购物、医疗、博彩、自驾游等休闲活动（Wieckowski，2009）。此外，我国边境地区分布着不少跨国境而居的少数民族社群，特别是中越边境已形成了一条跨境民族文化旅游带，是一道独具特色的文化风景线。

上述众多吸引物作为边境旅游地这一独特空间系统的构成要素，可通过空间生产使其相互之间进行有机组织与整合，从而使边境旅游地呈现由地理空间向具有地方色彩的文化空间转化，这一空间因所构成要素的特性而具备建构自然类、历史类、民族类以及休闲类等不同旅游情境的条件。边境旅游地的情境建构可分别通过物质景观空间、文化象征空间、参与互动空间的再生产得以完成。具体来看，首先需要利用或开发诸多标志性实体景观以营造边境旅游地空间的特殊氛围，同时注入文化象征意义以建构"山水相连""战争与和平""家国情怀"、异国神秘风情等诸多边境符号形象，并设计各类参与性活动或交流互动平台提供旅游者与边境吸引物、边境旅游地居民的深层次情感互动。

（二）边境旅游地情境的主题生成

边境旅游地情境的空间建构主要侧重在供给者对相关边境吸引物的整合开发上，而相应的情境生成则取决于边境旅游者的自身主观诉求。当契合边境旅游者自身主观诉求时，边境旅游地情境通过主题形式得以生成，而边境旅游者亦获得了相应的情境感知。根据上文分析，边境旅游地情境建构分别通过物质景观空间、文化象征空间、参与互动空间的再生产得以完成，故边境旅游者对各类主题情境的感知也相应地反映在上述三种空间维度。

当前学者探讨的旅游情境主要可分为旅游氛围情境与旅游行为情境。其中旅游氛围情境以一种文化建构的动力形式存在于旅游者的头脑中，是一种心理诉求，对较低层次旅游情境发挥主题性统领作用（谢彦君，2005），故属于本书所探讨的旅游情境范畴。吕宁（2010）根据不同情境对旅游者地方感的唤起作用，将相应生成的旅游氛围情境划分为自然情境、历史情境、乡土情境以及休闲游憩情境。这四种主题情境体现出旅游者的不同"情结"或诉求（屈册和马天，2015）。

边境旅游者同样具有上述四种情境氛围诉求，而边境旅游地空间也具备建构自然类、历史类、民族类以及休闲类等情境类型的条件，两者契合后所生成的主题情境亦带有明显的边境地方色彩。就自然情境而言，两国交界地带往往汇集了诸多极富观赏价值的自然景观，形成的跨国山水景观带对旅游者而言具有特殊的审美意义；历史情境在边境这一特殊场域突出表现为边关历史，由于地方记忆与国家历史的交汇而更表现出沧桑厚重的氛围，旅游者更多地从中感受出一种边疆的家国历史情怀；边境地区作为少数民族聚居地，其乡土情境主要反映在跨境民族的独特文化气息上，给旅游者带来别样的"乡愁"；在休闲游憩情境方面，边境旅游者将跨境购物作为满足他们休闲需求的最主要方式之一，此外，其他边境特色休闲活动同样营造了独特的游憩氛围。

（三）旅游者情境感知与边境体验的关系

旅游情境是商业设计出来的为了满足游客体验的"体验轴"（Mossberg，2007），由此可知旅游情境与旅游体验具有密切的内在关联，旅游者通过融入并感知旅游目的地建构的各类情境以获得更好的旅游体验。旅游者情境感知中影响旅游体验的要素主要包括物理环境、纪念品、主题/故事、氛围、社会关系（屈册，2013）。结合旅游情境的空间建构本质来看，上述五种要素可分别归属于物质景观空间、文化象征空间以及参与互动空间这三种空间维度。总体而言，旅游情境这一特殊的空间场内在地包含了能够影响旅游体验的诸多要素。

就边境旅游地空间而言，其地方色彩使得感受边境特色成为旅游者开展边境旅游的重要动机，感知与期望匹配的旅游情境则预示着高质量的边境体验。根据Dallen J. Timothy关于边境与旅游关系的理论框架，边境本身具有"旅游目的地"属性，而旅游者在边境旅游目的地中感知到的旅游情境是对各类边境旅游吸引物基于多维空间共同建构的结果，其建构的主要目的是提升旅游者的边境体验。由此看来，旅游者融入边境旅游地各类情境的过程同样也是其感受边境特色的过程，两者具有密切的内在关联性，进一步可得出旅游者的情境感知状况能够对其边境体验产生影响作用。

此外，旅游者情境感知对边境体验的影响作用还可通过边境作为"旅游障碍"以及"旅游调节器"两大属性得以发挥。一方面，"旅游障碍"属性指边境因特殊的政治区隔而带给旅游者的心理障碍，如与邻国居民接触时的戒备感、跨越边境线时的紧张感以及身处边境地带时的不安全感等（Timothy 和Tosun，2003），而轻松、愉悦的情境氛围可以减轻或消除这种负面心理；另一方面，"旅游调节器"属性则侧重强调边境两侧存在诸多有形与无形差异，通过融入相应的旅游情境能够有助于旅游者更好地品味各种新奇差异，从而丰富其体验价值。总体来看，旅游者情境感知对其边境体验的影响既可以表现为直接影响，也可以通过激发边境两侧差异的新奇感以及改善对边境的负面心理障碍发挥间接影响。

第二节 德天瀑布景区旅游情境感知

在介绍德天瀑布景区概况的基础上，主要探讨如下问题：（1）德天瀑布景区生成的旅游情境是什么？（2）如何从空间视角得出德天瀑布景区旅游情境的维度构成？（3）从定性分析层面来看，德天瀑布的旅游情境与旅游者的边境体验是否存在关联性？

一、德天瀑布景区概况

德天瀑布景区坐落于广西崇左市大新县硕龙镇德天屯，地处中越边境的归春河上游，距大新县城78公里，具体范围以归春河为轴线，包含跨国瀑布核心景区、大阳谷一绿岛行云、归春河德天村至谷屯段、老木棉·紫园景区等，面积从原有的1平方公里扩大到8平方公里。德天瀑布为亚洲第一、世界第四跨国瀑布，于2005年被《国家地理》杂志评为"中国最美丽的瀑布"，2018年成为国家5A级旅游景区，被《酒是古香醇》《本草药王》《花千骨》等多部影视剧选定为外景拍摄地，每年吸引了众多海内外游客前来观赏。

（一）主要旅游吸引物

德天瀑布景区兼具自然与人文色彩，在为边境旅游者营造独特旅游情境方面具有良好的资源基础。归结起来，德天瀑布景区的主要旅游吸引物可分为中越跨国山水景观、边关历史遗迹、跨境壮族风情以及中越边境集市四大类。

1. 中越跨国山水景观

德天瀑布景区内的跨国瀑布群组成了中越山水景观的核心，包括中国一侧的德天瀑布与越南一侧的板约瀑布，其中，德天瀑布景观宽100米，与越南板约瀑布相连形成跨国瀑布群后宽度可达200多米，其落差70米，纵深60米，瀑布气势磅礴、蔚为壮观。德天瀑布终年有水，年均水流量约为贵州黄果树瀑布的三倍，其发源并最后注入中越两国的界河——归春河。归春河起始于广西百色市靖西市境内，曾先流向越南后又在大新境内折回中国，经过德天屯处遇断崖跌落而形成瀑布景观。因此，归春河被当地人形象地称为"爱国河"。总体来看，跨国瀑布群、归春界河以及绿岛行云、沙屯叠瀑、黑水河等周边自然景观构成了一幅幅山环水抱、山水相依、人文与自然和谐共生、交相辉映的跨国山水画卷。

2. 边关历史遗迹

德天瀑布景区一带保存有清朝中法战争时期遗留的边防要塞、炮台以及相关的勘界遗迹，其中以中越53号界碑为代表。中越53号界碑矗立于德天瀑布上游600米处，为1896年清政府委派云贵总督岑毓英与当时统治越南的法国殖民政府共同设立。整块界碑为青石板材质，其上刻有"中国广西界"五个汉字，下方另附有"中国—安南国界"的法文字样。中越53号界碑是在中法战争结束后两国勘定西南中越边界这一历史时期设立的，因此承载了国家历史与地方记忆双重文化内涵。除中越53号界碑外，德天瀑布景区还保存有中法战争时期抗法名将苏元春修建的银盘山古炮台等遗迹。这里还曾经是1979年对越自卫反击战的重要战场，曾经硝烟弥漫的历史与如今两国边民和谐安宁的景象形成了鲜明对比。

3. 跨境壮族风情

德天瀑布景区所在的大新县为壮族聚居地，主要为短衣壮和黑衣壮，长期以来较好保存了高腔山歌、庙会节庆、土司文化等民族艺术文化瑰宝。德天瀑布景区边境两侧的居民大部分均为壮族，其中越南一侧的壮族被称为侬族。由于双方地域相连、习俗相近、人员相亲，因此构成了德天瀑布旁一道独特的跨境民族文化风景线。德天瀑布地区的边境壮族在建筑风格、传统服饰以及日常饮食方面均能体现出明显的壮家风情。此外，与广西其他地区的壮族相比，这里的边境壮族还有一些与越南有关的独特民俗。如这一带的中国壮族边民多年来形成了与越方通婚的习俗，同时在举办侬桐节等大型民族节庆活动时也常邀请越南的亲朋好友一起参加。德天瀑布景区亦曾在壮族重要节庆日举办过跳竹竿舞、篝火晚会、中越民间对唱山歌等民俗活动以吸引游客。

要素流动重塑跨境旅游合作空间的内在机理与演化路径：

以中越边境地区为例

4. 中越边境集市

德天瀑布景区良好的休闲氛围也为开展跨境购物与其他休闲活动提供了绝佳场所。中越53号界碑两侧分别设有中越两国的边境集市，是景区内最主要的旅游购物区。边境集市的商贩多为当地中越两国边民，中方一侧主要售卖工艺品与纪念品，而越方一侧主要售卖食品与越南小商品。其中，边境集市的越南边民基本能用流利的汉语与中国游客交流。同时，不少越南边民还在归春河上驾船向游览的中国游客贩卖各类越南商品，形成了别具一格的"流动集市"。为促进购物市场的规范化、精品化，目前景区正在中方一侧规划建设中越旅游购物一条街。除在中越边境集市的购物活动外，旅游者也可在景区内参与乘竹筏、骑马、坐观光车等沿边娱乐活动，还可在古朴雅致的老木棉酒店与紫园享受置身边境的独特度假体验。

(二）旅游产品开发历程

德天瀑布景区于1993年正式对外开放，曾先后归属地方政府与大新县旅游局管辖，起初主要提供单一的山水观光游产品，年接待游客量仅为3万人次左右。1999年，德天瀑布景区交由广东花都绿业公司组建的德天旅游发展集团有限公司运营管理，其旅游产品开发亦逐渐步入正轨。2004年，该公司大胆提出与越南联合打造展示中越风情的国际瀑布城构想。2006年，该公司又正式组建德天旅游联盟，集中打造中越边境山水画廊品牌。2009年起，随着德天·板约国际旅游合作区的设立，中越两国均加大了对于边境旅游产品的开发力度。就中方而言，2011年由广西老木棉投资有限公司投资开发的德天丽水边城度假村以及老木棉漫心度假酒店正式开业，标志着边境休闲度假产品的打造逐步开展。2013年，大新县引进大美大新旅游有限公司对德天瀑布景区相关项目进行升级改造，着力打造国家5A级旅游景区。2015年国庆期间，该公司投资建设的德天游客服务中心正式投入运营。此外，越方也积极加入跨境旅游合作区的建设，其中与大新县接壤的越南高平省重庆县重点规划了西贡一板约四星级旅游景区，包含越南传统佛寺、娱乐街区以及高星级酒店等。2015年11月，中越两国签订了《合作保护和开发德天瀑布旅游资源协定》，中越旅游产品开发合作迈入共筹共建阶段。

总体来看，德天瀑布景区旅游产品开发在20多年间经历了不断深化拓展的发展历程（见表1-1），从中可以看出边境核心特色的重要性日益提升，为今后围绕这一核心进行旅游情境建构奠定了基础。

表1-1 德天瀑布景区旅游产品开发历程表

发展阶段	标志性事件	旅游产品开发特点
初始起步阶段（1993－1998年）	德天瀑布景区正式对外开放	根据德天瀑布及周边自然景观进行简单的资源利用，以纯粹的山水观光类产品为主
稳步提升阶段（1999－2008年）	德天旅游发展集团有限公司组建	在原有山水观光产品基础上逐步融入边境元素，开始关注与越方的在产品开发上的合作
加速推进阶段（2009－2018年）	中越德天－板约国际旅游合作区设立	中越两国加大旅游产品开发力度，更加注重边境特色体验产品的开发
合作区开启运营阶段（2019年至今）	中越德天－板约国际旅游合作区正式运营	中国第一个跨境旅游合作区，实现两国旅游产品联合开发模式

二、德天瀑布景区旅游情境的生成

旅游者千里迢迢来德天瀑布景区，主要就是为了看到跨国瀑布这一独具地方特色的旅游景观，而作为景区供给方也需要根据边境与旅游的空间关系，为旅游者创设各类情境以营造集游览观光、休闲度假、互动体验于一体的"文化场"。本部分通过对旅游者网络评论的文本分析，提炼出旅游情境生成的主题类型，以及旅游目的地的空间转向，并进一步探究情境生成下的旅游者边境体验。本部分用于分析的100条德天瀑布景区网络评论的来源以马蜂窝网、到到网、百度旅游网这三大旅游点评网站为主，同时也参考了携程网、去哪儿网、艺龙网等国内主要在线旅游网站的评论板块，基本上能全面、准确地反映出旅游者对德天瀑布景区的真实感受。

（一）旅游情境的主题划分

根据学者吕宁的观点，旅游氛围情境可总体划分为自然情境、历史情境、乡土情境以及休闲游憩情境等主题。在上述划分的基础上，通过对旅游者相关网络评论的分析与归纳，德天瀑布景区所生成的四种主题情境分别为：跨

要素流动重塑跨境旅游合作空间的内在机理与演化路径：
以中越边境地区为例

国山水情境、边关历史情境、民族风情情境以及休闲购物情境（见表1-2）。这四种主题情境较全面地反映出了景区本身的资源特征，也表明旅游者总体上存在上述四种不同的体验需求。

表1-2 德天瀑布景区旅游情境主题示例表

主题情境	网络评论内容示例
跨国山水情境	德天瀑布的风景还是不错的，周围的树林环境也很好；中越山连山、水连水的美好画卷让人体会到国家边界的神奇；瀑布的水雾升起来，映衬着周围连绵的山峰，如幻如真、如临仙境
边关历史情境	很有爱国教育意义的一个石碑，也很有历史；走在中越边境线上看到前辈留下的界碑，回想到当年多少英雄；登临德天大瀑布，更贴切点是想感受下当年战场的雄壮情景
民族风情情境	这边的壮族干栏式建筑很有民族特色，当地壮族边民的服饰也别有一番风情；很羡慕这里的壮族边民能栖息在这片世外桃源之中；那一带的居民热情好客
休闲购物情境	水很清很凉，都市人难得这份放松啊；和卖东西的越南女孩子聊天，挺好玩的；进去游玩可以坐竹筏、骑马、坐观光车，连小朋友都喜欢

美国学者约瑟夫·派恩和詹姆斯·吉尔摩认为，消费者的体验需求可以概括为"4E"，即审美（Estheticism）、教育（Education）、逃避（Escape）以及娱乐（Entertainment）。一个成功的旅游目的地应该能够包含这四种类型体验的综合体（厉新建，2008）。本文所提取的上述主题情境与这四种体验类型较为契合。具体来看，跨国山水情境依托得天独厚的跨国瀑布景观与生态环境满足众多旅游者的审美性体验需求；边关历史情境凭借53号界碑等遗迹以及相关历史事件所体现的爱国主义精神满足旅游者的教育性体验需求；民族风情情境描绘了两国边民传统、和谐、宁静的理想生活状态，一定程度上满足了旅游者返璞归真的逃避性体验需求；休闲购物情境以舒适、轻松、欢快为主旋律，通过跨境购物与其他休闲娱乐活动满足旅游者的娱乐性体验需求。总体来看，德天瀑布景区当前可开展的体验项目已普遍涉及旅游者的不同需求，而旅游者对各类主题情境的感知状况则有待进一步分析。

（二）旅游情境的空间维度

根据前文界定，旅游情境是对旅游者具有主题体验意义的空间场。结合列斐伏尔空间生产理论中的"三元一体"框架，德天瀑布景区的四类主题情境在本质上也是通过空间建构而生成的，具体可分解为物质景观空间、文化象征空间以及参与互动空间的生产。通过进一步对游客评论的文本分析，可以得出德天瀑布景区的旅游情境由上述三种空间维度构成，其中不同主题情境在相应空间维度中显现出各自特征。

1. 跨国山水情境

跨国山水情境是旅游者在德天瀑布景区体验到的最核心的主题情境，充分体现在相关网络评论中。从所分析的文本来看，涉及该主题情境的网络评论远多于其他情境，反映出旅游者最热衷于表达对德天跨国瀑布群景观的感受，"壮观""震撼""值得一看"等词频繁出现。跨国瀑布与周围其他自然环境组成的物质景观空间无疑对旅游者有着很强的视觉冲击力，"远远望去，山与水的完美绝配"（去哪儿网）是对其外在的景观环境最好的概括。此外，上述自然景观的视觉冲击力反映在文化象征空间上，则被许多旅游者贴上了"山水画"的文化标签，反映出中越两国"山连山、水连水"的美好画卷。有旅游者在其评论中形象地写道，"在这里按下快门就是一张山水画"（百度旅游）。在涉及参与互动空间的评论中，亲身处于"山水画"的旅游者往往用"置身仙境"来描绘这种现场体验。

2. 边关历史情境

从物质景观空间维度来看，网络评论中关于边关历史情境的描述主要围绕中越53号界碑这一物质载体展开，而古炮台等其他遗迹几乎没有涉及。针对53号界碑本身，有评论写道"历经沧桑的界碑上'中国广西界'五字依然清晰可见"（马蜂窝），突出了界碑本身的历史感。同时，围绕这块界碑以及德天一带的相关历史事件构成了边关历史情境的文化象征空间。"战争与和平"这一话题反映在了一些旅游者的评论中，如"当年的战场现在已经变为中越两国人民交流的市场了"（马蜂窝）。此外，边关历史情境的参与互动空间维度主要体现在旅游者对这些历史事件的"移情"上。有旅游者这样描述自己的体验动机，"登临德天大瀑布，更贴切点是想感受下当年战场的雄壮情景"（马蜂窝）。

3. 民族风情情境

总体来看，旅游者网络评论中涉及民族风情情境的相关内容较少。在物质景观空间方面，有旅游者评论道，"这边的壮族干栏式建筑很有民族特色，当地壮族边民的服饰也别有一番风情"（百度旅游），体现出建筑与服饰是最易被感知的民族文化载体。就文化象征空间而言，旅游者较为关注当地民族文化中的"跨境"符号，认为他们"隔河相望，颇具神秘色彩的异国风情"（马蜂窝）。此外，参与互动空间维度主要体现在旅游者与当地壮族边民的交往上，"热情"一词在网络评论中被多次用来描述当地壮族边民，而与边民的互动也加深了一些旅游者对他们"世外桃源"般生活的憧憬。

4. 休闲购物情境

休闲购物情境所依托的物质景观空间主要指53号界碑两侧的中越边境集市以及相关游憩设施，而集市内售卖的越南商品本身亦是独特的景观。咖啡、筷子、香水、香烟、白虎油、拖鞋等众多越南特色商品在旅游者的评论中均有涉及。从文化象征空间来看，有旅游者认为"都市人难得这份放松（马蜂窝）"，体现出这里象征着与城市"快文化"截然不同的"慢文化"气息。与前两个空间维度相比，旅游者在涉及休闲购物情境的描述中更强调了他们对参与互动空间的感受，与越南边民的"跨国交流"往往被旅游者认为是一种充满乐趣的体验。有网络评论写道，"和会中文的越南小朋友聊聊天可能才是这个瀑布游最有意思的精华"（到到网）。此外，坐竹筏、骑马、乘观光车等活动也不同程度地在网络评论中被提及。

根据对四类主题情境的文本分析来看，"跨国山水情境"是大多数旅游网络评论中均会涉及的部分，因而作为跨国自然景观的德天瀑布是旅游者所体验的最核心边境吸引物。同时，在涉及"边关历史情境"和"民族风情情境"的相关评论中，旅游者往往更侧重于表达关于边境的各种符号化想象，故上述两种情境彰显了景区的人文价值。针对"休闲购物情境"的评论则主要反映出边境旅游者具有购买异国商品并与越南边民近距离互动的基本需求。

（三）旅游情境对边境体验影响的定性分析

通过分析相关网络评论发现，多数旅游者在对旅游情境进行描述的同时亦会涉及他们对于边境的感受，反映出德天瀑布景区的旅游情境生成通常伴随着旅游者的边境感知过程。结合美国学者Dallen J. Timothy所提出的边境与旅游关系框架，网络评论中关于旅游者边境感知的描述可划分为三种类型，即边境体验、边境障碍感知以及边境差异感知（见表1-3）。这三类边境感知分别对应边境与旅游关系框架中"边境作为旅游目的地""边境作为旅游障碍""边境作为旅游调节器"三大属性。其中，"边境体验"是旅游者边境感知的核心。

表1-3 德天瀑布景区旅游者边境感知示例表

边境感知	网络文本内容示例
边境体验	在这里体验国家边界让我感觉此行颇具意义；这里又处于中越边境，很有种跨国情怀；不管怎么说，算是第一次出国了
边境障碍感知	越南小贩也算是一道景观，不过他们卖的香水等越南货还是小心为好；那里的边防警官盯得我们很紧；可惜由于安全原因，不能过越南玩
边境差异感知	远望越南境内风景，别有一番感受；只隔着一湾河水，却是截然不同的两个国度，两种生活方式，两种生存理念；在那里一河之隔就是两个国家，风土人情都不一样

通过进一步的文本分析发现，旅游情境与旅游者的边境体验具有一定的内在关联性。具体而言，对相关主题情境融入程度越高的旅游者，越能获得更好的边境体验。有旅游者针对跨国山水情境写道，"好澎湃的瀑布，好美，这里又处于中越边境，很有种跨国情怀"（百度旅游）。同时，从另一些网络评论来看，旅游情境还通过"边境障碍感知""边境差异感知"间接体现出对边境体验的影响。如旅游者在一些网络评论中均描绘了与越南人轻松交谈的场景，认为"在那里可以享受讨价还价的乐趣"（到到网）。在他们看来，边境本身对他们造成的紧张、防备等心理已荡然无存，剩下的是边境带给他们的诸多新奇与愉悦体验。"边境差异"的评判也带有较强的主观色彩，那些沉浸在特定情境中的旅游者往往能细心品味中越两国的差异，如有评论认为

"两岸国界的新鲜能让人体会异国风情"（携程网）。

总体来看，边境旅游者对德天瀑布景区旅游情境的融入程度能够影响其边境体验，这种影响既包括两者间的直接影响，也包括旅游情境通过降低边境障碍感知或提升边境差异感知而对边境体验产生的间接影响。这一发现也初步印证了本书关于旅游者情境感知与边境体验关系的理论探讨结果。

第三节 边境旅游者情境感知及其对边境体验的影响

本节设计并实地发放调查问卷，针对问卷数据运用社会科学数理统计软件 SPSS 17.0 和 AMOS 17.0 定量分析德天瀑布景区边境旅游者的情境感知特征，在此基础上构建结构方程模型以测度边境旅游者情境感知对边境体验的影响。

一、研究设计

（一）量表编制与题项确定

国内外目前关于旅游者情境感知的研究较少，相关问卷量表的编制中可参考的问项设计比较缺乏。本章通过对国内主要在线旅游网站的游客评论进行文本分析，归纳出构成德天瀑布景区旅游情境的四种主题类型及其空间维度，同时也初步分析发现旅游者通过融入相应情境能够对其边境体验产生直接或间接的影响。在相关理论支撑下，本章将根据第三章文本分析结果对边境旅游者情境感知问卷量表进行设计，主要为分析以下问题：

德天瀑布景区边境旅游者对于各主题情境感知有何特征，不同个人特征的旅游者在相应主题的情境感知上有何差异。

德天瀑布景区边境旅游者的各类主题情境感知对边境体验的影响如何，包括直接影响与间接影响。

为解决上述两个主要问题，本章研究所编制的问卷量表主要包括旅游情境感知量表与边境感知量表两部分。

1. 旅游情境感知量表

旅游情境感知量表调查边境旅游者在德天瀑布景区对各主题情境的感知状况，主要根据第三章网络评论文本分析中得到的"跨国山水""边关历史""民族风情"以及"休闲购物"四类主题情境划分进行设计。具体来看，基于列斐伏尔空间生产的"三元一体"分析框架，从物质景观空间、文化象征空间、参与互动空间三种维度调查旅游者对各类主题情境的感知，每一类主题情境下的各题项均属于特定的空间维度。旅游情境感知量表的具体题项内容如表1-4所示。

表 1-4 旅游情境感知量表

主题情境	空间维度	量表题项
跨国山水情境	物质景观空间	X1 跨国瀑布群、界河、群山等组成的景象有很高的审美价值
	物质景观空间	X2 边境两侧拥有绝佳的自然生态环境
		X3 各类观景设施让我较好地观赏跨国山水景观
	文化象征空间	X4 边境两侧风光具有中越山水相连的意境画面
	参与互动空间	X5 近距离感受跨国瀑布群让我仿佛置身于仙境
边关历史情境	物质景观空间	X6 53号界碑等遗迹保存良好，历史感较强
	文化象征空间	X7 相关历史事件（中法战争、中越划界、对越自卫反击战等）使这里体现出沧桑厚重的边关文化气息
		X8"战争与和平"这一象征性主题在景区内得到较好体现
	参与互动空间	X9 实地重温这一带的历史能激发我的爱国主义情怀
		X10 在这里仿佛能亲身融入边关战场的雄壮场景中
民族风情情境	物质景观空间	X11 这里的建筑、服饰、饮食等体现了鲜明的民族特色
	文化象征空间	X12 跨国而居的壮族使这里的民俗文化显得与众不同
		X13 边境另一侧的越南壮族（侬族）文化具有神秘感
	参与互动空间	X14 我在这里接触到的壮族边民民风朴实、热情好客
		X15 与壮族边民交往中感受到了他们传统而宁静的生活气息

续表

主题情境	空间维度	量表题项
休闲购物情境	物质景观空间	X16 景区内售卖的越南商品新奇独特
		X17 边境集市给游客创造了舒适的购物场所
	文化象征空间	X18 这里拥有不同于都市快节奏的边境慢生活文化
	参与互动空间	X19 与做生意的越南商贩轻松交流让我充满乐趣
		X20 沿着边境乘竹筏、骑马、坐观光车等休闲娱乐活动很有意思

2. 边境感知量表

边境感知量表主要调查旅游者游览过程中对于边境的感知状况，其题项设计主要遵循美国学者 Dallen J.Timothy 提出的边境与旅游关系框架，分别设置边境障碍感知、边境差异感知以及边境体验三种边境感知属性。其中，边境障碍感知涉及旅游者与边境相关的戒备感、紧张感、不安全感；边境差异感知包括旅游者能感知到的有形景观差异、无形文化差异以及两者综合形成的差异；边境体验可具体分为边境线本身的体验与边境地区的体验两个方面。边境感知量表的具体题项内容如表 1-5 所示。

表 1-5 边境感知量表

边境感知属性		量表题项
边境障碍感知	戒备感	Y1 我与景区内的越南人接触时总是心存戒备
	紧张感	Y2 我身处景区内的中越两国边境线时感到紧张
	不安全感	Y3 我感觉在景区内的两国交界地带停留不太安全
边境差异感知	有形景观差异	Y4 我感觉越南边境一侧的景观（建筑、标识、道路、设施等）与中国一侧明显不同
	无形文化差异	Y5 在与越南边民的交流中我感觉到了两国的文化差异
	综合差异	Y6 身处越南边境一侧时，我能明显感觉到另外一种风土人情

续表

边境感知属性		量表题项
边境体验	边境线的体验	Y7 在这里体验国家边界让我感觉很有意义
		Y8 跨越中越边境线的经历让我感觉很兴奋
	边境地区的体验	Y9 我在这一带能感受到浓郁的边境特色
		Y10 我在这一带获得了独特的跨国文化体验

（二）问卷设计与发放

本研究采用自编调查问卷，所设计的问卷结构分为三大部分（见表1-6）：第一部分为旅游情境感知，第二部分为边境感知，第三部分为个人基本情况。其中，第一、二部分均采用李克特5点式量表设计，而第三部分除"居住地"需调查对象填写注明外，其余均为单选题。整份调查问卷共包含41个题项，题量适中，比较适合旅游者作答。

表1-6 问卷总体结构表

问卷组成		主要内容
第一部分	旅游情境感知	该部分主要涉及受访旅游者的四类主题情境感知，即跨国山水情境、边关历史情境、民族风情情境、休闲购物情境。每类主题情境包含5小题，共20个题项
第二部分	边境感知	该部分主要涉及受访旅游者的三类边境感知，即边境障碍感知、边境差异感知、边境体验。其中边境障碍感知与差异感知各3题，边境体验4题，共10个题项
第三部分	个人基本情况	该部分主要涉及受访旅游者的性别、年龄、受教育程度等个人基本信息，以及来德天瀑布景区旅游的次数、方式、停留时间等个人行为特征，共11个题项

首先于2017年10月1~4日赴德天瀑布景区进行问卷预调查，初步了解边境旅游者情境感知的特点。同时也对个别旅游者进行了简短的访谈，以了解其对德天瀑布景区的总体评价，以此作为问卷调查的辅助。根据预调查结果所反映的情况和问题，笔者对调查问卷部分题项做了进一步修改与完善，并于2017年12月5~7日再次赴德天瀑布景区开展正式问卷调查。此次调查

共发放问卷330份，回收问卷330份，回收率为100%。其中有21份为填写不完整或者答案无区分度的废卷，予以删去，最后筛选出有效问卷309份，问卷有效率达到93.6%。

（三）问卷数据分析方法

在对调查问卷的数据进行录入与整理的基础上，本章借助数理统计软件SPSS 17.0和AMOS 17.0中的相关数据处理功能对问卷调查数据进行定量分析，具体拟采用的分析方法如下：

1. 描述性统计方法

该部分是本章进行问卷数据定量分析的基础性工作，主要是对参与调查旅游者的个人基本特征进行初步的统计和阐述，从而了解问卷样本的总体分布情况。

2. 克朗巴哈系数法（Cronbach's alpha）

该方法为目前最常用的问卷信度分析方法，主要通过评价问卷量表各问项分值的一致性来检验所获问卷数据的可靠性，以判断是否可以开展进一步的定量分析。

3. 因子分析

主要分为探索性因子分析与验证性因子分析。本章运用探索性因子分析检验问卷的结构效度，对旅游情境感知量表和边境感知量表题项进行降维，提取出能代表原量表主要信息的各因子；在开展结构方程模型路径分析前运用验证性因子分析检验测量模型的有效性。

4. 非参数检验分析

用于分析不同受访旅游者之间的情境感知状况是否存在显著的统计学差异，进而探究旅游者的多项个人特征变量在相应主题情境感知上呈现出何种规律。

5. 结构方程模型（SEM）路径分析

根据本章预先提出的关系模型假设，分析旅游者各类主题情境感知对边境体验的直接影响作用以及通过边境障碍感知、边境差异感知的中介作用对边境体验形成的间接影响作用。

二、问卷统计结果初步分析

（一）问卷信度与效度检验

信度和效度检验是问卷各项分析工作的基础和前提。本章首先运用目前最常用的克朗巴哈系数法（Cronbach's alpha）对两个量表及其各层面进行信度检验。根据 SPSS 17.0 软件中的可靠性分析结果，旅游情境感知量表与边境感知量表的总体信度分别为 0.832 和 0.741，而两大量表各层面的克朗巴哈系数也均在 0.7 以上。根据以往学者的观点，问卷量表的总体信度应在 0.7 以上，而量表下各层面应在 0.6 以上。由此可知，本章两大量表及其各层面数据均具有较好的信度。

在测量问卷量表信度的同时还必须对量表的效度进行检验，以明确量表是否准确地体现了研究者所想要分析的概念。效度检验主要考察量表的内容效度和结构效度。其中内容效度多以定性评价为主，而结构效度则往往需要以预先确定的理论逻辑为基础进行定量化测度，因而更具有客观性和严谨性。本章正式问卷的形成经历文献参阅、其他量表参考以及预调研等多个环节，故量表具有良好的内容效度，现主要运用 SPSS 中的探索性因子分析（EPA）模块进行结构效度检验。KMO 和 Bartlett 球形检验是判定量表是否适合采用因子分析的必要步骤。其中，KMO 取值范围介于 0~1，取值越大表示量表越适合进行因子分析，一般以大于 0.6 为佳。Bartlett 球形检验则主要为测量 χ^2 显著性水平是否达到了进行因子分析的条件。根据检测结果，旅游情境感知和边境感知量表的 KMO 值分别为 0.828 和 0.712，而 Bartlett 球形检验也均达到显著性水平，适合进一步的探索性因子分析。

在此基础上，采用 SPSS 软件中的探索性因子分析功能检验各量表的结构效度，根据检验结果对部分题项进行必要的调整与删减，并对题项调整后的克朗巴哈信度系数进行重新测定。

1. 旅游情境感知量表的探索性因子分析

本章运用主成分分析法对旅游情境感知量表下的 20 个题项进行公因子的抽取，抽取方式基于特征值大于 1 的原则，同时借助最大方差法进行因子旋

要素流动重塑跨境旅游合作空间的内在机理与演化路径：

以中越边境地区为例

转，以使因子载荷矩阵中的系数更加显著，从而更有利于公因子的析出。在经过多次调整与测度后，将因子载荷值低于0.5的X3、X14、X20问卷题项予以删除，删除后各题项因子载荷值均达到了0.7以上，同时该量表的累计方差贡献率超过65%，表明此次探索性因子分析已符合因子提取要求。根据剩余题项提取出四个公因子，与本章预期的主题情境分类相符，分别命名为"跨国山水情境""边关历史情境""民族风情情境""休闲购物情境"。对题项删减后的旅游情境感知量表重新进行克朗巴哈信度检验，所得信度系数为0.830，结果较为理想。旅游情境感知量表的探索性因子分析具体结果及相关信度系数如表1-7所示。

表1-7 旅游情境感知量表的探索性因子分析结果与信度系数表

主题情境	量表问项	因子载荷值	累计方差贡献率	信度系数
跨国山水情境	X1 跨国瀑布群、界河、群山等组成的景象有很高的审美价值	0.802	20.203%	0.842
	X2 边境两侧拥有绝佳的自然生态环境	0.774		
	X4 边境两侧风光具有中越山水相连的意境画面	0.846		
	X5 近距离感受跨国瀑布群让我仿佛置身于仙境	0.835		
边关历史情境	X6 53号界碑等遗迹保存完好，历史感强	0.766	36.376%	0.873
	X7 相关历史事件（中法战争、中越划界、对越自卫反击战等）使这里体现出沧桑厚重的边关文化气息	0.825		
	X8 "战争与和平"这一象征性主题在景区内得到较好体现	0.854		
	X9 实地重温这一带的历史能激发我的爱国主义情怀	0.799		
	X10 行走在这里仿佛能亲身融入边关战场的雄壮场景中	0.733		
民族风情情境	X11 这里的建筑、服饰、饮食等体现了鲜明的民族特色	0.729	51.470%	0.816
	X12 跨国而居的壮族使这里的民俗文化显得与众不同	0.736		
	X13 边境另一侧的越南壮族（侬族）文化具有神秘感	0.795		
	X15 与壮族边民交往中感受到了他们传统而宁静的生活气息	0.819		

续表

主题情境	量表问项	因子载荷值	累计方差贡献率	信度系数
休闲购物情境	X16 景区内售卖的越南商品新奇独特	0.809		
	X17 边境集市给游客创造了舒适的购物场所	0.749	65.785%	0.778
	X18 这里拥有不同于都市快节奏的边境慢生活文化	0.739		
	X19 与做生意的越南商贩轻松交流让我充满乐趣	0.765		

2. 边境感知量表的探索性因子分析

边境感知量表的探索性因子分析同样采用主成分分析法，以特征值大于1为抽取原则，同时辅以最大方差法进行因子旋转。根据探索性因子分析结果，量表各题项因子载荷值均在0.7以上，同时整个量表的累计方差贡献率亦超过65%，抽取效果较好。经过探索性因子分析提取出三个公因子，分别命名为"边境障碍感知""边境差异感知""边境体验"，与预期的边境感知分类相符。由于未删减题项，故探索性因子分析后该量表的总体信度仍为0.741，可靠性良好。边境感知量表的探索性因子分析具体结果及相关信度系数如表1-8所示。

表1-8 边境感知量表的探索性因子分析结果与信度系数表

边境感知	量表问项	因子载荷值	累计方差贡献率	信度系数
边境障碍感知	Y1 我与景区内的越南人接触时总是心存戒备	0.835		
	Y2 我身处景区内的中越两国边境线时感到紧张	0.851	24.433%	0.778
	Y3 我感觉在景区内的两国交界地带停留不太安全	0.805		
边境差异感知	Y4 我感觉越南边境一侧的景观（建筑、标识、道路、设施等）与中国一侧明显不同	0.717		
	Y5 在与越南边民的交流中我感觉到了两国的文化差异	0.843	45.544%	0.744
	Y6 身处越南边境一侧时，我能明显感觉到另外一种风土人情	0.825		

要素流动重塑跨境旅游合作空间的内在机理与演化路径：

以中越边境地区为例

续表

边境感知	量表问项	因子载荷值	累计方差贡献率	信度系数
边境体验	Y7 在这里体验国家边界让我感觉很有意义	0.616		
	Y8 跨越中越边境线的经历让我感觉很兴奋	0.747	66.284%	0.791
	Y9 我在这一带能感受到浓郁的边境特色	0.839		
	Y10 我在这一带获得了独特的跨国文化体验	0.865		

（二）描述性统计结果

为了解此次问卷调查的样本分布情况，本章需要对问卷数据中的受访旅游者个人基本情况进行描述性统计分析，所得结果如表1-9所示。

表1-9 受访旅游者个人基本情况的描述性统计结果表

统计项	组别	频数	百分比	统计项	组别	频数	百分比
性别	男	161	52.1%		第1次	249	80.6%
	女	148	47.9%		第2次	26	8.4%
年龄	18岁以下	12	3.9%	到访次数	第3次	12	3.9%
	18~29岁	110	35.6%		第4次	4	1.3%
	30~44岁	96	31.1%		5次及以上	18	5.8%
	45~59岁	63	20.4%	到访形式	团队游	113	36.6%
	60岁以上	28	9.1%		自助游	196	63.4%
受教育程度	高中及以下	40	12.9%		网络	95	30.7%
	中专和大专	96	31.1%		旅行社	53	17.2%
	本科	137	44.3%	了解信息渠道	电视	20	6.5%
	硕士	34	11.0%		报刊书籍	13	4.2%
	博士	2	6.0%		亲朋好友	67	21.7%

续表

统计项	组别	频数	百分比	统计项	组别	频数	百分比
	政府工作人员	15	4.9%	了解信息渠道	其他	61	19.7%
	事业单位人员	58	18.8%		完全不了解	44	14.2%
	公司职员	69	22.3%	对德天	不太了解	120	38.8%
	商贸人员	20	6.5%	历史人文	一般	99	32.0%
职业	服务业人员	27	8.7%	了解程度	比较了解	32	10.4%
	技术工人	8	2.6%		很了解	14	4.5%
	农民	6	1.9%		1小时以内	16	5.2%
	退休人员	30	9.7%		1~2小时	86	27.8%
	学生	31	10.0%	停留时间	2~3小时	134	43.4%
	其他	45	14.6%		半天~1天	58	18.8%
	<1000元	37	12.0%		1天以上	15	4.9%
	1001~3000元	54	17.5%				
平均	3001~5000元	123	39.8%	居住地	广西区内	107	34.6%
月收入	5001~7000元	53	17.2%				
	>7000元	42	13.6%		广西区外	202	65.4%

从受访旅游者的性别分布来看，男女比例较为接近，其中男性略高于女性。从年龄段分布来看，18~29岁、30~44岁这两个年龄段的旅游者所占比例最高，两者一共占受访总人数的66.7%。在受教育程度方面，调查的旅游者以专科与本科学历为主，总体文化水平中等。比较职业归属来看，以公司职员与事业单位人员居多，此外参与此次调查的退休人员亦不在少数，其人数与学生相当。受访旅游者的平均月收入分布较为均匀，3001~5000元的中等收入旅游者最多。所调查的旅游者中，首次来到德天瀑布景区游览的比例高达80.6%。在到访形式上，参与调查的自助游旅游者人数明显多于团队游旅游者人数。旅游者了解德天瀑布旅游信息最主要的渠道是通过网络和亲朋好友，此外从旅行社或其他途径获取旅游信息的人数也较多，通过电视和报刊、书

籍方式的人数则明显较少。调查中大部分旅游者对德天瀑布一带的历史人文了解程度有限，不太了解或完全不了解的人数所占比例超过调查总人数的一半以上。受访旅游者在德天瀑布景区的停留时间一般为2~3小时，而调查中发现过夜的旅游者所占比例较少。参加调查的广西区内旅游者占34.6%，而其他省区市的旅游者占65.4%。

综合以上描述性统计分析结果，受访旅游者在各项个人特征的样本数量分布较为合理，反映出此次问卷调查的对象范围基本能够满足分析需要，本章将在此基础上开展进一步的旅游者情境感知分析。

三、边境旅游者情境感知特征分析

（一）旅游情境感知的总体特征

本章对于受访旅游者情境感知的问卷调查采用李克特5点式量表选择的方式进行。根据众多学者的观点，李克特5点式量表分值在1~2.5表示受访者持不同意态度，分值在2.5~3.5表示受访者持中立态度，分值高于3.5则表示受访者持同意态度。为从总体上了解边境旅游者在德天瀑布景区的旅游情境感知特征，本章对受访旅游者关于四类主题情境的题项分值评判进行统计分析，结果如表1-10所示。

表1-10 受访旅游者情境感知的总体特征表

旅游情境	量表问项	均值	标准差	合计	
				均值	标准差
跨国山水情境	X1 跨国瀑布群、界河、群山等组成的景象有很高的审美价值	4.46	0.606	4.28	0.546
	X2 边境两侧拥有绝佳的自然生态环境	4.39	0.677		
	X4 边境两侧风光具有中越山水相连的意境画面	4.06	0.655		
	X5 近距离感受跨国瀑布群让我仿佛置身于仙境	4.19	0.708		

续表

旅游情境	量表问项	均值	标准差	合计	
				均值	标准差
	X6 53号界碑等遗迹保存完好，历史感强	3.37	0.765		
	X7 相关历史事件（中法战争、中越划界、对越自卫反击战等）使这里体现出沧桑厚重的边关文化气息	3.08	0.965		
边关历史情境	X8"战争与和平"这一象征性主题在景区内得到较好体现	3.11	1.006	3.05	0.757
	X9 实地重温这一带的历史能激发我的爱国主义情怀	3.13	0.970		
	X10 行走在这里仿佛能亲身融入边关战场的雄壮场景中	2.57	0.922		
	X11 这里的建筑、服饰、饮食等体现了鲜明的民族特色	3.25	0.798		
民族风情情境	X12 跨国而居的壮族使这里的民俗文化显得与众不同	3.06	0.787	3.08	0.666
	X13 边境另一侧的越南壮族（依族）文化具有神秘感	2.89	0.924		
	X15 与壮族边民交往中感受到了他们传统而宁静的生活气息	3.14	0.800		
	X16 景区内售卖的越南商品新奇独特	3.57	0.680		
休闲购物情境	X17 边境集市给游客创造了舒适的购物场所	3.22	0.731	3.51	0.541
	X18 这里拥有不同于都市快节奏的边境慢生活文化	3.56	0.741		
	X19 与做生意的越南商贩轻松交流让我充满乐趣	3.69	0.632		

从表1-10可以看出，受访旅游者对跨国山水情境、边关历史情境、民族风情情境、休闲购物情境的感知的均值分别为4.28、3.05、3.08、3.51，因而旅游情境感知的总体均值为3.48。由此可知，上述四类主题情境感知中高于总体均值的为跨国山水情境与休闲购物情境。

具体来看，受访旅游者对跨国山水情境的感知分值远高于其他3类主题情境，反映出旅游者对"跨国瀑布群"这一核心意象的高度认同，但X4题项也反映出旅游者对中越"山水相连"意境的体会相对较浅。同时，旅游者对休闲购物情境的感知分值中等偏低，其中从X19题项上看出旅游者很重视与越南商贩互动这一环节。此外，边关历史情境和民族风情情境的感知分值最低，其中X10、X13分值低于3说明旅游者很难将自身"移情"至边关战场的氛围，并且也很难感受到越南壮族的神秘特质。总体而言，旅游者在德天瀑布景区的游览活动较单一地侧重在自然山水观光上，并辅以简单的跨境购物与休闲活动，除此之外的历史人文元素挖掘仍存在较大不足。因此，旅游者感知到的产品类型较为单一，由于整体游程短、参与性不强致使活动内容不丰富。

根据组成量表题项的三种空间维度来看，除休闲购物情境外，其他3个主题情境中涉及物质景观空间维度的题项分值均高于涉及文化象征空间、参与互动空间。由于物质景观空间对旅游者来说最为直观，故受访者对该空间维度的融入程度最高。此外，文化象征空间与参与互动空间分值相对偏低也说明旅游者在德天瀑布景区未通过空间生产，未将旅游者引导至"文化旅游"的深层，诸多文化互动与参与性活动较为缺乏。

（二）旅游情境感知的差异特征

本部分以受访旅游者在四种主题情境上的感知均值为变量，运用SPSS中的非参数检验模块分析情境感知分值在不同个人特征组别的差异。在分析之前需要根据问卷调查结果对部分个人特征组别进行预处理。具体来看，在"教育程度"一组将仅有的2个博士学历样本与硕士学历合并为"硕士及以上"，"到访次数"一组中将总数较少的2次及以上各样本合并为"非第一次"；"居住地"一组中将"广西区外"样本进一步细分为"区外近程"（滇、黔、湘、粤、琼等邻省旅游者）、"区外中程"（川、渝、鄂、皖、苏、沪、浙、闽等省市旅游者）、"区外远程"（其他北方各省区市旅游者）。在此基础上，本章选择两个独立样本非参数检验中的Mann-Whitney U方法分析主题情境感知在"性别""到访次数""到访形式"的差异特征，其他则运用K个独立样本非参数检验中的Kruskal-Wallis H方法，具体检验结果如表1-11所示。

表 1-11 受访旅游者情境感知的差异特征表

分组	统计项	跨国山水情境	边关历史情境	民族风情情境	休闲购物情境
性别	Mann-WhitneyU	11297.000	11504.000	10302.000	11596.000
	近似 P 值	0.425	0.600	0.039	0.682
年龄	Chi-Square	12.199	4.595	8.665	9.991
	近似 P 值	0.016	0.331	0.070	0.041
受教育程度	Chi-Square	12.908	2.392	5.309	1.763
	近似 P 值	0.005	0.495	0.151	0.623
职业	Chi-Square	11.315	6.462	7.425	9.539
	近似 P 值	0.255	0.693	0.593	0.389
平均月收入	Chi-Square	1.908	5.419	7.160	3.059
	近似 P 值	0.753	0.247	0.128	0.548
到访次数	Mann-WhitneyU	7284.000	6549.500	6640.000	7001.500
	近似 P 值	0.762	0.137	0.179	0.446
到访形式	Mann-WhitneyU	10556.500	10511.500	10558.000	10753.500
	近似 P 值	0.488	0.456	0.492	0.668
了解信息渠道	Chi-Square	8.682	5.516	2.209	8.489
	近似 P 值	0.122	0.356	0.820	0.131
历史人文了解程度	Chi-Square	2.909	9.719	5.986	1.793
	近似 P 值	0.573	0.045	0.200	0.774
停留时间	Chi-Square	14.430	3.104	7.523	10.965
	近似 P 值	0.006	0.541	0.111	0.027
居住地	Chi-Square	4.479	1.537	3.793	8.271
	近似 P 值	0.214	0.674	0.285	0.041

通过 SPSS 软件的非参数检验可以发现，"性别""年龄""教育程度""历史人文了解程度""停留时间"以及"居住地"等不同个人特征组别的样本在相关主题情境感知分值上均存在显著差异，以下就各主题情境感知的差异特征做具体阐述。

1. 跨国山水情境感知的差异特征

尽管跨国山水情境感知的总体均值较高，但不同年龄、受教育程度以及停留时间旅游者的感知分值还是在0.05、0.01、0.01显著性水平下存在差异，这些差异在该情境因子下的$X1$、$X2$、$X4$、$X5$题项均有所体现（见表1-12）。总体来看，该主题情境感知分值的个人特征差异同时涉及物质景观空间、文化象征空间以及参与互动空间。

表 1-12 跨国山水情境感知的题项差异表

分组	统计项	物质景观空间		文化象征空间	参与互动空间
		X1	**X2**	**X4**	**X5**
年龄	Chi-Square	7.273	5.326	11.540	15.156
	近似P值	0.122	0.255	0.021	0.004
受教育程度	Chi-Square	10.358	2.132	14.463	10.544
	近似P值	0.016	0.545	0.002	0.014
停留时间	Chi-Square	6.615	13.458	8.201	10.396
	近似P值	0.158	0.009	0.084	0.034

从年龄差异来看，年长旅游者的分值要明显高于年龄相对较小的旅游者，反映在涉及文化象征空间、参与互动空间的$X4$、$X5$题项，这可能源于年长者对于传统自然山水意境的偏好更为强烈（见图1-3）。

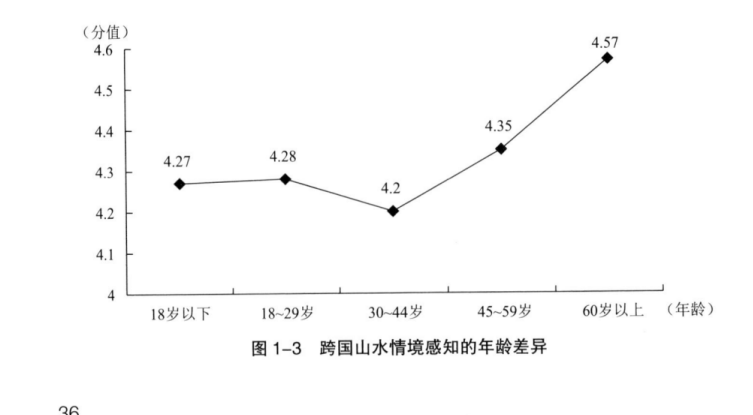

图 1-3 跨国山水情境感知的年龄差异

从教育程度差异来看，本科以上学历的旅游者比其他低学历的旅游者更易于感受到跨国山水情境（见图1-4），在三种空间维度题项上均有所体现，说明较高的文化层次有助于获得高质量的审美体验。

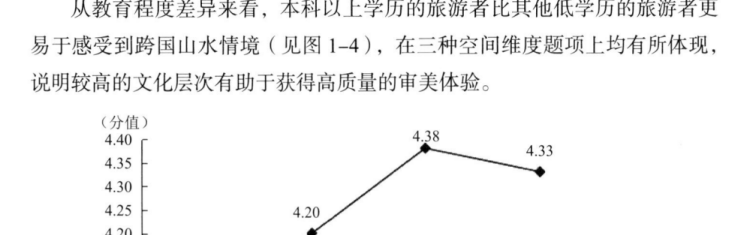

图 1-4 跨国山水情境感知的教育程度差异

从停留时间差异来看，该主题情境的感知分值也大体呈现出随停留时间延长而上升的趋势（见图1-5），具体题项差异同样涉及三种空间维度，从中可知充足的时间有助于旅游者进入跨国山水画廊的氛围中。

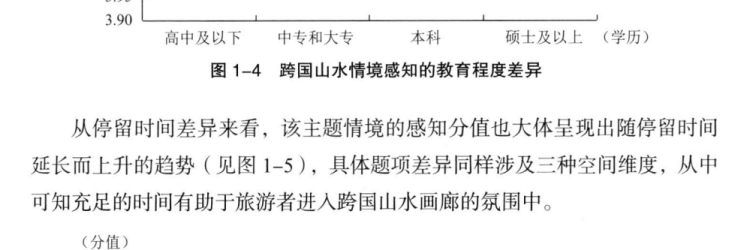

图 1-5 跨国山水情境感知的停留时间差异

2. 边关历史情境感知的差异特征

边关历史情境感知分值仅在"对德天历史人文了解程度"这一分组项上

存在 0.05 显著性水平下的差异，反映在该情境因子下涉及文化象征空间、参与互动空间两个维度的 X7、X10 题项（见表 1-13）。

表 1-13 边关历史情境感知的题项差异表

分组	统计项	物质景观空间	文化象征空间		参与互动空间	
		X6	X7	X8	X9	X10
历史人文	Chi-Square	4.198	14.773	7.150	7.587	9.707
了解程度	近似 P 值	0.380	0.005	0.128	0.108	0.046

具体来看，对德天历史人文了解程度越高的旅游者，其感受到的边关历史氛围也越深刻（见图 1-6）。因此，旅游者对该主题情境的融入很大程度上取决于其自身的知识积淀，而具有较深积淀的通常是那些历史文化爱好者。基于对边关历史的浓厚兴趣与知识储备，相关历史记忆与场景能很好地在这类旅游者脑海再现，因而他们也更容易形成特定的历史想象空间。

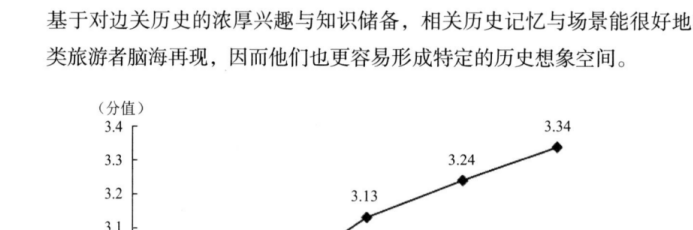

图 1-6 边关历史情境感知的历史文化了解程度差异

3. 民族风情情境感知的差异特征

民族风情情境感知的分值仅在"性别"这一分组项上存在 0.05 显著性水平下的差异，通过分属文化象征空间、参与互动空间维度的 X13、X15 题项体现出来（见表 1-14），反映出受访旅游者对于越南壮族的"神秘"文化符号的认知存在明显差异，而与壮族边民的互动中所感受到的生活气息也各不相同。

相比之下，民族风情情境感知在物质景观空间维度题项 $X11$ 上不存在显著差异，说明不同旅游者对当地跨境壮族风情中的有形元素评价较为相似。

表 1-14 民族风情情境感知的题项差异表

分组	统计项	物质景观空间	文化象征空间		参与互动空间
		$X11$	$X12$	$X13$	$X15$
性别	Mann-WhitneyU	11173.500	10989.000	10358.000	10179.500
	近似 P 值	0.309	0.199	0.037	0.017

从性别差异所显现的具体特征来看，女性在体验民族风情情境时的评价要高于男性（见图 1-7），上述 $X13$、$X15$ 两个题项的分值差异均说明了这一点，显示出女性对体验德天瀑布一带的跨境壮族文化具有更为浓郁的兴趣。其原因可能为女性在情感上更为细腻，对于充满人文色彩与生活气息的跨境民族文化有着更多的感悟，在边境旅游活动中对于两国少数民族社群因边境特殊的地方性而形成的独特社会空间给予了更多关注与体察。

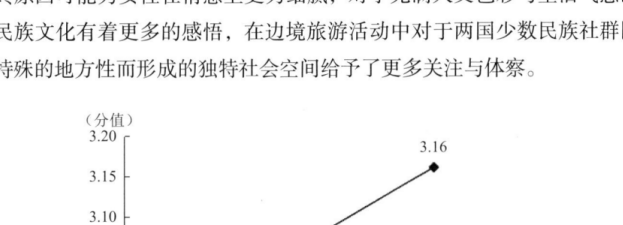

图 1-7 民族风情情境感知的性别差异

4. 休闲购物情境感知的差异特征

休闲购物情境感知分值在"年龄""停留时间"及"居住地"各组别上存在 0.05 显著性水平下的差异，通过分属三种空间维度的 $X17$、$X18$、$X19$ 题项体现出来（见表 1-15）。从中可以看出，不同受访旅游者对于边境集市购物的舒适度评判存在明显差异，而感受到的"边境慢生活"文化色彩亦存在区别，此外，通过与越南商贩近距离交流互动所获得的愉悦体验度也因人而异。

表 1-15 休闲购物情境感知的题项差异表

分组	统计项	物质景观空间		文化象征空间	参与互动空间
		X16	X17	X18	X19
年龄	Chi-Square	2.774	9.487	8.036	14.869
	近似 P 值	0.596	0.049	0.090	0.005
停留时间	Chi-Square	5.028	10.730	6.322	6.427
	近似 P 值	0.284	0.030	0.176	0.169
居住地	Chi-Square	5.040	3.427	14.830	5.450
	近似 P 值	0.169	0.330	0.002	0.142

在年龄方面，旅游者对该主题情境的感知分值呈现出"中间低、两头高"的分布态势（见图 1-8），29 岁以下的年轻旅游者与 60 岁以上的老年旅游者的感知分值较高，而 30~44 岁、45~59 岁的中年旅游者分值较低。

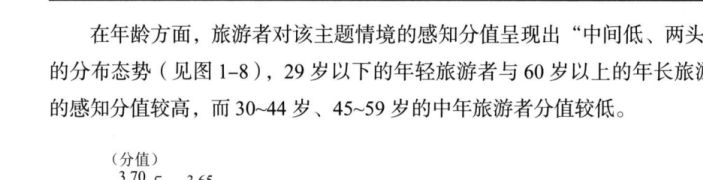

图 1-8 休闲购物情境感知的年龄差异

通过对比也可以发现，在德天瀑布景区停留时间较长的旅游者往往能收获更高质量的休闲购物体验（见图 1-9），特别是在景区停留半天以上的旅游者所融入的情境效果最佳。这一特点具体表现在 $X17$ 题项分值上，反映出充足的游览时间有助于旅游者感受到舒适的购物环境。

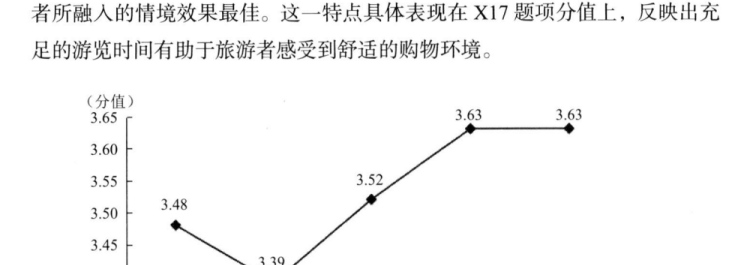

图 1-9 休闲购物情境感知的停留时间差异

此外，不同客源地的旅游者也存在休闲购物情境感知差异，"广西区内""区外近程"两组样本的分值相对较高（见图 1-10），说明广西区内以及周边省份等客源地的旅游者最享受景区所提供的休闲氛围。这一特点在归属文化象征空间维度的 $X18$ 题项上体现得十分明显（$P=0.002$），从中可知上述两组受访旅游者在游览过程中更注重感受景区的"慢文化"氛围。

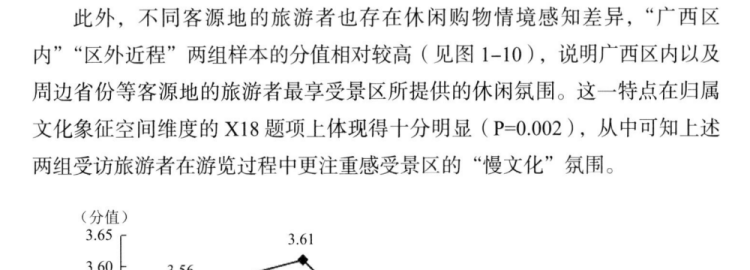

图 1-10 休闲购物情境感知的居住地差异

四、边境旅游者情境感知对边境体验的影响分析

结合以上分析可知，边境旅游者情境感知对边境体验可能存在各种直接或间接影响作用，而本部分将具体对其中的影响路径做进一步定量验证。由于涉及多个潜变量间的路径分析，故可采用结构方程模型（SEM）方法进行测度，它是一种建立、估计和检验因果关系模型的多元统计分析技术。在提出具体研究假设的基础上，本章将运用结构方程模型软件 AMOS 17.0 测度德天瀑布景区边境旅游者的情境感知对边境体验的影响路径。

（一）研究假设与关系模型

通过先前探索性因子分析已将边境旅游者在德天瀑布景区的主题情境感知分为跨国山水情境、边关历史情境、民族风情情境以及休闲购物情境四个因子。另外，结合美国学者 Dallen J.Timothy 提出的边境与旅游关系框架，本章从旅游者边境感知中提取出边境障碍感知、边境差异感知以及边境体验三个因子。上述因子构成了本章结构方程模型路径分析的七个潜变量，潜变量下的各观测变量通过问卷题项调查而得。从这些潜变量间的关系来看，边境旅游者的各类主题情境感知可能对边境体验存在多条影响路径，同时边境障碍感知、边境差异感知也可能会对这些路径起到正向或负向的调节作用。基于此，本章提出边境旅游者情境感知对边境体验影响的 14 条路径假设（见表 1-16），并根据表中路径绘制了结构关系模型（见图 1-11）。

表 1-16 影响路径研究假设表

编号	路径假设	编号	路径假设
H1	跨国山水情境对边境体验存在显著的影响作用	H8	民族风情情境对边境障碍感知存在显著的影响作用
H2	跨国山水情境对边境障碍感知存在显著的影响作用	H9	民族风情情境对边境差异感知存在显著的影响作用
H3	跨国山水情境对边境差异感知存在显著的影响作用	H10	休闲购物情境对边境体验存在显著的影响作用
H4	边关历史情境对边境体验存在显著的影响作用	H11	休闲购物情境对边境障碍感知存在显著的影响作用

续表

编号	路径假设	编号	路径假设
H5	边关历史情境对边境障碍感知存在显著的影响作用	H12	休闲购物情境对边境差异感知存在显著的影响作用
H6	边关历史情境对边境差异感知存在显著的影响作用	H13	边境障碍感知对边境体验存在显著的影响作用
H7	民族风情情境对边境体验存在显著的影响作用	H14	边境差异感知对边境体验存在显著的影响作用

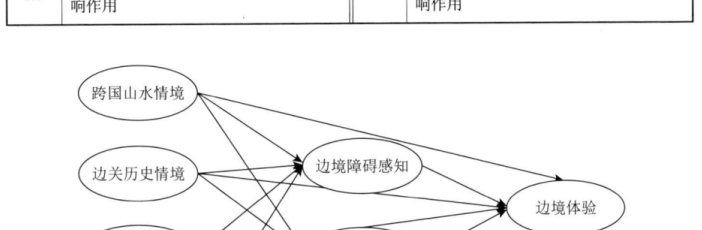

图1-11 结构关系模型

（二）旅游情境感知与边境感知测量模型的有效性检验

结构方程模型分为测量模型和结构模型两部分，在进行结构模型检验前需对各测量模型进行有效性检验。根据先前的量表设计，本章测量模型可分为旅游情境感知与边境感知两部分，由各观测变量与对应的潜变量组成。在上文探索性因子分析（EFA）的基础上，此处运用AMOS 17.0软件中的验证性因子分析功能（CFA）对这两个测量模型进行有效性检验，其目的在于评判探索性因子分析中所提取的潜变量维度是否理想，确保各观测变量能够有效表达对应的潜变量。

1. 旅游情境感知测量模型的有效性检验

探索性因子分析结果显示，旅游情境感知测量模型包含四个潜变量，即跨国山水情境、边关历史情境、民族风情情境以及休闲购物情境。因此，此处需要构建一阶四因子斜交模型，运用AMOS 17.0软件自动拟合数据和模型，通过观察各类拟合指标与各观测变量题项在对应潜变量上的因子载荷值来确定该测量模型是否有效。从表1-17的结果可知，该测量模型的各项指标总体较为理想，其中NFI、RFI虽未达到临界值，但也仅略低于0.9的临界标准。现进一步利用模型修正指数对该测量模型进行修正，经过调试决定在题项X9和X10、X13和X15的误差变量之间添加共生关系，所重新得到的拟合指标较为理想。

表 1-17 旅游情境感知测量模型拟合指标表

评价指标		修正前模型	修正后模型	评价结果
绝对适配指数	卡方值	243.926	185.411	—
	卡方值/df	2.159	1.670	指标在 1~3
	RMSEA	0.061	0.047	指标小于 0.08
	RMR	0.033	0.030	指标小于 0.05
增值适配指数	NFI	0.893	0.919	指标大于 0.9
	IFI	0.940	0.966	指标大于 0.9
	CFI	0.939	0.965	指标大于 0.9
	RFI	0.872	0.901	指标大于 0.9
	TLI	0.927	0.958	指标大于 0.9
简约适配指数	PCFI	0.780	0.788	指标大于 0.5
	PNFI	0.742	0.750	指标大于 0.5

结合表1-18可知，各观测变量题项在对应潜变量上的因子载荷值均为0.6以上，说明先前探索性因子分析的潜变量划分是合理的，旅游情境感知测量模型有效性较好。

表 1-18 旅游情境感知测量模型因子载荷表

潜变量	观测变量题项	估计值	S.E.	C.R.	P	因子载荷值
跨国山水情境	X1	1.000				0.733
	X2	1.064	0.094	11.345	***	0.699
	X3	1.202	0.096	12.461	***	0.815
	X4	1.249	0.100	12.530	***	0.784
边关历史情境	X6	1.000				0.727
	X7	1.392	0.105	13.286	***	0.802
	X8	1.522	0.115	13.268	***	0.842
	X9	1.285	0.108	11.883	***	0.737
	X10	1.070	0.101	10.549	***	0.645
民族风情情境	X11	1.000				0.782
	X12	0.993	0.085	11.696	***	0.788
	X13	0.900	0.093	9.674	***	0.609
	X15	0.836	0.080	10.425	***	0.653
休闲购物情境	X16	1.000				0.722
	X17	1.062	0.102	10.372	***	0.714
	X18	0.928	0.104	8.957	***	0.616
	X19	0.895	0.091	9.810	***	0.695

注：*** 表示在 0.001 显著性水平下检验通过

2. 边境感知测量模型的有效性检验

同理，边境感知测量模型包含边境障碍感知、边境差异感知以及边境体验三个潜变量，由此可构建三因子斜交模型，对该模型测算所得到的拟合结果如表 1-19 所示。由表可知，边境感知测量模型的拟合指标中有部分项未达到临界值要求，因此有必要对原有测量模型进行修正。根据修正指标的提示，最终决定在题项 Y7 和 Y8 的误差变量之间添加共生关系并再次运行 AMOS

要素流动重塑跨境旅游合作空间的内在机理与演化路径：

以中越边境地区为例

17.0软件，所得到的拟合指标数值有较大改善。具体来看，除RFI外的其他指标均已达到临界标准，而RFI值本身也更为接近0.9临界值，故此时整个测量模型拟合结果较为理想。

表 1-19 边境感知量表模型拟合指标表

评价指标		修正前模型	修正后模型	评价结果
	卡方值	108.280	83.241	—
绝对适配指数	卡方值/df	3.384	2.685	指标在 1~3
	RMSEA	0.088	0.074	指标小于 0.08
	RMR	0.045	0.045	指标小于 0.05
	NFI	0.890	0.916	指标大于 0.9
增值适配指数	IFI	0.920	0.945	指标大于 0.9
	CFI	0.919	0.945	指标大于 0.9
评价指标		修正前模型	修正后模型	评价结果
增值适配指数	RFI	0.846	0.878	—
	TLI	0.886	0.920	指标大于 0.9
简约适配指数	PCFI	0.654	0.651	指标大于 0.5
	PNFI	0.633	0.631	指标大于 0.5

此外，表 1-20 的因子载荷值显示，除个别题项（Y4、Y7）外，其余各观测变量题项在对应潜变量上的因子载荷均达到 0.6 以上。因此，可以认为边境感知测量模型具有较为理想的有效性。

表 1-20 边境感知量表因子载荷表

潜变量	观测变量题项	估计值	S.E.	C.R.	P	因子载荷值
	Y1	1.000				0.753
边境障碍感知	Y2	1.078	0.110	9.827	***	0.775
	Y3	0.964	0.098	9.799	***	0.678
	Y4	1.000				0.533
边境差异感知	Y5	1.612	0.203	7.926	***	0.818
	Y6	1.444	0.179	8.058	***	0.769

续表

潜变量	观测变量题项	估计值	S.E.	C.R.	P	因子载荷值
边境体验	Y7	1.000				0.456
	Y8	1.462	0.183	7.979	***	0.618
	Y9	1.845	0.257	7.182	***	0.805
	Y10	2.001	0.271	7.377	***	0.836

注：*** 表示在 0.001 显著性水平下检验通过

（三）边境旅游者情境感知对边境体验的路径影响测度

在证明各测量模型有效性的基础上，本章运用 AMOS 17.0 软件构建结构方程模型对研究假设进行检验，从而得到结构模型的各项拟合指标（见表 1-21）。从拟合结果来看，该结构模型的指标数值总体上并不佳，绝对适配指数中的 RMR 与增值适配指数中的各项指标均不符合临界值要求，说明模型有进一步修正的必要。在经过反复调试后，决定在潜变量"边关历史情境"和"民族风情情境"，"休闲购物情境"和"跨国山水情境"之间以及题项 X9 和 X10、Y7 和 Y8 的误差变量之间添加共生关系。对修正后的结构模型进行重新拟合，发现各项指标均有不同程度的优化。其中绝对适配指数已完全达标，而增值适配指数中的大部分指标也已在临界值 0.9 之上。因此，数据和修正后结构模型的拟合情况较为理想，可进一步分析该模型的路径检验结果。

表 1-21 结构模型拟合指标表

评价指标		修正前模型	修正后模型	评价结果
绝对适配指数	卡方值	685.822	526.707	—
	卡方值/df	2.212	1.721	指标在 1~3
	RMSEA	0.063	0.048	指标小于 0.08
	RMR	0.075	0.044	指标小于 0.05

续表

评价指标		修正前模型	修正后模型	评价结果
增值适配指数	NFI	0.813	0.856	—
	IFI	0.888	0.934	指标大于 0.9
	CFI	0.886	0.933	指标大于 0.9
	TLI	0.871	0.923	指标大于 0.9
简约适配指数	PCFI	0.783	0.814	指标大于 0.5
	PNFI	0.718	0.746	指标大于 0.5

通过运用 AMOS 17.0 软件进行测度，本章得到了经过修正后的结构模型的标准化回归路径系数值，用以判断先前 4.4.1 研究假设中的各条路径影响是否显著。从显示结果来看，在所有 14 条影响路径中有 7 条达到显著性水平，分别对应编号为 H1、H4、H7、H9、H10、H11、H12 的研究假设。具体比较这 7 条路径系数值可以发现，编号为 H9、H11 的影响路径系数值最大，其次为 H1、H4、H7 这三条影响路径，而显著路径中影响程度较小的为 H10。此外，上述 7 条显著路径中仅有 H11 为负向影响，其余均为正向影响。具体路径检验结果如表 1-22 所示。

表 1-22 结构模型路径检验结果表

假设	影响路径			估计值	S.E.	C.R.	P	路径系数
H1	边境体验	←	跨国山水情境	0.210	0.062	3.396	***	0.257
H2	边境障碍感知	←	跨国山水情境	0.119	0.110	1.080	0.280	0.078
H3	边境差异感知	←	跨国山水情境	-0.039	0.066	-0.594	0.553	-0.041
H4	边境体验	←	边关历史情境	0.136	0.053	2.580	***	0.207
H5	边境障碍感知	←	边关历史情境	0.156	0.099	1.579	0.114	0.128
H6	边境差异感知	←	边关历史情境	0.078	0.061	1.269.	0.204	0.102
H7	边境体验	←	民族风情情境	0.120	0.052	2.312	***	0.204
H8	边境障碍感知	←	民族风情情境	0.133	0.092	1.440	0.150	0.121

续表

假设	影响路径			估计值	S.E.	C.R.	P	路径系数
H9	边境差异感知	←	民族风情情境	0.249	0.061	4.111	***	0.367
H10	边境体验	←	休闲购物情境	0.133	0.064	2.067	***	0.177
H11	边境障碍感知	←	休闲购物情境	-0.508	0.121	-4.188	***	-0.365
H12	边境差异感知	←	休闲购物情境	0.254	0.071	3.555	***	0.294
H13	边境体验	←	边境障碍感知	0.008	0.039	0.199	0.842	0.014
H14	边境体验	←	边境差异感知	0.052	0.070	0.734	0.463	0.060

注：***、** 分别表示在 0.001、0.05 的显著性水平下检验通过

为详细表明上述路径检验结果，本章给出的完整结构模型如图 1-12 所示。

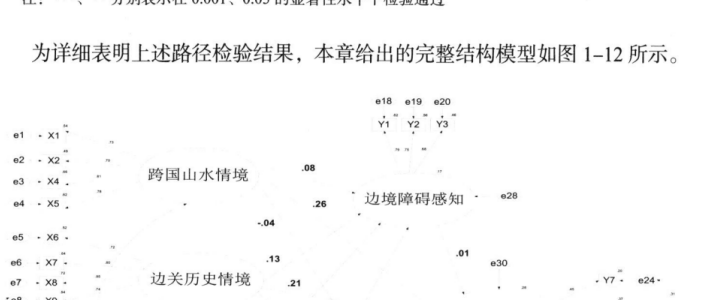

图 1-12 完整结构模型路径检验

综合上述路径分析可知，边境旅游者的情境感知对边境体验普遍存在显著正向影响，表明旅游者能否在德天瀑布景区获得高质量的边境体验有赖于

其对各类主题情境的深度融入。此外，各主题情境对边境体验的影响仅为直接影响，不存在通过边境障碍感知、边境差异感知中介作用所发挥的间接影响。相关具体分析结果如下：

（1）跨国山水情境对边境体验存在显著的正向影响，该影响路径的标准化回归系数值为0.257，高于其他三类情境。说明在旅游者心目中已普遍较为认可瀑布群及周边自然山水的"跨国"符号色彩。鉴于受访旅游者在涉及各空间维度的题项上均给予该主题情境较高的评价，这一结果也说明德天瀑布景区进行情境建构必须紧密围绕跨国瀑布群这一核心。

（2）边关历史情境对边境体验存在显著的正向影响，该条影响路径的标准化回归系数值为0.207，说明感受独特的边关气息是旅游者体验德天瀑布景区边境特色的重要途径。然而，由于该主题情境感知分值普遍较低，尤其体现在文化象征空间和参与互动空间维度的相关题项，故景区在塑造"边关"文化意象以增强边境主题吸引力方面仍有较大的挖掘余地。

（3）民族风情情境对边境体验、边境差异感知存在显著的正向影响，这两条影响路径的标准化回归系数分别为0.204、0.367。这一结果说明，那些深刻感受到当地壮族文化氛围的旅游者很大程度上也在于对其"跨境"符号的消费，同时沉浸在该主题情境中也有助于旅游者更好地体察到中越边境两侧的各种差异性元素。与边关历史情境相似，该主题情境涉及各空间维度题项上的感知分值偏低，目前对于突显景区边境特色的实际贡献亦较为有限。

（4）休闲购物情境对边境体验、边境差异感知以及边境障碍感知分别存在显著的正向、负向影响，三条影响路径的标准化回归系数值分别为0.177、0.294、-0.365。其中，该情境对边境体验影响的系数值最低，说明目前关于休闲购物的情境建构并没有很好地满足旅游者的边境体验需求。此外，旅游者通过体验跨境购物、与中越商贩交流等环节，能觉察到两国之间一些新奇的差异，而融入该主题情境之中的旅游者通常具有轻松、悠然的心境，能降低边境本身所带来的戒备、紧张、恐惧等心理障碍。

第四节 德天瀑布景区旅游情境建构对策

一、完善布局，拓展跨境旅游产业链

从空间的视角来看，德天瀑布的旅游情境是一个空间意义上的旅游产品。传统的旅游产品包括旅游活动的"食、住、行、游、购、娱"六要素，而从空间生产的角度出发，为了满足旅游者深度体验的需要，旅游产品的建设应是通过集合旅游发展过程中的空间性要素，构建"商、养、学、闲、情、奇"旅游新六要素，发展商务旅游、养生旅游、修学旅游、休闲旅游、情感旅游、探险旅游等复合型产品。针对当前德天瀑布景区存在的产品单一、边境特色不浓郁等问题，德天景区的旅游产品需要充分凭借地处两国边境这一独特区位优势，构建集自然观光、休闲度假、民俗体验、精品购物、边关探秘于一体的跨境旅游产业链。具体看来，在空间布局方面，以边境为主题，构建餐饮类、住宿类、交通类、观赏类、购物类、娱乐类等主题体验产品体系（见表1-23）。

表1-23 德天瀑布景区主题体验产品体系表

类型	体验产品
餐饮类	壮乡美食、越南异国风味、东南亚水果捞
住宿类	老木棉诗意栖居、住越南民宿、壮家生活体验
交通类	骑马漫步、乘竹筏畅游归春界河、沿边绿道骑行
观赏类	观看跨国瀑布、乡村摄影、欣赏跨国山水实景演出、瞻仰53号界碑、感受跨境壮族的建筑与服饰文化
购物类	壮乡工艺精品购、越南商品免税购
娱乐类	跨境壮族节庆活动、趣味民族体育竞技、中越篝火晚会、壮医养生

要素流动重塑跨境旅游合作空间的内在机理与演化路径：以中越边境地区为例

二、融合主题，发挥组合式情境效果

德天瀑布景区是一个包含四类主题情境的旅游空间系统，而旅游者并非单独经历这四类情境，它们之间的不同组合往往能够产生新的情境效果，故需要在游程中充分融合与穿插各类情境以丰富旅游者的边境体验，通过对旅游者不同体验心境的把握使其整个游览过程高潮迭起。结合景区自身特点，比较常见的有"跨国山水＋民族风情""跨国山水＋边关历史""休闲购物＋民族风情"等组合方式。

经过"民族风情"赋彩后的"跨国山水"可使旅游者陶醉跨国自然风光之余满足其逃避现实、追求纯朴生活的遁世心理，符合"世外桃源"所描绘的意象。针对这种意象可策划以中越跨国山水风光为背景的一系列壮乡田园体验，如让旅游者在归春界河上亲自撑竹筏、撒网打鱼等。同时，自然观光也可与"边关历史"进行深度结合，使旅游者在欣赏祖国大好河山的同时接受边疆爱国主义精神洗礼，在豪迈与肃穆的心境交错中生发"家国山河"的感慨，可在景区游程中安排"炮台山览国境胜景""重走爱国将领山水足迹"等主题活动。此外，在休闲购物活动中融入"民族风情"不仅意味着增强购物与休闲场所、相关旅游商品的民族特色，更意味着旅游者与两国边民的更广泛形式上的文化互动。如可增设旅游者与两国边民共同参与的民族特色趣味竞技活动，使旅游者在轻松欢快的休闲氛围中满足直观感受新奇异域文化的心理。除上述较为常见的主题情境组合外，还可以根据景区其他不同游段以及旅游者自身特点进行体验情境的建构。

三、巧编故事，设计舞台化互动项目

由于大众旅游者的知识素养有限，因此巧妙编织各类情境故事并以此设计出相应的参与性活动是突显边境地方文化色彩颇为有效的一种方式。德天瀑布景区可编织的故事类型大体分为神话传说类与历史轶闻类。比如，"德天"一词在壮语中意为"发光的石头"，可根据这一点在壮族边民中收集民间素材，并整理润色成关于德天瀑布如何起源的生动传说。历史轶闻的编织则须以史实为依据，如可参阅抗法名将苏元春修建边防炮台以及云贵总督岑毓英勘定中越边界的相关史料，从中提炼加工出两位历史人物在体现爱国守边精神方面的典型事迹。同时，景区不仅应重视故事内容本身的编织，还应关注如何将编织好的故事形象地传递给潜在旅游者。例如，今后可投拍一部反映德天壮族的民间传说或近代反侵略历史的电视剧或电影，以跨国瀑布群一带为主要外景地，在剧中贯穿壮族边民各种民俗文化与生活元素的展示。

主题故事的编织是给旅游地空间注入意义的过程，在基础上需进一步设计舞台化互动项目使情境故事内化为旅游者的情感体验。因此，德天瀑布景区需要以相关故事为"剧本"、旅游者为"演员"、各类吸引物为"道具"，在旅游情境这个"舞台"上演"剧目"。以跨境壮族风情为例，可策划一场"跨国对唱"表演体验：让旅游者身着民族服饰扮演中国的"壮族阿哥"，乘竹筏在归春界河上与对船的越南"壮族阿妹"互唱情歌，并可伴有猜谜、敬酒、背新娘等相关剧情环节。此外，筹划中的跨国山水实景演出也可适当考虑与旅游者的互动设计，如安排旅游者临时体验舞台群众演员的工作。

四、细分市场，满足差异化体验需求

边境旅游者的情境感知在多项个人特征变量上存在显著差异，故德天瀑布景区旅游情境建构及相关产品开发需考虑到旅游者的差异化需求，以重点开发特定细分市场，提供相对个性化、定制化的旅游体验产品。

调查发现，女性旅游者对当地壮族文化有着更浓厚的兴趣，故可结合女性特点设计壮族妇女生活体验项目。例如，中方一侧规划建设的中越旅游购物一条街可建壮族生活体验馆，通过家庭场景模拟营造一种"飞地型"空间，将两国壮族边民日常生活中传统且易于展示的生活事项设为文化体验项目，吸引特别是女性旅游者的参与。其中，可设计壮锦制作体验，让中越两国壮族妇女在传统织布机前演示各环节工艺流程，并就某些环节安排旅游者在两国边民指导下进行学习，制作后的成品可作为旅游纪念品销售。

同时，年龄与受教育程度高的旅游者更能获得高质量的山水体验，而中老年旅游者本身即为德天瀑布景区重要的客源市场。这部分市场的主要特点是养生需求较为强烈，同时又普遍喜好书画、棋类、戏曲等传统文化艺术。因此，可结合这一细分市场的特点推出"修身养性"系列体验产品，如定期组织中老年书画爱好者旅游团赴越南一侧实地写生，并可与越方联合在景区设立中越书画爱好者基地。

此外，广西区内及周边旅游者比区外中远程市场更能感受到景区的休闲购物氛围，且随停留时间的延长而加深。从现实情况来看，中远程客源市场的旅游者倾向仅将德天瀑布作为过境中转景区，而非边境"最后的度假地"。因此，中越双方除联合推进高星级酒店、购物娱乐街区、自驾车基地、沿边绿道以及其他休闲设施建设外，还应特别结合中远程市场旅游者特点提供针对语言交流障碍、跨文化心理障碍等方面的个性化服务。

最后，那些对德天瀑布一带历史人文较为了解的旅游者能更深刻地感受到边关历史氛围。这部分旅游者中有许多人为历史爱好者，通常不仅满足于遗迹的静态展示。针对这一特定群体，可通过历史情景模拟再现德天一带曾经的硝烟景象，如在登银盘山途中设仿制的清代军旗、瞭望台、炮台等物件，同时让工作人员佩盔甲与武器沿山路进行"巡逻"，从而营造出动态的古战场氛围。进一步还可开发边疆军营系列体验项目，如士兵操练、骑马射箭、摇旗擂鼓等特色活动。

五、调动感官，全方位激活旅游空间

旅游情境规划围绕视觉、听觉、触觉、嗅觉、味觉等感官维度进行体验设计。因此，应围绕全方位感官设计来激活德天瀑布景区这一边境旅游地空间，让"边境"这一抽象概念变得可看、可听、可触、可闻、可尝。

视觉在旅游者诸多重要感官中居于首位。作为核心吸引物的跨国瀑布景观本身已具有极高的视觉观赏价值，而进一步的景区视觉优化应充分利用当地壮族文化与越南文化中的诸多"色彩"，如中方一侧的原木色壮族杆栏式建筑、紫黑色的壮民服饰以及越方一侧多彩的法式洋楼、越南男性边民的"绿帽子"装束等。同时，景区标识系统的规划除本身具备一定的视觉冲击力外，还可就边境独特的区域特征进行创意性设计。例如，借鉴英国兰兹角的做法，在景区内边境线附近设立"地标指示牌"，牌上标记该点与中越主要城市的距离，以此让旅游者真切感受国家边界的在场。此外，为让旅游者更直观地感受"边境"，应突出中越两国景观的视觉差异，如在语言文化景观设计上呈现出两国迥异的文字特色。

此外，在听觉营造方面，瀑布的水声是天然的背景音乐，同时亦可在景区各处播放当地壮族与越南传统民乐。就触觉营造而言，除近距离触摸瀑布水流外，还可引导旅游者通过触碰一切国家分界标志物以满足其跨境心理。嗅觉的营造上，应在相关游段巧妙设置各种异国"气息"，如越南香水、檀香工艺品等商品以及在越南特有的花草植被所散发的气味。味觉的营造应着重体现在当地壮族乡土风味与越南特色美食上，相关项目与活动设计主要包括增设中越美食长廊、联合举办中越特色美食评选以及烹饪大赛等。

第二章

旅游地利益相关者：跨境旅游合作空间生产的主体

跨境旅游合作空间的意义建构是动态的，旅游地利益相关者空间主体身份的显现也是如此。作为同一过程彼此交融的两面，二者相互揭示了既没有永恒固定的旅游地空间，也没有身份单一的空间主体。旅游地利益相关者的空间主体身份是随着他在旅游地空间位置的变化而变化的。

第一节 跨境旅游合作与利益相关者

本节主要围绕跨境旅游合作区、地方主体身份认同与旅游空间生产三个关键词展开论述并对其在本章中所指代的具体含义进行界定。同时，阐述了本章研究内容所运用的身份认同理论、空间生产理论及利益相关者理论，并对所用理论的适用性进行分析。

一、相关概念界定

（一）跨境旅游合作区

2009 年 12 月国务院颁布了《关于进一步促进广西经济社会发展若干意见》，其中指出"依托崇左大新跨国瀑布景区和凭祥友谊关景区设立中越国际旅游合作区"，此意见为"跨境旅游合作区"的提出奠定了基础，标志着其已上升到国家层发展战略。此后，2010年"跨境旅游合作区"一词被正式提出，关于此方面的研究也随着真正开展。

李飞认为，"跨境旅游"是对我国学术界早期提出的"边境旅游"所指内容更符合实际情况的一种表述。具体指毗邻两国的公民跨越国境所进行的旅游活动，两国政府会通过协商在这个特殊区域内共同制定一些特殊政策并由该地两国政府与旅游主管部门共同实施，其类似于实验区或特区的概念。袁珈玲（2014）指出"跨境旅游合作区是指整合相邻两国独具特色的旅游资源和民族风情，使其相互补充、相得益彰，游客到此可欣赏两国的风景、体验异国风情"。跨境旅游合作区是边境旅游延伸出的一种新模式，其特点是建立在相邻国家的国界线上，由两国相关部门共同进行管理，具有旅游功能，游客借助便利政策可以在指定范围内跨境观光游览。而夏友照则定义了中俄朝三国的跨境旅游合作区，在中国、俄罗斯和朝鲜三国边境毗邻地区依据一定的目标、原则和制度，将旅游系统要素在地区之间进行优化配置，形成规模更大、结构更佳、品牌更高、综合效益更优的整体旅游目的地，同时有条件地向周边线路延伸的特殊区域。

基于以上观点，本节认为跨境旅游合作区是指两个或多个接壤国家在边境附近地区共同划定出一定的空间范围，且具有特殊的政策、体制、功能，通过促进各种旅游要素在区域内流转以发展旅游产业的区域。

（二）地方主体身份认同

目前学术界对于身份认同的概念尚未达成一致。Deaux（1997）认为，身份认同是一个人对自己归属哪个群体的认知，这是自我概念中极其重要的一个方面。邹英（2007）指出身份认同是有关个人在情感和价值意义上视自己为某个群体成员以及隶属某个群体的认知，而这种认知最终是通过个体的自我心理认同来实现的。随着相关研究的深入，学者们将身份认同的概念不断延伸，大致认为其包括个体认同、角色认同、职业认同、民族认同与社会认同等。朱弦、钱俊希（2012）等定义了身份认同与地方认同，其指出"身份认同指个人在特定的社会文化语境中逐步确定自己在这一社会文化秩序中的个体角色，形成自我认知与定义"；"地方认同是对某地方作为社会角色自我感知的一部分认知，通过地方意义来形成对个人或社会群体文化与身份的认同"$^{[33]}$。身份认同不是简单的对个体身份的确认，其与个体所处环境的社会文化关系、权力影响、价值意义及情感效应都密切相关。本节所述的地方主体身份认同，指处于同一社会不同阶层的利益相关者（居民、地方政府、游客等）基于跨境旅游合作区的地方意义对自身身份的认知倾向，其主要通过经济认同、权力认同、社会文化认同与情感认同四个方面来实现。

（三）旅游空间生产

我国目前对于旅游空间生产的定义，大多是在列斐伏尔空间生产理论的基础上，结合我国旅游产业发展的实际情况进行界定的。郭文引鉴空间生产理论将旅游空间生产划分为三个方面（见表2-1）："旅游空间的实践""旅游空间的再现""再现的旅游空间"。其一，"旅游空间的实践"，即人们对直接接触的旅游景观物质空间进行开发改造的活动，是以"真实感知的空间"为基础，属于旅游物理—地理社会空间形态；其二，"旅游空间的再现"，主要反映旅游地政府及社会精英的意识形态，通过策划、规划等手段使旅游景观以符号化的形态呈现出来，是由各种功能系统交织耦合在一起的旅游社会经济系统，不同主体在旅游经济交往中形成不同组织形式，属于旅游社会—经济空间形态（如旅游策划规划的表达、旅游开发活动、目的地文化符号的对外展示、旅游利益分配形式等）；其三，"再现的旅游空间"即情感、信念和意志的空间，与游客和利益相关者联结，属于旅游文化—心理空间形态（如旅游空间实践对目的地社会生活的影响、旅游收益共享、旅游社会经济感知和体悟等）。

表 2-1 旅游空间生产内容划分表

类型	对应维度	空间性质	产品主要内容
旅游物理地理空间	感知维度	物质性	物质性的景区实体
旅游社会经济空间	构想维度	主观构建性	由政府、规划者开发的文化符号类的旅游吸引物，如产业化的表演
旅游文化心理空间	体验维度	精神意义性	具有影响力的第三空间

旅游空间生产中同样也存在生产力与生产关系，旅游空间生产力包括旅游空间生产者、旅游空间生产工具、旅游空间生产对象、旅游空间消费者，决定着生产条件和状况。其中旅游空间生产者包括在旅游空间生产中的强权力者和弱权力者，具体对应当地的政府、开发商和社区居民；旅游空间生产对象为当地的旅游空间产品，包括物质与精神文化方面的；旅游空间生产工具则对应着资本、权力、技术等；旅游空间消费者是使用和体验空间的旅游者。旅游空间生产关系，是指在空间生产过程中形成的经济社会关系。因此，在跨境旅游合作空间生产中，居民与政府、开发商及游客作为旅游空间生产的生产力与消费者，其认同倾向直接影响着旅游空间的再生产。

基于以上研究，本节认为，旅游空间生产不仅仅指物质空间的生产，还涉及社会关系、文化精神方面的生产。它是基于各方要素与力量的作用，为满足本地旅游发展的需求，对旅游空间进行开发、设计、改造，形成以空间为介质新的物质一社会关系的全过程。旅游空间是个动态发展的空间，在其生产的过程中，旅游地的经济发展、权力制衡、社会文化的演变及利益主体的身份认同等要素都对其产生影响，同时，旅游空间的生产也改变了当地利益主体的认同感。

二、相关理论基础

（一）身份认同理论

美国学者Stryker在自我理论、自我认同理论与符号交互作用理论的基础上，于20世纪60年代提出了身份认同理论。身份认同理论认为，人们在复杂的社会关系中因扮演多个角色而获得多重身份，这些不同身份会按照个人的情感意识、价值效益与行为进行排序，从而产生一定的自我认知。该理论的特点是，突出个体与社会的关系，个体在扮演社会角色的基础上形成了内在身份标准，进而影响个体的行为。伯格在20世纪90年代，提出了测量身份认同的自我意义的方法，将此理论进一步具体化并提出了包含认同标准、输入、比较者和输出四个环节的认同控制理论。认同标准由与社会角色相关的自我期望和社会期望构成，决定着角色行动的目标和运作方式；输入是一种知觉认知，这种认知的内容来自自我和他人评价的反馈；比较者的作用是将输入的内容与认同标准进行比对；输出是指找出认知与认同标准的差异值，如果存在差异就会发生改变已有认知的行为。

地方与自我之间的社会、文化、权力、价值与情感联接表明地方对于个体来说不单单体现为一种具体的物质生存空间，更反映为自我身份建构过程中的一个重要表征体系。本节将基于地方意义的身份认同作为跨境旅游合作空间生产的测量概念，分析影响不同主体认同的因素及其对当地旅游发展的行为感知影响。

（二）空间生产理论

1974年，法国哲学家昂利·列斐伏尔创造性地提出了空间生产理论，以"空间本身的生产"补充延伸了马克思提出的"空间中事物的生产"的说法。他认为空间是动态发展的、具有社会性，同时又反过来影响社会和人的行为的动态实践过程，并建构了空间三元一体框架（见图2-1）。

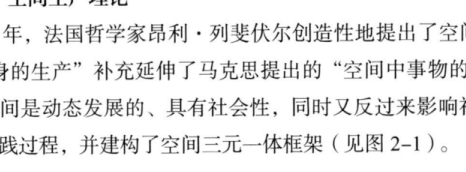

图2-1 空间生产三元一体理论框架

此框架由空间实践（spatial practice）、空间表征（representation of space）与表征空间（representational space）三个概念构成。空间实践，是人们直接接触感知到的物质空间；空间表征，是维护统治者、社会精英意识表现的空间，通常以符号精神文化的形式表现；表征空间即第三空间，强调在空间生产过程中反过来对行动者与社会文化产生影响的空间。在列斐伏尔之后，此理论又经卡斯特、哈维、苏贾等人的发展与完善，已成为一套观点明确、系统化的理论，应用于不同学科领域。

空间生产理论的核心思想强调空间是社会的产物，具有社会性，它产生于社会的发展变化中人类有目的的实践活动，同时生产出的空间又限制、影响着各种社会关系中的人类行为，即空间不仅指地理学意义上的环境空间，还包括复杂的社会关系的空间。随着跨境旅游合作区的建立，旅游业成为该空间内的主要产业之一，并聚集了大量的旅游利益相关者，形成多元旅游空间生产主体，促使社会关系的改变。新的社会关系与原有社会关系相对抗，进而推动旅游空间生产逻辑的转变，同时空间生产主体的身份认同也随之变化。借以跨境旅游合作空间主体身份认同的实现，理顺旅游空间主体之间的关系，以便空间生产更顺利地开展。因此，空间生产理论是解释跨境旅游合作空间主体身份认同问题的一种有效方法。

（三）利益相关者理论

利益相关者理论（Stakeholder Theory）源于19世纪盛行的一种协作或合作的观念（Clark，1984）。1963年，斯坦福研究院首次提出了利益相关者理论这个术语。20世纪90年代初，通过Freeman、Mitchell、Donaldson及Clarkson等众多学者的共同努力，"利益相关者理论"逐步从初步框架发展起来，最终形成了完整的理论体系。随着该理论不断在实际中被使用，其丰硕的成果也不断涌现出来。

利益相关者理论主要是基于企业的社会责任和企业对伦理的管理。该理论认为任何一个公司的发展都离不开各种利益相关者的投入和参与。该理论与"博弈论"等理论最大的不同在于，该理论认为利益相关者的整体利益——而非单个主体的利益——才是企业所追求的。企业的利益主体涵盖面相当广泛，既包含企业的股东、债权人、雇员、顾客、供应商等明显为企业体系内部人员或关联方伙伴，也包括政府、社区、媒体等外部体系集团或关联主体，同时还包括所有直接或者间接受到企业经营活动影响的客体，如自然环境、社会环境、人类自身后代和其他生物等。贾生华与陈宏辉认为，利益相关者理论将企业的社会责任和管理紧密联系起来，提供了一种全新的管理模式，它既不同于只考虑供应商和消费者的传统生产者与消费者观念，也不同于在供应商和消费者之外加入了所有者、员工等元素的传统管理观念，而是将政府、社区及相关的政治、经济和社会环境乃至非人类的元素，如自然生态环境等纳入其中。利益相关者理论以内部可以控制的变量要素替换外部变化的要素，进而规避了外部变化所导致的不确定性风险，最终达到了确保组织的战略和管理有效的目标。

旅游业作为一个综合性的行业，比许多其他行业所涉及的利益相关者要多。利益相关者理论在旅游领域的运用与旅游的可持续发展的内在要求是密切相关的，鉴于这一点，利益相关者理论的重要性越发凸显，不仅是学术界，政府部门、旅游企业也是以此作为基点，试图解决旅游行业所面对的种种困难。本节利用该理论，分析跨境旅游合作空间中的人地关系，以促进该区域旅游的可持续发展。

第二节 跨境旅游合作利益诉求——身份认同的矛盾运动

在前文对相关文献及理论分析的基础上，笔者结合案例地广西东兴市的具体情况进行定性分析。首先，对案例地从边境旅游到跨境旅游的发展历程进行介绍，为后文分析跨境旅游合作空间中各主体身份的变化与呈现做铺垫。然后，阐述旅游地利益相关空间主体有哪些以及他们之间的权力关系。其次，论证空间主体的身份认同是在各主体不同的利益诉求不断冲突与融合的矛盾运动中形成。

一、东兴旅游的发展历程

（一）东兴边境旅游

东兴位于中国广西壮族自治区的南部，是我国的一类口岸城市，其与东南亚国家越南海陆相连，仅一河之隔，同时也是我国仅有的海洋民族京族的聚居地。该地的自然与人文旅游资源丰富，发展旅游产业成为其不二之选。东兴的旅游资源主要分为三大类：边境资源、生态资源和文化资源。其一，

第二章

旅游地利益相关者：跨境旅游合作空间生产的主体

东兴具有独特的地理区位优势，它是中国海岸线与陆路边界线的起点，北仑河成为中越两国的界河，界河对面为越南的经济特区芒街市，其与越南著名风景区下龙湾相距不到200公里，与生俱来的边关异国风情，是吸引游客的主要旅游资源。其二，生态资源包括滨海资源、森林资源与鸟类资源。其主打海滨风光，著名的万尾金滩位于此地，是国家4A级旅游景区。其三，是民族文化旅游。中国唯一的海洋民族京族聚集在此地，其是越南人后裔，具有两项国家非物质文化遗产，唱哈节和独弦琴。

虽然东兴本地的旅游资源丰富，但其旅游业的发展主要依靠越南的边境旅游，近年来东兴的游客数量逐年上涨，使得东兴成为中外游客的集散地。然而对于大多数游客来说，东兴只是一个过境地，而不是旅游目的地。其旅游空间发展历程，与中越关系、政策密切相关，主要分为以下五个阶段（见表2-2）：

表2-2 东兴边境口岸旅游空间发展历程表

发展阶段	标志性事件	相关政策
起步探索阶段（1991—1993年）	中越两国关系恢复正常化，国务院将东兴市列为沿边对外开放城市	《关于扩大边境旅游、促进边疆繁荣的意见》
稳步发展阶段（1994—2004年）	1994年，允许指定的旅行社为从东兴口岸出境的中国游客统一办理"一日游"通行证，简化出境游手续	《中越边境地区出入境通行证》
萧条调整阶段（2005—2011年）	公安部门开展禁赌整治工作，取消东兴边境异地办理通行证政策	《边境旅游暂行管理办法》（2010，国家旅游局）
稳步复苏阶段（2012—2015年）	2012年，国家批准东兴重点开发开放实验区建设实施方案，给予"先行先试"政策，即广西居民可在东兴办理异地办证业务；2013年，正式恢复面向全国异地办证业务	《广西东兴重点开发开放试验区建设实施方案》《关于规范边境旅游异地办证工作意见》
火爆增长阶段（2016年至今）	2016年1月，国家支持包括广西东兴等有条件的地区研究设立跨境旅游合作区	《关于支持沿边重点地区开发开放若干政策措施的意见》（国发〔2015〕72号）

1991年11月中越两国恢复友好关系后，边境地区安定下来，中越两国开始开展以边境贸易促进边境旅游的方案。1992年5月，国务院批准广西壮族

要素流动重塑跨境旅游合作空间的内在机理与演化路径：

以中越边境地区为例

自治区开展中越边境旅游业，明确把发展边境旅游作为促进沿边开放开发的重要组成部分，将东兴市列为沿边对外开放城市；同年7月国家旅游局下发《关于扩大边境旅游、促进边疆繁荣的意见》，东兴的旅游业进入起步阶段。

1994年下半年，广西特定旅行社被允许为中国出境游客统一办理《中越边境地区出入境通行证》，该通行证获得中国与越南两个国家及相关部门的认可，这项措施的实施标志着东兴边境旅游进入快速发展阶段。随后，在1997年和1999年广西政府分别颁布了《关于加快旅游业发展，建设旅游大省的决定》与《关于进一步加快广西旅游业发展的实施方案》两项政策，其欲将旅游业打造成为广西经济发展的支柱产业，对于东兴的边境旅游也在时间与区域方面放宽了政策。东兴的边境旅游蓬勃发展，中越边境游成为东兴标签。

2005年10月，我国公安部门为打击整治境外赌博现象，取消边境异地办证业务，即除东兴本地以外的游客不允许持通行证出入东兴口岸，这一政策使东兴游客骤减，本地旅游步入萧条调整阶段，一直持续到2011年。

2012年7月，国务院批复《广西东兴重点开发开放试验区建设实施方案》，代表着东兴开发开放实验区已经从一个概念步入到了具体实施阶段。2013年7月，公安部、国家旅游局等部门联合印发《关于规范边境旅游异地办证工作意见》，此意见中批准包括防城港市在内的16个边境城市开展异地办证业务。此项措施的实施，使非边境地区游客可以在边境地区的出入境管理局直接办理出入境证件，大幅提升了非边境游客参加边境旅游的便利性。2012年和2013年的两项国家政策方案，使东兴的旅游业成为其经济发展的领头羊，边境旅游稳步复苏。其2013年全年接待国内旅游者达413.5万人次，同比增长10.94%；入境旅游人数达19.64万人次，同比增长18.32%；旅游总收入29.6亿元人民币，同比增长10.25%^{①}。

2016年1月，国务院出台《关于支持沿边重点地区开发开放若干政策措施的意见》（以下简称《意见》），《意见》第十六条明确提出"改革边境旅游管理制度，研究开展跨境旅游合作区，支持包括广西东兴、崇左等有条件的

---

① 《2013年东兴旅游发展综述》，防城港市新闻网，https://www.fcgsnews.com/sh/20140305/52125.shtml。

地区研究设立跨境旅游合作区。"东兴旅游业出现火爆增长的现象，旅行社纷纷推出相关的跨境旅游线路。至2019年年底，全市共接待游客1489.63万人次，增长30.63%，其中国内游客1477.47万人次，增长30.9%；入境过夜游客12.16万人次，增长4.8%。旅游总消费147.03亿元，增长40.36%，其中国内旅游消费143.93亿元，增长41.2%；旅游外汇消费5014.06万美元，增长10.1%。①

（二）东兴—芒街跨境旅游合作区的建设进程

2016年10月，国家旅游局启动了跨境旅游合作区的申报工作，东兴市已提交了《关于设立中国东兴—越南芒街跨境旅游合作区方案》，该方案中规定合作区范围：中方区域为广西壮族自治区东兴市行政区域，其中东兴、江平和马路3个镇都在其管理范围之内，核心区设在中方区域内；其以界河大道为纽带，包括中国东兴—越南芒街跨境经济合作区（中方区域）的一期围网区及北仑河口景区，面积为7.6平方公里。

近年来，广西东兴市一直致力于推进跨境旅游合作区的建立，与越南广宁举行多次相关合作会议并签订了相关合作协议，取得了一定实质性进展。其中最具代表性的，就是2016年11月9日开通中国东兴—越南芒街跨境自驾游，此项目是两国双方推进跨境旅游合作区建设的重要内容。跨境自驾游的游览区域为东兴市和芒街市，游览时间为一天，必须在当天返回。跨境自驾游要求必须实行整团出入境，所有参加人员必须办理有效出入境证件，所在旅行社也必须提前办理相关规定手续。

东兴—芒街跨境旅游合作区的建立虽然在不断推进，但其过程涉及两国的政策问题，越南一方对于合作区的发展只有共识，在实际行动力上还有所欠缺，如北仑河口跨国湿地公园、友谊关跨境旅游合作区等，越南一直没有实际的回应行动。若想合作区进一步发展，首先需要得到越南国家的足够重视。

---

① 东兴市政府网站：www.dxzf.gov.cn/dxdt/tzgg/t13692857.shtml（2020-01-15）。

二、旅游地利益相关者空间主体身份的显现

跨境旅游合作空间的建构是动态的，旅游地利益相关者空间主体身份的显现也是如此。作为同一过程彼此交融的两面，二者相互揭示了既没有永恒固定的旅游地空间，也没有身份单一的空间主体。旅游地利益相关者的空间主体身份是随着旅游地空间关系的变化而变化的，政府相关部门、企业、非政府组织、居民等之所以成为旅游地利益相关者，正是特殊的旅游地空间接合了他们多重身份状态里的某些特殊性的结果。尽管如此，其中关涉的仍然是旅游地空间社会权力的分配及权力关系的空间布局问题。所谓身份确认不过是旅游地空间的主流价值体系将一个空间意义系列接合上一个与之对应的主体身份认同系列，并附随了相关的产业行为规范与准则。

（一）跨境旅游开发的利益相关者空间主体

广西东兴在没有发展旅游业之前，当地人口主要以京族为主，他们以农耕捕鱼为生。随着中越两国边境地区的开放，京族与越南边民逐渐形成了小额的互市贸易。而当地的最早的旅游形式就是以购物旅游为主，通过贸易发展带动旅游的发展，当时的利益相关主体相对单一，以当地居民为主。在双边国家政策的开放下，旅游业逐渐进入该空间，原本单一的主体开始变成复杂的多元利益相关者主体关系。东兴的旅游从早期居民主导的互市旅游逐步转为政府主导的经济型旅游，本地政府开始重视本地旅游业的发展规划，外来旅游开发商、旅游经营者入驻本地，空间内的主体关系发生改变，促使本地空间中的资本、权力、文化及社会关系也开始重构，生成一个全新的旅游空间。在此过程中，参与跨境旅游空间生产过程的利益相关者主体为其提供生产动力，包括本地政府主管部门、非政府组织、旅游投资者（如旅游开发商）、专业精英（如大学教授及研究机构的人员）、旅游者、社区居民等。

在跨境旅游空间生产过程中，涉及的利益相关主体多元化且复杂。本地的政府主管部门，已不单是以往指代的旅游局，还包括公安部门、边防部门、发展与改革局、国土海洋局、边贸局、交通局、食品监督局等多个部门，需要多个部门统筹协调，共同规划。而非政府组织指那些以促进经济发

展与社会进步为目的的社会组织，如旅游行业协会等。本章这里主要探讨核心利益相关者之间的关系，即政府部门、旅游投资者、社区居民与旅游者之间的关系。

（二）多元利益主体的权力关系分解

多元旅游利益主体在不同的权力关系情境中存在不同的身份认同，不同的权力关系情境会派生出不同的身份表征$^{[74]}$。当多元主体通过权力互作用的时候，在跨境旅游合作空间内最终会呈现出怎样的结果？理想的状态是各方主体能够在获得充分的尊重和认可的同时，合法公平地分享旅游收益，最终顺畅地融入当地的文化或生活。旅游地多元主体之间的关系可以被具体化为：包含所有权、使用权、知情权与参与权等基于法律、职务、政治的权力关系；包含民俗文化、生活方式等因素基于民族、社区差异的社会文化关系；包含多元主体对旅游地的依赖、期待等基于生活责任的情感关系。

在跨境旅游合作空间生产的过程中，存在于以往主体之间的经济利益、政治权力、社会文化关系会不断地冲突与融合。旅游产业的发展与外来者的进入，必然会打破原本单一的社会制度和秩序，改变惯有的生活习惯、价值观念、民俗文化与伦理规范等。旅游开发使空间主体的利益博弈关系变得纷乱庞杂，使之形成新的主体权力关系，各利益相关主体只有以此为基点才能获得一个确切的身份定位。

旅游地的权力关系网络是由既竞争又合作的多元利益相关主体构成的，只有在这种权力关系达到一种平衡状态时，当地的旅游才可能实现可持续发展。主要体现在以下几方面关系：第一，本地相关政府部门与社区居民的关系，本地相关政府部门为当地旅游业的发展提供政策支持与发展规划，通过本地旅游的发展提高政绩与增加财政收入，同时当地的社区居民可借助相关的支持性旅游政策参与旅游经营活动；第二，旅游投资者与社区居民的关系，旅游开发所获得的收益应在旅游投资者与社区居民之间按照一定规则进行分配，旅游投资者可获得可观的利润，而社区居民可以从此过程中获取诸如收入增加、社会地位的提升与民俗文化扩散等好处；第三，旅游者与社区居民的关系，游客在享受经过开发的旅游资源环境所带来的身心舒畅的同时，其消费也可以为当地社区居民带来收入的提升，但当地居民有义务为游客提供热情的接待；第四，竞争者与社区居民的关系，当社区居民看到他者经营的旅游活动获利，便会产生同样逐利的想法，经营相同项目展开竞争，其结果不外乎两种：残酷的竞争导致两者都失败或者相互合作，最终因协同效应形成了生态链，使大家在这个过程中自动寻求合适的定位，共同获益；第五，本地居民社区内部，社区居民的内部关系一般容易被忽视，本地政府在整个过程中起引导作用，而实际操作就要依靠社区的居委会了，其对当地社区居民参与旅游活动的程度与方式产生直接影响。不同利益相关主体之间的权力较量是推进跨境旅游合作发展与调整的直接动力，也是其身份表征的体现。

三、利益诉求—身份认同的矛盾运动

跨境旅游合作空间建构是一个地方消解与地方认同相互调适的过程。现代化过程的显著标志是无差别的空间法则，使地方呈现同质化，从而消解地方的意义（Taylor P. J，1999）。但是旅游地利益相关者的空间认同是社会交换的结果，经济社会的迅速发展，特别是跨境合作实验区的建设，将吸引大量利益相关者的聚集，重构旅游地空间的人地关系。因此，地方认同传统边界的模糊、地方意义的不断被抽离也并不意味着地方认同作用的彻底丧失，获得增权的冲动会使旅游地居民重新生产信念、偏好、情感、价值观等，并在此过程中形成想象性的精神文化认同。地方认同与利益诉求的矛盾运动使跨境旅游合作空间不断地生产与再生产。

（一）跨境旅游合作空间多元主体的利益诉求

跨境旅游发展中存在的诸多问题与矛盾其实不过是由于各个主体的利益诉求不同所导致的。在旅游开发中旅游投资企业、开发商追求利润最大化，社区居民希望提升社区能力，而游客则想通过旅游放松心情等。多重诉求交织在一起发生冲突时，就会出现弱权力者屈服于强权力者的情况。在跨境旅游合作空间中，同样也存在此类问题。

1. 政府主管部门的空间权力感知

东兴目前的旅游开发模式是"政府主导＋企业开发"。本地旅游开发由东兴市政府直接领导，东兴市旅游局负责规划具体的旅游项目，由招标成功的企业进行建设。形成了政府主导、市场运作、企业经营的运作方式，当地的社区居民对于旅游开发并没有太多参与，只通过开店铺，做导游等活动参与其中。旅游局的一位人员这样说："在旅游开发中，政府和有关部门永远都是走在民众的前面，民众都是后知后觉地跟进去，对于跨境旅游其实没有什么概念的"。在当地跨境旅游的发展中，社区居民一直处于追随者的地位，其对本地旅游发展的认识都是建立在当地政府实际已经建成的旅游项目上。而对于本地政府来说，发展跨境旅游合作区也受到许多限制，如景区建设的资金问题、两国的政策问题。"本地政府对于跨境旅游区的建设很重视，也有许多好的想法，但是首先一个景区的建设需要大量的资金，政府只能招商引资让企业来做，其次涉及国家层面，跨境旅游主要就是国家与国家之间的合作难"。

跨境旅游合作空间中，本地政府虽是处于主导地位的强权力者，但与其他旅游空间政府主体相比，它所拥有的区域主导权受国家间政治关系的限制。最直接的体现，如当本地政府想要开发跨境旅游项目的时候，就必须与越南方面经过协商、承诺与履行的三个阶段。每个阶段的开展都关涉两个国家的政策及关系，在跨境旅游合作区的建设中，中方一直处于主动积极的一方，但是越方只有共识、行动甚少。

2. 社区居民的综合空间感知

本地社区居民对于跨境旅游空间的认同存在明显差异。一部分当地居民通过为游客提供服务成为当地旅游活动的参与者或本地旅游精英，成为主要的利益相关者之一；而另一部分居民由于无法融入新的旅游空间中，被逐渐边缘化，这样的变化表现为对自身身份认同的改变。对于直接参与旅游活动中的社区居民来说，在经济与权力方面的认同有明显感知。导游小何表示："这两年来东兴旅游的人越来越多，我们做的就是这方面的工作，收入自然会增加"；旅行社经营者张某说道："每天都有很多选择东兴—芒街一日游的游客，天天都会有团的"。然而，在本地旅游区的饭店经营者韩某却发表了截然相反的观点："我们这做的大部分是本地人的生意，来这旅游的游客大多是奔着越南去的，要说赚钱也就是本地的旅行社了"；另一位王姓居民说："游客来到东兴就去越南那边了，但是他们卖的东西又不好，假货很多、看人要价，回头给游客留的印象又不好，下次也不会再来我们东兴了"。可见，不同居民对于旅游经济方面的感知有很大的差异，由于东兴本地目前缺乏有吸引力的旅游项目，无法留住游客，造成旅游收入无法实现利益共享的局面，居民在经济方面的身份认同形成两个极端。

同时，由于多元主体有着截然不同的利益诉求，导致主体对空间生产认同差别较大。在东兴河堤旁，有一条东南亚风情街，为游客提供简单的休闲服务。其主要是由政府主导改建，公司承包，租给本地居民经营。其经营者反映，政府为了防止走私，修建了高高的围栏，车子过不来，游客也不来了。张某（河堤小吧经营者）说："这条街主要就是靠旅游，来口岸的游客就会进来这边逛一逛，喝个东西，看一看对面越南的风景，但是现在政府把这边围栏修这么高，什么都看不见，谁还过来"。政府出于国家安全考虑，将原先矮围栏加高修密，但经营者由于经营成本过高，收入降低，无法继续维持。双方建议由承包公司加修二层，使游客去二楼看风景，但是公司一期成本还没有收回，不会再加盖。经营者进行抗议，一直没有得到回应。可见在跨境旅游空间的构建过程中，多元利益主体诉求无法平衡，就会产生矛盾。对于跨境旅游地这个特殊的空间，旅游开发的问题涉及国家层面，在开发旅游的同时要考虑到两国人员流动的安全问题，还要同时平衡边境两国居民的竞争，如何调和各方利益是其发展的重点。

3. 游客跨境旅游空间的想象逻辑

很多旅游目的地对于游客的吸引力源于游客对其空间的想象。根据笔者与游客交流的情况显示，游客选择东兴跨境旅游的主要原因是很便利地就可以体会到异国风情。然而访问的大部分游客表示其实际的旅游体验与之前的想象存在很大差距。游客贾某这样描述："口岸过关太慢，要等很久，东兴又很热很晒，在外面排队时间过长，应该将口岸这边的基础设施再加强一下"；一位从芒街回来的游客李某说："没什么景点，对于越南的异国风情感觉不大，东西价位卖得比较贵，也不知道真假"。其主要原因是：首先，东兴跨境游从2016年由于国家政策的支持进入火爆大幅增长阶段，再加上旅行社对跨境一日游的大力宣传，使得旅游者对其期待很高。其次，跨境的旅游范围时间有限，缺乏主要的旅游景点，以购物旅游为主，而越南芒街的购物市场不规范，宰客现象严重，加之基础设施较差，造成游客旅游体验质量较差。

（二）跨境旅游合作空间主体身份认同的建构过程

认同处于一个不断的构建一瓦解一重构的循环过程中，任何权力和社会关系的变化都会导致刚确认的认同瓦解。在东兴这个空间里，由于旅游产业的兴起，促使原本单一的利益相关者的关系变得复杂。而身份本身就是由社会关系构建的，是随着所处的社会关系不断变化的。身份认同就是在"自我"与"他者"不断作用中构建的，跨境旅游合作空间中主体身份的认同就是在旅游产业进入后，利益相关者汇聚此地，各个利益相关者相互作用中构建的。一方面，认同是一种向内的自我深度感知，是一种自我价值和自我意义的确认；另一方面，认同是由人的自然属性、社会属性和精神属性共同反映呈现，人的自我感知由外界和他人的反馈得来，最终也必将通过外界、他人展现出来$^{[75]}$。跨境旅游合作空间中利益相关主体的身份认同亦是如此，在多元主体直接的相互作用中不断地构建一瓦解一重构，其过程如图2-2所示。

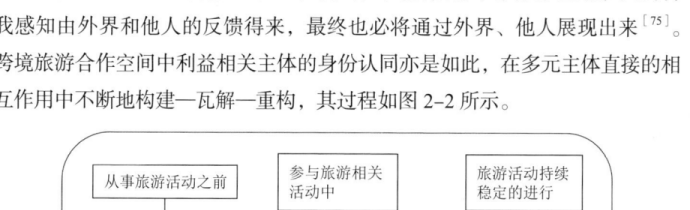

图2-2 跨境旅游合作空间中主体身份认同建构路径

东兴本地在旅游产业进入该空间之前，其主要利益相关者为本地社区居民，其对自己的身份认同简单且单一，他们以传统的农耕捕鱼为生。随着旅游产业进入，该空间的居民对自己的身份有了新的期盼，这种期盼参考着相类似旅游地而形成。在国家政策的支持下，本地开始大力发展旅游业，非政府组织、旅游投资者、专业精英、游客等利益相关者都聚集在此地，他们持有各自不同的利益诉求，导致各自对空间的想象也有所差异，相互冲突作用发生矛盾，矛盾解决后形成新的身份认同。当某一方利益相关者对其身份的认同重构失败，就会再次循环此过程，不断往复循环。

第三节 跨境旅游合作区中的居民与政府身份认同实证分析

在第二节跨境旅游合作空间主体身份认同构建的基础上，笔者以地方意义的身份认同为测量概念，针对问卷调研结果运用SPSS和CO-PLOT对数据进行统计与分析，定量分析东兴跨境旅游合作区政府人员和居民的身份认同感知情况。

一、研究设计

（一）问卷设计与发放

本研究通过实地调研的方法，以调查问卷的形式分别收集东兴政府部门人员与当地居民对跨境旅游合作空间认同感知的量化数据。在设计问卷时，笔者运用文献信息分析法，对空间生产与认同相关的文献进行梳理。针对旅游地居民与政府部门人员分别设计两套问卷，问卷整体结构分为三个部分（见表2-3），第一部分为个人基本信息部分，第二部分为地方身份认同实际感知评价，第三部分为地方身份认同期望感知评价。除了第一部分是由单选题和填空题组成之外，第二部分与第三部分都按照李克特5点量表分析法设计，把感知程度分为"非常认同（5）""认同（4）""一般/说不清（3）""不认同（2）""非常不认同"5个选项，被调查者只需根据真实感知选择其认为最合适的一项即可。

旅游地利益相关者：跨境旅游合作空间生产的主体

表2-3 问卷整体结构表

问卷组成部分	主要内容
第一部分 个人基本信息部分	该部分主要涉及被调查者性别、年龄、职业、个人身份及在此地居住时间等信息，居民问卷共9题，政府人员问卷共10题
第二部分 地方身份认同实际感知评价	该部分主要涉及被调查者四个维度的实际认同感知评价，即经济维度、权力维度、社会文化维度、情感维度，居民问卷共29题，政府人员问卷共20题
第三部分 地方身份认同期望感知评价	该部分主要涉及被调查者四个维度的期望认同感知评价，此部分题项设置与第二部分相对应，主要体现期望值。居民问卷共29题，政府人员问卷共20题

实地调查于2017年12月21~26日在广西东兴展开，采取典型调查与抽样调查相结合的方式进行问卷发放工作。对于居民问卷，主要选择从事旅游相关的人员为调查对象，在东兴口岸、办证大厅等地发放问卷，共发放问卷247份，收回241份，将13份作答不完整和带有极端答案的问卷排除，剩余有效问卷228份，问卷有效率达94.6%。对于政府人员问卷，主要发放部门为东兴市旅游局、东兴市发展和改革局、东兴市商务局（原边贸局）、东兴市政府办、东兴市交通运输局、东兴市博览事务办等，共发放问卷76份，收回73份，将2份作答不完整和带有极端答案的问卷排除，剩余有效问卷71份，问卷有效率达97.26%。

（二）指标构建

认同一般指在特定地理环境下对自我（主体）身份的确认，本章中将其引入作为跨境旅游合作空间地方多元主体与地方关系的分析概念。地方化不仅是一个与全球化相对的概念，它是在各种经济、政治、社会、文化关系的内生融合及全球化外生力量的相互作用下产生的。在此过程中，不同行为主体的认同差异，可被视为其对地方关系空间中的依附程度，以及自身对这个空间建构所产生作用力的差别。本章中的地方身份认同包括两层含义：其一，指人对地的情感效应，主要是由认同主体对地方独特的情感依赖所产生；其二，指深扎此地的社会经济文化制度关系，主要是由地方与外部宏观环境相互作用所形成。而在空间生产的过程中，空间会成为一个注入社会情感和特定社会关系的结构，基于人们认识的差异而呈现出不同的认同倾向。因此，本章根据案例地的实际情况，结合旅游空间生产理论与身份认同理论，将跨境旅游合作空间主体身份认同划分为四个维度，包括经济认同、权力认同、社会文化认同与情感认同。根据居民和政府人员的不同情况，分别在四个维度下共设置了29项和20项显性指标（见表2-4、表2-5），即调查问卷的感知项。感知项的设计分别包括对当地居民和政府人员的实际感知和期望感知2部分，即对应问卷的第二部分和第三部分。期望感知项的设计是希望在揭示跨境旅游空间生产中主体认同的实际感知情况的同时反映期望感知，以进行综合分析。

表2-4 东兴跨境旅游空间生产居民认同感知指标说明表

维度划分	指标说明	维度划分	指标说明
	经济收入的增加		民俗节庆商业化程度
	更多的就业机会		提高对本土文化的认识
	旅游收入分配合理		中越边民交流增多
经济利益维度	加大本地贫富差距	社会文化维度	邻里之间的关系变化
	导致生活成本变化		本地生活工作人数的变化
	本地基础设施变化		外来文化的影响程度
	促进地区经济发展		接触结交朋友的范围变化
	参加旅游决策机会		认为本地旅游资源独特
	重视社区居民意见		迷恋这个地方的程度
权力关系维度	了解旅游收益及分配情况		外出经常想起本地
	参与旅游活动程度	情感效应维度	形成的民族自豪感
	接受旅游教育程度		社会身份地位的变化
	生活方式的改变		满意本地目前的旅游发展
社会文化维度	参与旅游业的人增多		支持本地发展旅游产业
	民俗文化得到传承		

第二章

旅游地利益相关者：跨境旅游合作空间生产的主体

表 2-5 东兴跨境旅游空间生产政府部门人员认同感知指标说明表

维度划分	指标说明	维度划分	指标说明
经济利益维度	个人经济收入增加	社会文化维度	生活方式的改变
	本地财政收入增加		民俗文化的变化
	更多的就业机会		提高对本土文化的认识
	本地基础设施变化		本地知名度的提升
	促进地区经济发展		提高本地政府的威望
权力关系维度	分配制度规范程度		认为本地旅游资源独特
	旅游开发约束程度	情感效应维度	迷恋这个地方的程度
	国家政策支持程度		想为本地旅游发展贡献程度
	对政绩评价影响程度		形成的民族自豪感
			满意本地目前的旅游发展
			支持本地发展旅游产业

（三）问卷数据分析方法

笔者在获取调查问卷数据后，对其进行录入与整理；采用 SPPS17.0 软件对收集的数据进行统计，并使用 Co-Plot 软件对其结果进行分析；Co-Plot（又称合图法）是美国由阿迪·拉维（Adi Raveh）在 20 世纪 90 年代发明的，并得到快速推广与使用。

1. Co-Plot 基本原理

合图法是对数据矩阵进行图像展示的一种方法，其将 n 个对象确定为 n 个点，r 个变量基于同一原点以 r 个直线箭头表示。在 co-plot 所画图形中，具有相同特点的研究对象点相距较近，在箭头正方向的点表示正相关，在箭头反方向的延长线上的点代表负相关，而直线箭头所夹角度代表这个变量的相关性。如两个箭头所夹角度越小，表示两个变量相关性越高；两个箭头夹角为 90° 表示不相关；两个箭头夹角呈 180° 表示负相关。其基本步骤如下：①为统一数据，标准化数据矩阵：$Y_{ij} = (X_{ij} - \overline{X}_j) / D_j$，其中 Y_{ij} 为标准化后矩阵中的第 i 行第 j 列元素，X_{ij} 为原矩阵中第 i 行第 j 列元素，$\bar{X}_j$ 为原矩阵第 j 列元素的均值，D_j 为原矩阵第 j 列元素的标准差；②研究对象差异性测量：

$$S_{ik} = \sum_{i=1}^{r} |y_{ij} - y_{kj}| > 0, (1 \leq i, k \leq n)$$

③采用 SSA 最小空间分析法，将 n 个研究对象的 r 维空间展现为二维欧几里得空间，借助关系疏离指数 θ 判断数据拟合的准确性；④形成由研究变量组成的 r 个箭头，每个变量的实际值和在箭头轴上的投影的相关度最大化，因此，相关的变量在图形上呈现的方向一致$^{[77]}$。在此过程中，通过两个系数检验图形的拟合程度，即步骤③中的疏离指数 θ 与步骤④中 r 个变量的最大相关系数，一般认为当 $\theta \leq 0.15$ 或 >0.4 表示拟合程度良好。

本书选用 Co-Plot 中的"三维八度"模型（见表 2-6）对总项图形进行解释分析，按照图形中研究对象与不同变量的位置关系进行分组，不同的刻度代表不同属性组。

表 2-6 Co-Plot 模型分组表

模型	维度	刻度	属性	描述
"三维八度"模型	差异维	一刻度	高相关组	实际较高
		二刻度	高差异次高相关组	差异较高
		三刻度	次高相关组	实际和差异均比较高
		四刻度	次高相关次低差异组	期望和实际比较高，但差异不大
		五刻度	次低相关组	差异分值较低，即实际不高
		六刻度	次低相关次低差异组	实际和期望一般
		七刻度	低相关组	实际和差异均最低

2. 逐步回归分析

逐步回归分析的基本理念是将所有的解释变量一个接一个地引入回归模型，对于每一个引入新变量的回归方程系数都要进行 F 检验，并对新加入的解释变量进行 t 检验，当假设检验结果不显著时，则将新加入的变量删除，进而保证引入新变量后的回归模型只包含显著性变量。这是一个反复筛选的过程，为了得到最优的解释变量集合，筛选条件即：①没有显著的变量可以入选回归模型；②模型中没有可剔除的不显著变量。

综上所述，逐步回归分析可以解决多重共线性的问题，具体步骤如下：先用被解释变量对每一个解释变量做回归分析，选取对被解释变量贡献程度最大的解释变量为回归模型的基础，逐步引入其余的解释变量。经过逐步回归，得到最优的解释变量集合，从而保证了没有严重的多重共线性。

二、问卷统计结果初步分析

（一）问卷数据配对 T 检验

在对获取的原始数据进行录入整理后，运用 SPSS17.0 对数据进行配对样本 t 检验。配对样本 t 检验主要是检验两个样本平均数与其各自代表的总体的差异是否显著，从而得到合图法所需要的数据矩阵。从实际感知、期望值和感知差异三个变量属性进行分析，居民和政府的数据在置信度为 95% 时，检验结果如表 2-7、表 2-8 所示。

表 2-7 居民配对 T 检验结果汇总表（n=228）

指标	Mean	SD	Mean	SD	差异 MD	Sig
	实际感知		期望			
经济收入的增加	3.62	0.94	4.07	0.77	-0.45	0.00
更多的就业机会	3.80	0.84	3.38	0.77	0.42	0.48
旅游收入分配合理	3.34	0.93	3.52	0.79	-0.18	0.71
加大本地贫富差距	3.09	0.88	2.84	0.71	0.25	0.49
导致生活成本变化	3.70	0.93	2.71	0.80	0.99	0.21
本地基础设施变化	3.65	0.85	4.04	0.80	-0.39	0.00
促进地区经济发展	3.93	0.76	3.73	0.76	0.21	0.60
参与旅游决策机会	2.77	0.89	3.46	0.90	-0.69	0.86
重视社区居民意见	3.00	1.00	3.93	0.73	-0.93	0.08
了解旅游收益及分配情况	2.65	0.96	3.28	0.71	-0.64	0.26

要素流动重塑跨境旅游合作空间的内在机理与演化路径：

以中越边境地区为例

续表

指标	实际感知		期望		差异 MD	Sig
	Mean	SD	Mean	SD		
参与旅游经营程度	3.13	0.96	3.82	0.80	-0.70	0.00
接受旅游教育情况	2.95	1.08	3.36	0.74	-0.41	0.98
生活方式的改变	3.51	0.86	3.08	0.79	0.43	0.04
参与旅游业的人数增多	3.69	0.90	3.20	0.63	0.49	0.02
民俗文化得到传承	3.63	0.93	4.10	0.71	-0.47	0.80
民俗节庆商业化程度	3.54	1.02	2.77	0.74	0.76	0.55
提高对本土文化的认识	3.66	0.87	3.96	0.81	-0.30	0.00
中越边民交流增多	3.80	0.89	3.66	0.80	0.14	0.08
邻里之间的关系变化	3.04	0.93	3.07	0.86	-0.03	0.69
本地生活工作的人数变化	3.70	0.91	3.23	0.76	0.47	0.67
外来文化的影响程度	3.47	0.93	3.34	0.83	0.13	0.57
接触结交朋友的范围变化	3.82	0.81	3.44	0.97	0.38	0.70
认为本地旅游资源独特	3.84	0.78	4.24	0.82	-0.39	0.00
迷恋这个地方的程度	3.73	0.94	3.35	0.77	0.37	0.88
外出经常想起此地	3.57	0.85	3.08	0.83	0.49	0.08
形成的民族自豪感	3.76	0.89	3.98	0.69	-0.22	0.30
社会身份地位的变化	3.21	1.02	3.91	0.88	-0.71	0.39
满意本地目前的旅游发展	3.40	0.89	4.17	0.82	-0.76	0.00
支持本地发展旅游产业	3.81	0.84	4.23	0.74	-0.41	0.00

居民对跨境旅游发展中影响身份认同的29项指标内容的实际感知与期望的均值差异有正有负，差异为正数表明实际感知大于期望，则该主体对身份认同感知呈负面状态；差异为负数表明实际感知小于期望，则该主体对身份认同感知呈正面状态。从表2-7可知，居民权力维度的指标实际感知与期望均值差异均为负数，且差异较大，说明居民对于权力维度指标普遍认同度较低，有待提升。从整体角度来看，居民29项指标的实际感知均值为3.48，期

望均值为3.55，实际感知小于期望值，-0.07表明差异相对较小，说明本地居民的身份认同感知呈负面状态。其中，居民对旅游"促进地区经济发展"的实际感知评价均值最高为3.93，标准差为0.76，并且此项的实际感知均值大于期望均值，表明居民对于旅游促进本地区经济发展的实际感知程度已超过期望水平，对于该指标的认同度最大。

表 2-8 政府指标配对 T 检验汇总结果表（n=71）

指标	实际感知 Mean	SD	期望 Mean	SD	差异 MD	Sig
个人经济收入增加	3.32	0.93	3.10	0.58	0.22	0.72
本地财政收入增加	4.20	0.64	3.93	0.72	0.27	0.89
更多的就业机会	4.10	0.74	4.00	0.67	0.10	0.53
本地基础设施变化	4.20	0.71	3.95	0.74	0.24	0.48
促进地区经济发展	4.12	0.68	4.15	0.69	-0.02	0.03
分配制度规范程度	3.68	0.65	4.10	0.70	-0.41	0.80
旅游开发约束程度	3.78	0.72	3.41	0.71	0.37	0.15
国家政策支持程度	4.05	0.59	4.51	0.51	-0.46	0.99
对政绩评价的影响程度	3.63	0.62	3.17	0.86	0.46	0.18
生活方式的改变	3.71	0.81	3.17	0.70	0.54	0.05
民俗文化的变化	3.95	0.92	3.29	0.78	0.66	0.32
提高对本土文化的认识	3.83	0.70	4.12	0.64	-0.29	0.69
本地知名度的提升	4.17	0.67	4.34	0.66	-0.17	0.57
提高本地政府的声望	3.78	0.72	3.39	0.70	0.39	0.64
认为本地旅游资源独特	4.07	0.72	4.07	0.65	0.00	0.46
迷恋这个地方的程度	3.98	0.79	3.20	0.75	0.78	0.17
想为本地旅游发展贡献程度	4.02	0.69	4.12	0.68	-0.10	0.02

续表

指标	实际感知		期望		差异 MD	Sig
	Mean	SD	Mean	SD		
形成的民族自豪感	3.93	0.88	4.00	0.67	-0.07	0.11
满意本地目前的旅游发展	3.66	0.73	4.17	0.70	-0.51	0.27
支持本地发展旅游产业	4.05	0.71	4.27	0.63	-0.22	0.87

从表2-8可得，政府部门人员对跨境旅游发展中影响身份认同20项指标内容的实际感知均值为3.91，期望均值为3.82，实际感知大于期望值且都大于居民的均值，说明总体上政府部门人员的身份认同感知呈正面状态，且高于居民。其中，在20项指标内容的实际感知与期望的均值差异中，"满意本地目前的旅游发展"与"国家政策支持程度"两项指标的负值差异分别为-0.51、-0.46，是认同度最低的两项。其中，"国家政策支持程度"指标的实际感知均值为4.05，期望均值为4.51，可以看出该指标的实际感知均值已不低，但期望均值是20个指标中最高的，说明政府部门人员明显认可国家对跨境旅游的政策支持，但由于对这方面抱有更高的预期，所以该指标的认同程度相对比较难满足。

（二）关联系数拟合度检验

通过合图技术可得出居民和政府人员四个维度和总项布局的关联系数。政府和居民视角总项布局的疏离指数分别为0.05和0.00，且其分四个维度的分项布局疏离指数均小于0.15，表示结果良好。政府和居民视角总项布局的拟合指数均为1，且其分四个维度的分项布局拟合指数均接近1，表明co-plot图像的拟合程度非常高（见表2-9、表2-10），可进行下一步分析。

表2-9 居民数据关联系数表

维度	疏离指数	拟合指数
情感效应维度	0.00	1.00
社会文化维度	0.01	0.99

续表

维度	疏离指数	拟合指数
权利关系维度	0.00	0.96
经济利益维度	0.03	1.00
总项布局	0.00	1.00

表 2-10 政府人员数据关联系数表

维度	疏离指数	拟合指数
情感效应维度	0.00	0.99
社会文化维度	0.00	0.99
权利关系维度	0.00	1.00
经济利益维度	0.00	1.00
总项布局	0.05	1.00

三、跨境旅游空间生产中地方主体身份认同空间布局 co-plot 分析

选用合图法（Co-Plot）对社区居民和政府部门人员在跨境旅游空间生产中的身份认同进行分析，运用 Co-Plot 方法可以简单明晰地分析主体在不同维度的实际感知与期望之间的关系，并能以图形的方式将多个（3个及以上）不同属性在一个二维空间中呈现出来，是一种具有较强数据探索优势的分析方法。

（一）跨境旅游空间生产中居民身份认同 Co-Plot 分析

1. 居民经济利益维度分项布局 co-plot 分析

从图 2-3 可以看出，居民对"经济收入的增加""本地基础设施变化"的期望值要求较高，大于实际感知；对"促进地区经济发展"的实际感知最高，表明居民认可跨境旅游空间生产能促进本地区经济的发展，但对直接关涉居民生活福利的收入、基础设施方面感到作用力度不够；对"更多的就业机会"

的实际感知较高，感知与期望的差异最大；对"旅游收入分配合理"和"加大本地贫富差距"方面认同比较低。

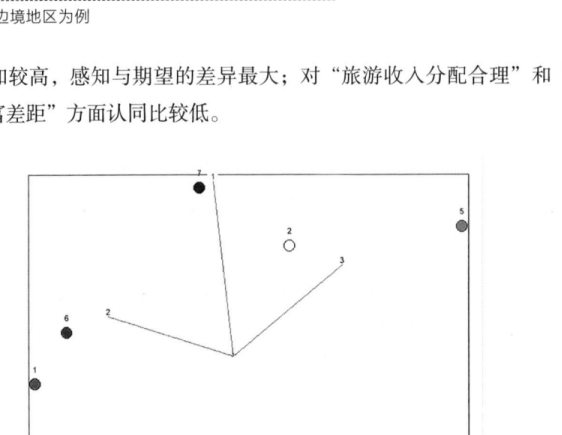

图 2-3 居民经济利益维度空间感知

指标说明：1. 经济收入的增加；2. 更多的就业机会；3. 旅游收入分配合理；4. 加大本地贫富差距；5. 导致生活成本变化；6. 本地基础设施变化；7. 促进地区经济发展。

方向 1 代表实际感知值，方向 2 代表期望值，方向 3 代表差异（实际感知值与期望的差异），本章以下 co-plot 图的方向属性与此相同。

2. 居民权力关系维度分项布局 co-plot 分析

权力关系维度体现居民在参与跨境旅游空间生产时自由行动的程度。由图 2-4 可见，居民对"重视社区居民意见""参与旅游经营程度"的期望大于实际感知；对"参与旅游决策机会""了解旅游收益及分配情况"的实际感知较低；对"接受旅游教育情况"的实际感知一般，差异较大。说明居民对深入参与旅游发展、政府重视居民意见方面抱有更大期望，对主体间的生产关系认可程度较低，权力维度方面的认同感有待提高。

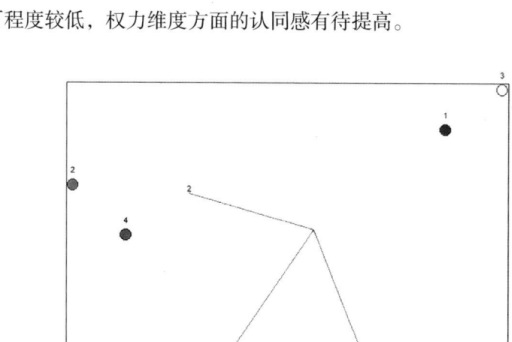

图 2-4 居民权力关系维度空间感知

指标说明：1. 参与旅游决策机会；2. 重视社区居民意见；3. 了解旅游收益及分配情况；4. 参与旅游经营程度；5. 接受旅游教育情况。

3. 居民社会文化维度分项布局 co-plot 分析

如图 2-5 所示，居民对"中越边民交流增多""接触结交的朋友范围变化"的实际感知较高；对"民俗文化得到传承""提高对本土文化的认识"给予很高的期望；对"参与旅游业的人增多""本地生活工作的人数变化"的差异感知较大且实际感知高于期望值；对"生活方式的改变""民俗节庆商业化程度""外来文化的影响程度"的实际感知与期望的差异感知一般。表明跨境旅游空间生产对于当地居民文化方面的影响较小，分析其主要原因：虽然近年东兴游客急剧增加，但多以大型旅游团居多并且在东兴本地逗留时间较短，与居民接触互动较少，所以对本地的社会文化影响较小。

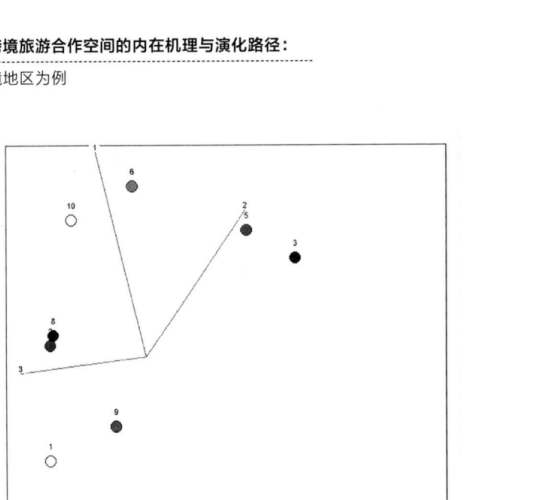

图 2-5 居民社会文化维度空间感知

指标说明：1. 生活方式的改变；2. 参与旅游业的人数增多；3. 民俗文化得到传承；4. 民俗节庆商业化程度；5. 提高对本土文化的认识；6. 中越边民交流增多；7. 邻里之间的关系变化；8. 本地生活工作的人数变化；9. 外来文化的影响程度；10. 接触结交的朋友范围变化。

4. 居民情感效应维度分项布局 co-plot 分析

指标说明：1. 认为本地旅游资源独特；2. 迷恋这个地方的程度；3. 外出经常想起本地；4. 形成的民族自豪感；5. 身份地位的提高；6. 满意本地目前的旅游发展；7. 支持本地发展旅游产业。

由图 2-6 可知，居民对于能够"形成的民族自豪感"实际感知较强；对"认为本地旅游资源独特""支持本地发展旅游产业"实际感知一般；对"迷恋这个地方的程度"的感知差异较大；对"身份地位的提高""满意本地目前的旅游发展"的实际感知较低。分析数据表明，居民对于本地的情感依赖程度较高，但对目前本地的旅游总体发展情况还不太满意，希望可更有效地开发本地资源并为本地的旅游发展出一份力。

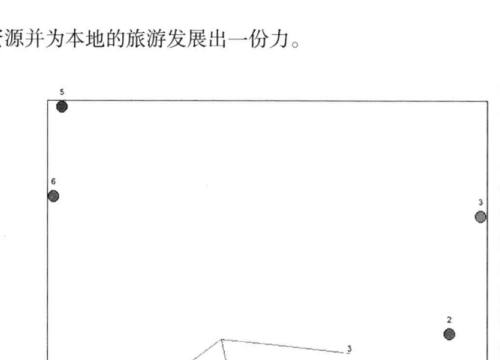

图 2-6 居民情感效应维度空间感知

5. 居民旅游空间生产认同总项布局 co-plot 分析

指标说明：1. 经济收入的增加；2. 更多的就业机会；3. 旅游收入分配合理；4. 加大本地贫富差距；5. 导致生活成本变化；6. 本地基础设施变化；7. 促进地区经济发展；8. 参与旅游决策机会；9. 重视社区居民意见；10. 了解旅游收益及分配情况；11. 参与旅游经营程度；12. 接收旅游教育情况；13. 生活方式的改变；14. 参与旅游业的人数增多；15. 民俗文化得到传承；16. 民俗节庆商业化程度；17. 提高对本土文化的认识；18. 中越边民交流增多；19. 邻里之间的关系变化；20. 本地生活工作的人数变化；21. 外来文化的影响程度；22. 接触结交的朋友范围变化；23. 认为本地旅游资源独特；24. 迷恋这个地方的程度；25. 外出经常想起本地；26. 形成的民族自豪感；27. 身份地位的提高；28. 满足现在本地的旅游发展；29. 支持本地发展旅游产业。

对居民在跨境旅游空间生产中身份认同的所有指标进行综合分析（见图

2-7），在打破4个维度的基础上，按照Co-Plot的"三维八度"模型将关键指标划分为以下七组：

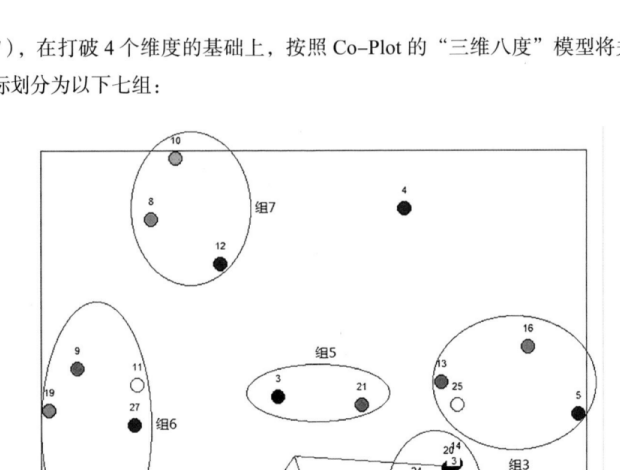

图2-7 居民旅游空间生产身份认同总项空间感知

组1：高相关组。本组特点为居民的实际感知较高，表明居民对跨境旅游合作空间生产"中越边民交流增多""促进地区经济发展"认同程度大，与以前相比，边界两边人们之间的交往和互动明显加深，并且带动本地经济的发展。

组2：高差异次高相关组，本组的特点为居民的实际感知与期望值的差异较高，并且实际感知大于期望值。说明居民认为旅游发展为本地带来更多的就业机会，从而吸引更多人来到本地定居并且拓展了人际交往范围，本地居民对地方的依赖感越来越强。

组3：次高相关组。本组的特点为居民的实际感知与期望值的差异略低，且期望较低，表明居民认为跨境旅游的发展并没有使其生活方式和民俗文化发生较大改变，并想继续保持其文化传统和价值观念的稳定性。

组4：次高相关组次低差异组。本组的特点为居民的期望值较高，实际感知略低于期望值，但差异不大，表明居民对于关涉生活质量方面的经济收入、基础设施及本地的民俗文化扩散方面给予很高的期望，并希望对当地旅游发展提供更多行动上的支持。

组5：次低相关组。本组的特点是实际感知不高，且实际感知与期望值的差异较低，表明居民对于旅游收入分配制度既不了解也不关注，并且外来文化对于本地影响较低。

组6：次低相关次低差异组。本组的特点是实际和期望一般，表明居民参与旅游经营活动的自由度较低，旅游开发规划中应更重视居民意见，民居整体权力维度的指标有待提高。跨境旅游对社区居民邻里关系和身份地位的影响都不大，且居民普遍希望本地旅游发展得更好。

组7：低相关组。本组的特点是实际感知和差异均最低，主要体现在权力关系维度的指标，包括"参与旅游决策机会""了解旅游收益及分配情况""接收旅游教育情况"，反映了在跨境旅游空间生产中居民处于弱权力地位。

根据合图分析的结果还可以看出居民对跨境旅游空间生产中各指标的实际感知、期望值与差异之间的相互关系。其中实际感知与期望值、实际感知与差异的方向夹角均为锐角，表明实际感知与期望值、实际感知与差异两两都呈正相关，而期望值与差异方向的夹角大于九十度，说明两者相关度较低，即实际感知对差异的影响较大，期望对差异的影响较小。

（二）跨境旅游空间生产中政府人员身份认同 Co-Plot 分析

1. 政府人员经济利益维度分项布局 co-plot 分析

由图2-8可知，政府人员对跨境旅游空间生产促使"本地财政收入增加"和"本地基础设施变化"的实际感知较高且差异较大；对能够带来"更多的就业机会"的期望大于实际感知；对"促进地区经济发展"的感知差异较低；对"个人经济收入增加"的实际感知与期望均较低。这说明政府人员认可跨境旅游可以促使本地财政收入的增加和改善基础设施，希望可以为本地居民带来更多的就业机会。同时，跨境旅游的发展状态与政府人员的经济收入没有直接影响。

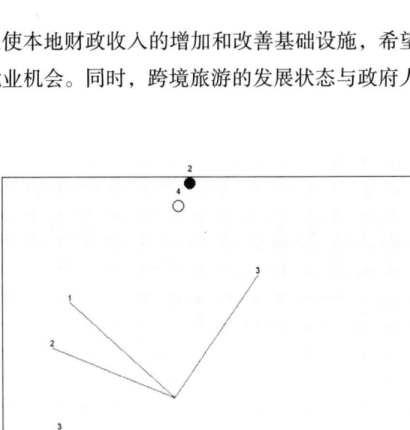

图 2-8 政府人员经济利益维度空间感知

指标说明：1. 个人经济收入增加；2. 本地财政收入增加；3. 更多的就业机会；4. 本地基础设施变化；5. 促进地区经济发展。

2. 政府人员权力关系维度分项布局 co-plot 分析

从图 2-9 可以看出，政府人员对"分配制度规范程度"的实际感知较低；"旅游开发约束程度"的感知差异较高；"政绩评价的影响"感知差异明显；对"国家政策支持程度"实际感知较高并有一定的期望。这表明政府是跨境旅游合作空间生产的强权力主体，空间生产过程主要体现了政府意志，但政府人员在制定实施有效合理的旅游分配制度方面还有所欠缺，并对国家政策支持有更高期望。整体而言，跨境旅游合作空间生产还处于建设的初级阶段，以政府为主导的权能建设还处于较低水平。

旅游地利益相关者：跨境旅游合作空间生产的主体

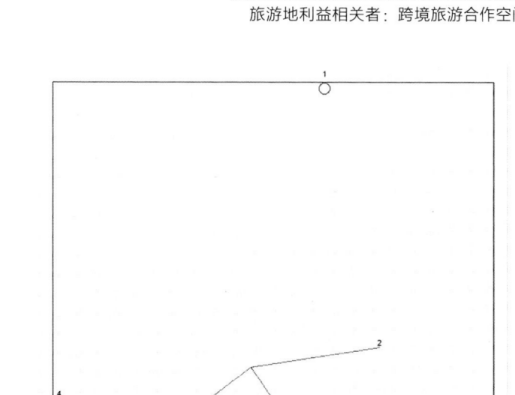

图 2-9 政府人员权力关系维度空间感知

指标说明：1. 分配制度规范程度；2. 旅游开发约束程度；3. 国家政策支持程度；4. 对政绩评价的影响。

3. 政府人员社会文化维度分项布局 co-plot 分析

指标说明：1. 生活方式的改变；2. 民俗文化的变化；3. 提高对本土文化的认识；4. 本地知名度的提升；5. 提高本地政府的威望。

如图 2-10 所示，政府对跨境旅游合作空间生产引起"本地知名度的提升""民俗文化的变化"的实际感知较高，其中对"本地知名度的提升"有较高的期望并基本实现；对"生活方式的改变"与"提高本地政府的威望"的实际感知较低；对"提高对本土文化的认识"的实际感知与期望一般。由分析结果可知，政府人员认同跨境旅游的发展提升了东兴的知名度，并重塑了本地的民俗文化，但并未引起生活方式的改变。

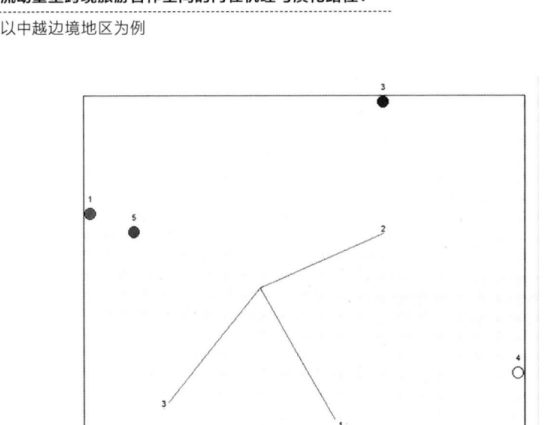

图 2-10 政府人员社会文化维度空间感知

4. 政府人员情感效应维度分项布局 co-plot 分析

由图 2-11 可知，政府人员对"认为本地旅游资源独特""想为本地旅游发展贡献程度""形成的民族自豪感""支持本地发展旅游产业"的实际感知和期望都比较高；对"迷恋这个地方的程度"的期望较低；对"满足现在本地的旅游发展"实际感知较低。表明政府人员普遍认为东兴本地的旅游资源独特，适合并支持发展跨境旅游，但对目前旅游发展现状还不算满意，需要进一步提升。另外，政府人员对于地方依赖程度较低。

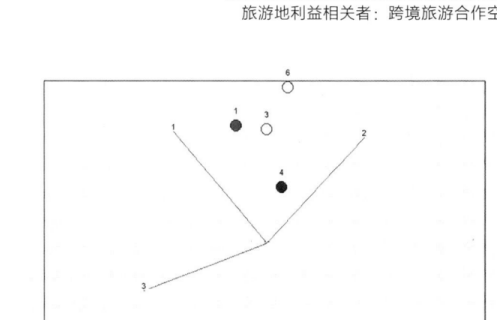

图 2-11 政府人员情感效应维度空间感知

指标说明：1. 认为本地旅游资源独特；2. 迷恋这个地方的程度；3. 想为本地旅游发展贡献的程度；4. 形成的民族自豪感；5. 满意本地目前的旅游发展；6. 支持本地发展旅游产业。

5. 政府人员旅游空间生产认同总项布局 co-plot 分析

对政府人员在跨境旅游空间生产中身份认同的所有指标进行综合分析（见图 2-12），在打破 4 个维度的基础上，按照 co-plot 的"三维八度"模型将关键指标划分为以下六组：

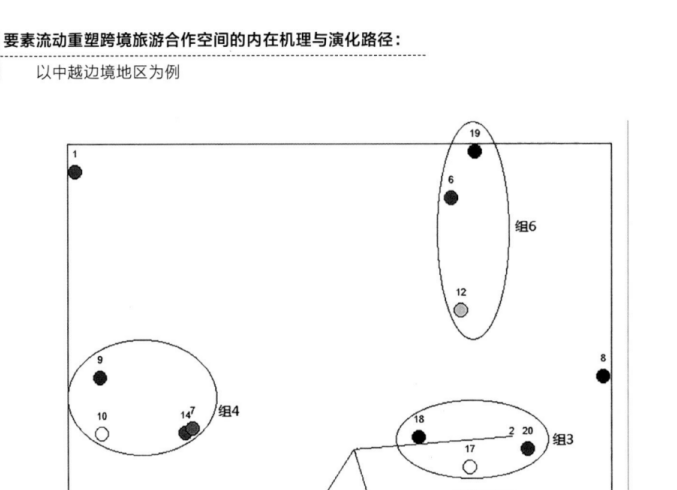

图 2-12 政府部门人员旅游空间生产身份认同总项空间感知

指标说明：1. 个人经济收入增加；2. 本地财政收入增加；3. 更多的就业机会；4. 本地基础设施变化；5. 促进地区经济发展；6. 分配制度规范程度；7. 旅游开发约束程度；8. 国家政策支持程度；9. 对政绩评价的影响；10. 生活方式的改变；11. 民俗文化的变化；12. 提高对本土文化的认识；13. 本地知名度的提升；14. 提高本地政府的声望；15. 认为本地旅游资源独特；16. 迷恋这个地方的程度；17. 想为本地旅游发展贡献的程度；18. 形成的民族自豪感；19. 满足现在本地的旅游发展；20. 支持本地发展旅游产业。

组 1：高相关组。本组的特点是政府人员的实际感知较高，主要表现为政府人员对经济利益维度的认同，包括财政收入的增加与基础设施的改善。

组 2：高差异次高相关组。本组的特点是政府人员的实际感知与期望的差异较高，且实际感知大于期望值。这表明政府人员认为跨境旅游的发展重塑了本地的民俗文化，对于本地的依赖程度一般。

组3：次高相关组次低差异组。本组的特点是政府人员的期望比较高，但实际感知与期望的差异不大。这表明政府人员对增强民族自豪感充满希望，并希望对当地旅游发展提供更多行动上的支持。

组4：次低相关组。本组的特点是政府人员的实际感知与期望差异较低，且实际感知不高。这表明政府人员认为跨境旅游的发展对其生活方式与政绩评价的影响不大，并想继续保持原有的生活方式。

组5：次高相关组。本组的特点是政府人员的实际感知和期望值略高，表明政府通过跨境旅游合作空间生产创造更多就业机会、促进本地经济发展、提高本地知名度等方面做得较好，认同度较高，实际感知接近期望值。

组6：低相关组。本组的特点是政府的实际感知和差异均最低，表明政府在"分配制度规范程度""提高对本土文化的认识"等方面需要加强管理，并需要继续大力发展跨境旅游，以提高对本地旅游发展的满意度。

（三）基于co-plot的跨境旅游空间生产主体身份认同研究结论

通过上述对两个主体的实际感知与期望的分析，可以更精确地发现构成居民与政府部门人员身份认同指标中的空间布局差异，从而进一步揭示跨境旅游空间生产中这两个主体之间的关系及各自诉求。分别从四个维度进行对比分析，得出以下结论：

（1）经济利益维度是跨境旅游合作空间生产中满足主体经济需求的生产成果，构成身份认同的基本要素，直接影响各主体的生活质量水平。在这个维度里，居民对收入分配合理的认同度较低，表明跨境旅游的发展对于不同居民收入的影响差异较大，而对政府人员的个人经济收入无较大影响。同时，居民与政府人员的诉求有明显差异，居民对直接关涉其生活质量的经济收入与基础设施期望最高，政府人员则希望可以为本地带来更多的就业机会，追求的是更高层次地区的整体经济利益，其本质上并不冲突。

（2）权力关系的相互作用为跨境旅游合作空间生产提供动力，是指一种推动跨境旅游合作空间发展的能力和权能获取的程度。东兴的跨境旅游合作空间生产是在政府主导下推动的，主要反映了政府意志。在此过程中，居民对深入参与旅游发展、政府重视居民意见方面抱有更大期望，而本地政府则希望得到更多的国家政策支持。从目前跨境旅游合作空间的发展状况来看，政府主导模式取得了较好的生产效率，但在制定实施有效合理的旅游分配制度方面还有所欠缺，居民在权力维度的认同度较低，一直处于弱权力地位，不利于旅游空间生产的可持续发展。

（3）社会文化维度是反映跨境旅游合作空间生产的社会规范与价值观念，具体体现为人们的生活方式和文化习俗等。这个维度的分析结果显示，跨境旅游空间生产对于当地居民与政府人员的生活方式及民俗文化方面影响较小。剖析其原因有两点，其一，政府虽重塑了本地的民俗文化，但并没有掺入过多的商业元素；其二，东兴的游客以大型旅游团居多且在本地逗留时间短，与当地居民接触互动较少，因此外来的文化价值观冲击不大。

（4）情感效应维度是反映空间主体在跨境旅游合作空间生产中的情感倾向。居民对于本地的情感依赖程度较高，而政府部门人员对于本地的情感依赖相对较低。结合东兴本地的实际情况分析，居民大多数是土生土长的本地人，而政府部门人员很多都是工作以后才来到东兴。不过，两者都对东兴的跨境旅游发展有更高的期望，并希望可以提供行动上的支持。

四、跨境旅游空间生产居民身份认同显著性影响分析

为了进一步揭示各维度因子对居民身份认同的影响程度，建构经济认同、权力认同、社会文化认同与情感认同等居民身份认同的4个维度评价项目、29个评价因子。根据实际情况，将情感效应维度里的"满意本地目前的旅游发展"与"支持本地发展旅游产业"两个指标从29个评价因子里剔除，作为因变量表示居民对本地旅游发展的满意支持度，即一共有27个评价因子。将每个维度评价项目中的评价因子按加权平均法计算出拟评价项目的值。以居民对跨境旅游合作空间的旅游发展满意度与支持度两个评价项目的加权平均数作为因变量，以经济、权力、社会文化、情感这4个维度的评价项目作为自变量，采用逐步回归分析方法，建立回归模型：

$$Y_i = \beta_0 + \beta_1 x_{i1} + \cdots + \beta_1 x_{i4} + \varepsilon_1, \qquad i = 1, 2, \cdots, n \qquad (1)$$

采用SPSS17.0对上述假设模型进行测算，根据逐步回归的原理，按照权利关系、情感效应、经济利益、社会文化的顺序逐步引入自变量，可以得到居民对跨境旅游合作空间中身份认同的显著性影响因子（见表2-11）和逐步回归情况表（见表2-12）。

表2-11 逐步回归因子表

模型	R		调整	标准估计误差 S
1	0.756a	0.571	0.567	0.40765
2	0.865b	0.748	0.743	0.31423
3	0.887c	0.787	0.780	0.29028
4	0.895d	0.801	0.793	0.28191

a. 预测变量：(常量),权力关系。

b. 预测变量：(常量),权力关系,情感效应。

c. 预测变量：(常量),权力关系,情感效应,经济关系。

d. 预测变量：(常量),权力关系,情感效应,经济关系,社会文化关系。

表2-12 逐步回归过程表

模型		非标准化系数		标准	t	Sig.
		B	标准误差	系数		
1	(常量)	1.496	0.160		9.344	0.000
	权力关系	0.617	0.053	0.756	11.542	0.000
2	(常量)	0.429	0.178		2.410	0.018
	权力关系	0.439	0.046	0.538	9.468	0.000
	情感效应	0.437	0.053	0.473	8.324	0.000
3	(常量)	-0.019	0.195		-0.098	0.922
	权力关系	0.375	0.045	0.460	8.272	0.000
	情感效应	0.362	0.052	0.392	7.015	0.000
	经济关系	0.252	0.059	0.240	4.245	0.000

续表

模型		非标准化系数		标准	t	Sig.
		B	标准误差	系数		
	(常量)	-0.127	0.194		-0.652	0.516
	权力关系	0.357	0.045	0.437	7.996	0.000
4	情感效应	0.271	0.061	0.293	4.428	0.000
	经济关系	0.178	0.064	0.169	2.768	0.007
	社会文化关系	0.212	0.081	0.200	2.627	0.010

根据最后一步回归系数，建立如下的回归方程：

$$Y = -0.127 + 0.178x_1 + 0.357x_2 + 0.212x_3 + 0.271x_4 \qquad (2)$$

上述公式（2）中的 x_1, x_2, x_3, x_4 代表4个维度的评价项目，即经济利益、权力关系、社会文化与情感效应。由表2-11可以看出，通过对方程（1）进行回归分析的每步系数，4个评价项目均进入回归方程，依次为：权力关系，情感效应，经济关系，社会文化关系。第4步 R^2（多重判定系数）为0.801，说明4个自变量可以解释因变量的80.1%。其结果显示逐步回归的拟合效果较好，且4个评价维度都具有显著影响，但显著性有所不同，根据逐步回归的基本原理，先进入的自变量是对因变量影响最显著的因子，而最后进入的变量则是影响最小的因子。根据每步的计算可以看出权力关系对跨境旅游空间中居民身份认同的影响最为显著，然后依次是情感效应、经济关系、社会文化关系。

五、研究结果

通过以上的定性和定量分析，有以下四点发现：

其一，根据定性分析，我们认为跨境旅游空间是个动态发展的空间，在旅游业兴起后，在这个空间内聚集了有着不同利益诉求的利益相关者。从而，原本结构单一的地方主体演变为由不同的利益相关者群体组成地方多元主体，重构了跨境旅游空间中的人地关系。由于多元主体在进行空间生产时所遵循的空间生产逻辑与利益诉求不同，其经过一系列博弈与对抗过程，最终协商一致并解决矛盾，形成新的身份认同，跨境旅游空间得以重构，同时重构空间中的政治权力关系和社会关系等因素也会限制改变多元利益主体的认同感。跨境旅游合作空间在主体的身份认同与利益诉求的矛盾运动中不断地生产与再生产。

其二，在对身份认同的相关文献进行梳理分析的基础上，认为地方主体身份认同包括两层含义：第一层含义，指人对地的情感效应，主要是由认同主体对地方独特的情感依赖所产生；第二层含义，指深扎于此地的社会经济文化制度关系，主要是由地方与外部宏观环境相互作用所形成。因此，跨境旅游合作空间主体身份认同可划分为四个维度，包括经济认同、权力认同、社会文化认同与情感认同。

其三，根据所划分的四个维度设计相应的问卷题目项，运用co-plot方法分析东兴居民与政府人员在不同维度中具体指标的实际感知与期望的程度及两者之间的关系。研究发现，在经济利益维度里，东兴跨境旅游的发展对于不同居民收入的影响差异较大，而对政府人员的个人经济收入无较大影响。同时，居民与政府的经济诉求有明显差异，但本质上并不冲突。在权力关系维度里，本地政府一直处于强权力地位，主导跨境旅游合作空间生产并取得了较好的生产效率。由于跨境旅游的特殊性及边境地区多位于欠发达地区，选择政府主导的旅游开发模式是必要的，但居民长久处于权力的边缘，不利于本地区旅游的可持续发展，政府应多关注如何调动居民的积极性，以实现各主体协同促进本地旅游的发展。在社会文化维度里，居民与政府人员的实际感知与期望基本一致，表明跨境旅游空间生产对于当地居民与政府人员的生活方式及民俗文化方面影响较小。在情感效应维度里，居民与政府人员对于本地的情感依赖有明显差异，但都对东兴的跨境旅游发展有更高的期望，并希望可以提供更多行动上的支持。

其四，运用逐步多元回归的方法对居民身份认同的四个维度进一步分析发现，居民身份认同与其对本地旅游业的支持度与满意度有显著影响，居民身份认同感知越高，对本地旅游产业的支持与满意度也越高。其中，权力关系对跨境旅游空间中居民身份认同的影响最为显著，多维判定系数为0.571，表明本地居民对旅游产业的支持与满意度的 57.1% 由其对权力方面的认同度决定，然后依次是情感效应、经济关系、社会文化关系。

第四节 跨境旅游利益主体身份认同对策建议

一、制定旅游伦理规范，提倡包容性发展

旅游伦理规范是由道德规范与法律法规共同组成的，其在旅游开发过程中通过各利益相关者的不同权力形式得以反映。在道德规范层面，它代表着一种道德承诺，当持有不同利益诉求的利益相关者同时存在于跨境旅游合作区时，弱权力主体的利益需要得到保证。如果利益主体为了自身利益而做出违反道德规范的行为，将与本地社会舆论、传统习惯与人们的信念相悖，受到道德规范上的谴责。同时，它必须有法律层面的制约。对于跨境旅游合作区这个特殊的开发模式，法律政策层的制约尤为重要，其在开发过程中涉及两个国家的利益相关者的问题，由于两个国家道德层面的理解可能会有所差异，这个时候旅游伦理道德就要建立在法律强制力的基础上。旅游伦理道德亦是旅游地各利益主体之间冲突与妥协的产物，要重视跨境旅游合作空间中多元主体的权力关系结构，在不同利益诉求的彼此争夺中寻求平衡点，调节各主体之间的社会经济关系，提倡强调"参与"和"共享"的包容性发展，即各主体参与旅游发展机会的公平性与共享旅游发展成果。

制定旅游伦理规范需要从非正式制度与正式制度两方面考虑。主要包括：

（一）与跨境旅游合作区非正式制度相结合

跨境旅游合作区的发展不能独立与本地的社会关系而单独存在，需要各利益相关者的共同参与建设，在旅游开发规划上要积极吸纳本地居民已有的价值观念、传统习惯、伦理规范及民俗文化，尽量使跨境旅游合作空间中主体观念相融合，形成新的道德规范观念，同时也制约着空间内各主体的行为。

（二）与跨境旅游合作区正式制度相结合

跨境旅游合作是在国家与地方政府的法律法规基础上展开的，而法律法规是得到国家政府及人民认可的正式制度，其强制执行力对跨境旅游合作区的主体行为起到纠正与限制的效果，所以旅游伦理规范的制定应尽可能与其结合，起到相辅相成的作用。

二、深度开发特色旅游项目，塑造游客的想象空间

在旅游开发中，追求各利益相关者的利益诉求达到一个均衡状态，利益分配最优化。本书所研究的广西东兴案例地，其以边关集市贸易为主要旅游吸引物，缺乏有吸引力的重大旅游项目，游客多将此地作为过境地。要根据边境地区的特色因地制宜地开发旅游项目，以期使旅游者的空间想象与其真实体验相一致，提高旅游者的旅游体验，延长游客在本地的停留时间，将合作区建设成为真正的国际旅游目的地。与此同时，自然增加了本地的旅游收入，使更多居民享受到旅游带来的收益，参与到旅游经营活动中，调动了其发展旅游业的积极性，增加了经济与权力方面的认同感。

具体可从以下三点进行开发：首先，东兴边境居住着我国唯一的海洋民族京族，其有我国两项国家级非物质遗产，要充分利用京族的民俗文化，大力发展当地的文化旅游。例如，京族的独弦琴是其特有的乐器，可以在当地定期举办独弦琴的艺术表演，吸引大量游客。京族是海洋民族，其极具特色的高跷捕鱼与大网捕鱼都可以成为吸引游客的少数民族民俗文化的景观。其次，我国大陆海岸线东起中国辽宁省丹东市鸭绿江口，西南至广西东兴市北仑河口，全长18400公里。东兴位于我国海岸线的最西端，又是陆路边界线的起点，在我国版图上有特殊意义。隔海相望的是越南芒街和万柱海滩，在这里游客欣赏的不仅是风景，还有跨境的异国风光。要在这个跨境旅游合作区里开发真正有特色的旅游项目，而不仅依靠购物旅游。例如，开发北仑河上的游轮旅游，使游客感受不一样的旅游体验，在游轮上可以同时欣赏两国风光。最后，对于跨境旅游目前已有的项目，如跨境自驾游，应该进一步扩宽游览的时间与范围，从现有的一天到三天，从越南的芒街到下龙湾，当然

这主要需要两国之间继续加深合作。

三、建立"1+3+N"管理模式，强化旅游综合监管

跨境旅游合作区的发展涉及两个国家政策合作上的问题，在这个规划出来的特殊空间内，如何治理与监管该空间内旅游行业市场的发展具有重要意义。案例地东兴一芒街的跨境旅游目前存在一个中国游客反映的普遍现象，就是在越南芒街购物的时候，会遇到"宰客"现象。越南芒街的小商贩会看客要价，而且所买东西又没有质量保证，导致许多中国游客进行投诉。但是中国本地政府对于越南芒街上的市场又没有监管权，导致问题无法解决。

针对此类问题，提倡完善跨境旅游合作区的综合监督管理体系和制度。为了维护合作区内安全、公平及有序的旅游市场环境，应加强旅游服务质量的监管及投诉的处理，建设"1+3+N"的现代旅游治理机制。"1"指旅游委员会，在跨境旅游合作区内成立由中方与越方人员共同组成的旅游委员会，突破现有政策，实行两国旅游联合执法管理，专门负责协调和指导跨境旅游合作区的旅游产业方面的工作及综合监管。"3"分别指旅游警察、旅游巡回法庭、工商旅游分局。旅游警察主要负责维护旅游合作区及周边的治安，构建快速出警处理机制；旅游巡回法庭指以移动形式存在的法庭，负责及时化解旅游活动中发生的矛盾纠纷；工商旅游分局负责跨境旅游合作区的市场秩序维护，对不规范的经营行为进行惩处。

此外，实施"N"级联动，加强与旅游相关的政府部门与非政府组织的合作，如强化发展与改革局、国土海洋局、边贸局、交通局、食品监督局及金融部门等的融合力度，共同推进跨境旅游合作区内的发展。同时，在跨境旅游合作区内普及相关行业人员的素质教育和业务技能。近两年随着东兴跨境游的火热，也出现中国游客在越南被打事件的新闻。在出入境时，有越南边检人员会向中国游客索要小费的现象，有更甚者会直接动手打人。这种现象的出现，说明越南相关政府部门的工作人员缺乏旅游合作的意识。首先，需要先从政府部门开始，培养相关人员旅游合作的意识，如由两国政府牵头定期举行相关人员的培训课程，提高相关部门工作人员的素质。其次，组织旅

游企业开展旅游标准化、投诉处理等业务技能培训。

四、提升整体建设水平，打造"国际跨境旅游合作区"形象

中越边境地区的发展相对滞后，虽然近几年大力发展旅游产业，交通、酒店、餐饮等方面的基础设施有所改善，但与我国其他沿海地区相比还有很大的提升空间。跨境旅游合作区的整体建设要从几方面入手：首先，修建国内通往广西东兴的铁道线路及中越跨境铁路线路。现阶段中国游客只能坐高铁到达防城港，再坐汽车去东兴，旅游目的地的可达性很差。要加紧建设铁路线路，使游客可以更便捷地到达旅游目的地。其次，加快完善跨境旅游合作区的基础设施建设。如果以国际化的跨境旅游合作区为建设目标，东兴市的基础设施还有待提高。如去东兴的游客必经的出境口岸，此处设施简陋，尤其在旺季的时候，人满为患，很多游客在外面排2~3小时的队都无法进入口岸大厅，降低了游客的旅游体验。最后，开展跨境旅游合作区的联合营销活动，拓展境外客源市场。由中越两国政府相关部门一同负责策划跨境旅游合作区的市场推广方案，以便有针对性地拓宽旅游营销渠道，塑造"国际跨境旅游合作区"整体旅游形象，提升其在全球旅游市场中的影响力。

第三章

资本流动下跨境旅游合作区空间生产

资本流动是跨境旅游合作区空间生产动力系统中的重要推力。资本的流动作用在空间中表现出了无限性、包容性和永恒性的特点，在时间的运动轨迹上无限地延伸，从而让这一过程中不间断的资本积累所触发的空间生产实践渐渐变成整个现实世界的变化框架。跨境旅游合作区空间是边境居民生活空间和旅游空间两者的结合体，资本流动按照能够便于其增值的空间模式来改造跨境旅游合作区的空间形态与社会生产关系。

第一节 资本流动与空间生产

一、资本流动的原因、特征与作用

（一）资本流动的原因

1. 基于比较优势的资本流动

基于比较优势的原则，李嘉图认为资本会选择从其边际产出较低的地区向边际产出较高的地区流动，以期得到最大的边际资本回报。而这些回报主要是通过对外直接投资而获得利润或是赚取信贷市场上的利差的方式实现。换句话说，资本会从发达地区流向落后的地区。另外，资本流动成本、利差的不同在一定程度上会影响资本流动的规模。

2. 基于要素禀赋的资本流动

俄林认为刺激要素流动的主要原因是不同地区间存在不同的要素价格。要素从发达地区流向落后地区，即扩散效应，反之则是逆流效应。在前者的作用下会缩减区际间的经济发展差距，在后者的作用下会使得区际间的经济发展差距变大。其中，利率反映了资本价格。另外，不同经济体中资本要素禀赋程度的不同还可以从利率的不同体现出来。

3. 基于地理空间的资本流动

资本在地理空间上的流动，会受到很多外部因素的影响。例如，对资本流动存在显著正向作用的因素有地区的市场潜力和开放程度、税收竞争和劳动力成本；而对资本流动具有反向作用的因素有地区现有的交通基础设施存量和拥挤成本、人力资本开放程度。

"姓资姓社"曾是长期困扰我国社会经济发展的首要问题，这是由于人们先前一直把资本看作资本主义社会中具有压榨性、阶级性的生产资料和货币。资本对发展的重要性直到改革开放后，在社会主义市场经济的深入推行下，才逐渐被认识。从20世纪90年代起，国家为了鼓励私营经济发展，大力改革国有企业，使其逐渐退出垄断领域，从而出现了"国退民进"的发展格局。特别是在2001年中国正式加入WTO后，我国开始在更多领域实行更大强度的改革开放。这使得资本流动不再受多种因素的束缚，开始成为"支配城市运行的最重要的逻辑之一"。但是，我国对资本的流动方向、规模、领域等方面仍采取了较多限制，是为了防止出现由于资本的过度自由流动反而对国内社会经济造成消极影响。所以，我国的资本流动的自由度还没有达到西方国家的水平。

（二）资本流动的特征

1. "倒U形"特征

威廉姆森认为在区域发展中，区域的资金和经济从非均衡状态向均衡状态过渡可以通过扩散和极化效应两者间的相互作用来实现。在我国，资本流动在空间上呈现出不均衡的情况，西部流动的强度最弱，中部次之，东部最强，这符合"倒U形"特征。

2. 发展阶段特征

我国的资本流动特征的变化过程是：计划制约型、过渡转型型、市场配置型，呈现出了阶段性的特征，这是因为我国的经济体制在社会发展阶段经历了几次重大变革（高全胜，2004）。而追逐最大回报率的趋利性、资本流动量的距离弱化性、分散—集中—分散的阶段性特征是资本在市场经济体制下流动的三大特征（白井文，2001）。所以说，处在不同的发展阶段和不同的时期会有不同的资本流动特征。

3. 阶梯形特征

我国在改革开放后，实行市场经济体制，地区间经济发展呈现出东—中—西三个阶梯形发展区域特点。西部大开发前，较为落后的中西部地区的资本流向发达的东部地区。这是由于资本的回报率的不同，资本的逐利性会使得资本从落后地区流出。总而言之，在经济发展的不平衡状态下，资本从低级产业流向高级产业、从低效率部门或地区流向高效率的部门或地区、从超前发展的产业流向滞后发展的产业，资本必然发生流动和重组（肖灿夫，2010）。

（三）资本流动的作用

Harvey（2010）在他的书上曾这样描述过：人们获得像面包、鞋子、衣服、房子、手机、车子等的各种生活必需品，是通过资本流动实现的；人们可以在提供娱乐性、教育性、支持性和精神性服务的过程中创造财富，也正是由于资本流动的作用；各国政府通过对资本流动的各个环节征税来保证政府职能、军备及保证国民高质量生活水准的能力得到提升。因此，倘若阻碍、减缓甚至终止资本的流动，那么我们将遭遇到金融危机，我们的日常生活也将受到影响。

从哈维的描述中，我们可以看到资本的流动影响着我们社会生活的方方面面，是各类生产性活动的源动力。如果阻碍了资本的流动，那么我们的日常生活将受到影响。无资本就无雇佣，资本是一种社会力量，而不是一种个人力量。如果没有资本在空间中的流动，那么社会生活也就无法正常运行。通过在大范围的流动，过剩的资本才能在全国实现时空修复。所以说，资本的空间流动本质上是资本危机的空间修复路径，其所引发的空间矛盾与调节，直接影响了空间建构与重构。资本流动对空间生产的作用会受到其规模、速度、方向等因素的影响。

但是资本在空间中的流动作用有其局限性。首先，资本流动在影响空间生产时，是以不和谐的、无节制的和不可持续的方式使用着空间中的资源，能否实现回报最大化和增值才是资本在流动过程中最为关键的。其次，资本流动下的空间生产不论"生活"，只讲"生产"，只是把其作用和控制下的空间生产与重构作为获取最大回报的一种手段，并不以人类是否能更好地生活作为其首要价值目标。当空间逐渐变为商品时，就必然会出现"同质化"的空间生产，而这引发的严重后果就是割断人类原有的众多传统的生活形态和理念。最后，物的价值在资本流动过程中充分延伸，这使得人的个性与关系变成了物的个性与关系，并用其多样性来衡量社会生活的全面性。

二、旅游空间生产源动力：资本空间不平衡发展

哈维曾经提出，资本要是没有内部的地理扩张、空间重构和不平衡发展等可能性，就会失去政治经济系统作用。也正是由于这些可能性的存在，才使得资本在空间中流动，改造现实空间中的物质环境和社会关系。资本空间不平衡发展是空间生产理论中的经典代表，它不仅是马克思主义理论中用来解释资本追求利润本质的经典阐述，更揭示了当代空间生产的源动力$^{[40]}$。资本空间不平衡发展促使资本在旅游空间中流动，资本为了追求增值，在流动过程中通过创造不平衡来影响旅游空间生产，如对旅游地地理环境的不平衡选择、打破与划定行政界线、制造不平衡的社会关系等方式。

（一）资本空间不平衡发展的阐述

资本主义制度之所以能够在现实社会中确立，是基于不平等交换、不平衡发展以及人口在占有生产资料上的不平等的这一历史前提，即通过原始积累建立起来的。这种早期的积累在国际上通过商业资本主义的恶性争夺、不对等交换等方式获取了资本的第一次增值；同时在国内，为了使得一般私有制灭亡，确立资本主义私有制，资本依靠着阶级层次间的不平等，使用暴力、

制度、权力等手段，来占有弱势群体（农民、小生产者）的生产资料来达到这一目的，进而为资本主义确立创造了条件。另外，追求利润是资本主体进行生产的起始点，通过利用在不同的地区、部门和行业之间存在的发展程度、生产率的高低、发达与否，来实现一种不平衡的发展。假使整个生产方式都处在一种同质性时空中，劳动生产率和工资都处于同一水平，那么对资本来说就毫无利润可言了，资本主体对现实生产也就毫无热情，资本就不会在空间中流动。换句话说，同质性与平均化使资本无用武之地，那么社会发展就会中断、资本主义就会消亡。这实际上也说明了资本的自我再生产是一个不平衡发展的等级结构。

（二）资本空间不平衡发展的演变

哈维之所以创建资本三循环回路，是因为他认识到资本的积累与社会时空创建过程，实质上是一种以阶级斗争为主的不平衡地理发展。资本投入经历了生产性一建成环境一社会性规律性的过程和历史发展，这也成为资本积累和化解危机的运行轨迹。资本最早的空间生产行为是内部的地理空间扩张，具体表现为以自然资源禀赋、物质生产资料的不平衡所引发的地理空间生产。资本积累的完成首要手段在下一循环上变成了利用空间生产创造的更大差别的绝对空间，即利用空间的内部分化。这种方式还涵盖了通过市场运行规律自行选择在地理景观中嵌入社会分层因素（阶级、性别、种族等），以此来生产出不平衡的内部空间。

综上所述，横向的地理环境和纵向的社会生产关系的不平衡是资本不平衡发展的主要内涵。前者是资本前期循环的动因，而后者，即人群上的分层，是自觉从生产关系内部创造不平衡以期获得高额的利润回报。因此，资本空间不平衡发展的变化趋势是从外部的地理扩张到空间的内部分化。

三、资本流动下的旅游空间生产

资本流动在当代空间中无处不在，其主要控制物质的、社会一经济的空间生产，是人类活动空间产生、演变的源动力。资本在旅游空间中流动，不单作用于生产活动，还作用于同时产生的与生产活动相关的所有社会关系。

可以说，资本的流动日益深刻地影响着旅游地空间里的经济、政治、社会以及文化等。

（一）资本流动型塑旅游空间

资本在流动的过程中，总是努力创建出适合自己的生产方式、生产关系的空间，是物质环境的、具象的空间。哈维的资本三循环理论解释了资本在当代空间的流动方式，在旅游空间中亦是如此。

1. 资本第一循环：物质资料生产性空间

扩大物质资料的生产和再生产是资本第一循环的主要目的，包括了生产、流通、交换、消费四个相互影响、相互制约的环节。

生产与流通空间：加快资本的循环和"用时间消灭空间"的主要方式是在某一地区投入大规模的资本，改变其地理景观和形式。例如，在旅游地建设食品厂、养殖场、旅游产品加工厂等。正是通过创造这些生产性空间而获得优势，可以带动当地经济的增长，增加当地就业岗位等，这也是当代资本空间中谋求生存的方式。加快物资和信息流通不仅可以加速生产过程，还可以提升生产效率。因此，在功能上一体化而地理上相对偏远的旅游地生产网络中，构造流通空间变得极其重要。为了使旅游地的物质资料和信息快速流通，就必须修建公路、铁路、机场、码头以及信息高速公路等基础设施，旅游地才能获得快速发展。

交换与消费空间："消费是所有生产唯一的终点和目的"。资本要持续地创造消费，才能持续自身循环和保证生产和再生产不被终止。而要形成消费前提是要有市场需求。以往，需求什么就生产什么；现在却恰恰相反。可以说，需求体系是生产体系的产物。资本制造需求最常用的方式正是通过生产出消费空间。旅游地空间越来越倾向消费性空间，而不是生产性空间。大规模的外来游客聚集到旅游地空间里，使得消费者对旅游地总人口的占比变大，另外在消费社会中的资本需求体系里，旅游地的生产者也被包含其中。在旅游地空间中，消费场所无所不在，除了有传统的商业中心、酒店之外，更多的是以发展旅游业为借口改造或开发而来的消费和休闲娱乐空间，如旅游商业街、旅游景区等的建设。由于对旅游地空间的重构和建构是资本谋求生存的最主要方式，所创造出的消费空间也就成了旅游地基本的空间类型。

2. 资本的第二、三循环：建成环境空间

资本为了在旅游地谋求最大的利益，就必须经过第二重循环，即改善旅游空间中的基础设施及居住环境，另外还必须经历第三重循环来更大程度上提升旅游空间里的社区居民的公共设施和服务质量，从而增强社区居民更大程度的旅游开发的合作意愿。资本依照自身发展需要，生产出一种与自身属性相适应的人文物质景观，从而控制和作用人造环境的生成和创造过程。资本的第二、三循环主要进行的是旅游地人造环境的生产，具体表现为旅游地居住空间、旅游基础设施和当地社会公共事业的提升。为了让第一循环中过度积累的剩余价值找到增值的渠道，在资本第二循环中，为赚取新的利润，将人造空间本身当作生产对象，进行"商品化"，如旅游景区、旅游地产项目是资本第二循环进行增值的最主要场所。资本第三循环的主要目的是维持现有社会秩序的稳定及社会和平发展，资本主要流动到劳动力生产关系的再生产中，如资本在旅游地社会住房、教育、卫生服务、警察、儿童看护等领域的流动。这不仅有助于维持社会的秩序，而且保障了生产关系得到再生产。因此，资本在这两个循环阶段的空间生产中的主要作用，是提升空间发展质量和推动空间转型。

（二）资本流动对旅游空间生产的影响

1. 控制旅游地的物理空间与形态变迁

旅游地物理空间与形态之所以发生改变，是因为资本一直采取"时空压缩"的形式来完成增值和化解过度积累引发的危机。生产、流通、交换和消费的物质基础设施建设会伴随这一过程，从而产生新空间，也说明了新空间的产生不过是对空间的重复作用的结果。资本流动对旅游地空间的影响还表现为当地传统形态的断裂，在经济利益的驱使下，当地旧有的早已和现代的分离开来。

另外，资本流动还影响着旅游地的区划。首先，从整个旅游地的规划编制过程来看，作为领取编制劳动报酬的编制者，会为了取悦资本雇主，而调整自己的专业价值观取向，努力表达出资本主体所期望的内容。其次，为了旅游业的快速发展，从而使旅游地经济得到增长，旅游地不断调整行政区划，扩大其行政管理的地理范围，这本质上就是资本在进行边界扩张的过程。在原来的空间生产中，资本通过打破由行政区划所带来的界限障碍，然后又给自己设立了以不同资本主体为标准的空间界限。通过这种方式来隔绝外界，加深了旅游地的空间碎片化、私有化的程度，并产生一定的互斥性。但由于资本循环是不间断的，它会随着空间被"创造性破坏"而发生改变，所以说这种空间的分裂是不稳定的。因此，旅游地空间原有的界限会因资本的空间生产和流动而消失，重新划定新的界限。

2. 形成旅游地交往空间与交往方式

资本流动下的交换使得更多的商品进入到旅游地，旅游地流动性增强，物质极大充裕，但也因此使得旅游地的交往过程变得过度依赖于利益驱动。正是由于旅游地交往空间被各种利益充斥着，自我保护的意识让人们在面对陌生人时往往预先进行否定，为了不干涉他人的事务，尽可能单独行动，即对他人采取冷淡的态度。这种心理距离感在旅游地居民和游客、导游和游客之间表现得尤为明显。交往不再是出于情感上的需要，人人自我防备，这种疏离态度的传播引发了人们的紧张与不安。

3. 影响旅游地心理空间与生活状态

对资本的崇拜，使得旅游地的居民与投资主体把赚钱当作首要目的，使人异化成"资本拜物教"的这类人。除了金钱之外，人们不再有热情，对事物冷漠，人们的心理距离导致了彼此之间的不信任感。经常有关于游客被宰、被辱骂的报道出现，正是由于那些被资本异化的人，让他们丧失了社会道德与人类情感。另外，旅游地为了满足游客的消费需要，破坏当地原有的生活状态。一个地区在成为旅游地之前，它旧有的生活状态自然宁静、秩序井然。然而当游客进入后，人口骤增，社会压力增大，随之而来的社会问题发生。

四、小结

随着社会经济的发展和科学技术的进步，制约资本自由流动的因素逐渐弱化，资本也因此可以以更大的规模在更大的范围内流动。资本之所以能汇集到旅游空间里，是因为旅游空间里有着其他地区所没有的特殊资源——旅游资源。资本主体通过这种地理环境差异化的绝对空间来进行资本增值，这也正是资本的外部地理扩张的具体表现，即横向地理环境不平衡发展。但按照资本三重循环轨迹，为了资本积累和持续循环而转向纵向的生产关系，通过改变旅游空间里的主体关系，寻求内部的不平衡性。资本主体通过在旅游空间的投资，成为旅游空间除权力主体（政府）外最有话语权的主体。他们通过资本购买土地，建设旅游基础设施（如酒店、旅行社、旅游饭店等），增加社会福利（如增加就业岗位、旅游教育投入等），成为旅游空间中凌驾于居民与游客的主体，从而导致了旅游空间中生产关系的不平衡。正是通过这种生产关系上的不平衡性和再生产可达到逐利目的。在旅游地中居住的穷苦劳动力人群，如环卫工、苦力工等，他们虽已身处于资本空间生产中，但又似乎被排挤出来，这正是资本积累创造的极度不平衡的残酷社会现实。

资本流动对旅游空间生产产生的影响有三个方面：一是加快了旅游地空间的扩张。资本根据自身的需求，对旅游地空间进行扩张，重新划定行政界线；二是加快了旅游地内部空间的更新过程。随着时间推移，资本会寻求更大的利润回报、更小的循环周期、更高的空间生产率，从而加速了旅游地内部空间的大更新改造；三是资本的本性促使了旅游地内部空间关系的不平衡发展。通过创造一个绝对差异化的内部空间来达到不平衡的目的，从而为资本进行下一步循环提供动力支持。

另外，需要说明的是：在当代任何一个社会中，不只有资本力量，还存在其他各种社会关系力量，它们之间发生相互作用。我国实行的是社会主义制度，中国特色社会主义规律才是我们社会发展的总体规律。

第二节 资本流动下东兴跨境旅游合作区空间生产

一、东兴跨境旅游合作区概况

（一）合作区地理位置

该区域为中国广西壮族自治区东兴市行政区域，辖东兴、江平和马路3镇。东经 $107°51'56''—108°14'55''$，北纬 $21°27'27''—21°44'35''$。其中陆地边境线39公里、海岸线53公里，总面积590平方公里。该区分为核心区和拓展区，核心区以界河为纽带，包括东兴国际旅游集散中心、东兴边民互市贸易区、中国东兴一越南芒街跨境经济合作区（中方区域）的一期围网区、北仑河口景区、巫头景区及金滩旅游岛。规划区范围东起金滩旅游岛，南至北仑河，西至兴悦路，西北至东兴国际旅游集散中心，规划面积为48.4平方公里。核心区以外的区域为扩展区。

（二）合作区旅游资源

东兴市的旅游资源非常丰富，具有"边关风貌、滨海风光、京族风情"三大特色。上山下海又出国，是东兴丰富旅游资源的真实概括，既有纯朴的京族风情和亮丽的山水风光，又有京岛风景名胜区、陈公馆、红石谷、金滩、北仑河口、三圣宫、大清国壹号界碑、妈祖庙等多个旅游景区①。其中自然资源包括滨海旅游、特色民族文化、地标、历史文化、生态（红树林、万鹤山），周边资源包括"海上桂林"下龙湾、越南风情、十万大山、江山半岛等。经过这些年的建设，东兴市已经建成中越边城文化旅游区、京岛风景名胜区、北仑河口旅游区、屏峰雨林景区等六大旅游景区。

（三）合作区建设步骤

自从2010年跨境旅游合作区的概念被提出后，东兴市政府和旅游局就把

---

① 姜木兰.东兴应纳入中越国际旅游合作区范畴［N］.广西日报，2011-02-15（006）.

东兴跨境旅游合作区的建设提上议程，并决定分两阶段建设：

第一阶段：2011—2015年

这一阶段主要任务是：第一，中越双方地方政府要进行沟通和协商，取得广泛共识并组建跨境旅游合作区建设工作组；第二，为正式建立中越跨境旅游合作区，双方地方政府应各自将地方合作方案上报给各自的中央政府，得到批准和支持，使其提升为国家层面的战略合作$^{[43]}$；第三，建立双方经常会晤协商机制，就创建合作区过程中将会出现的问题，一起协商解决；第四，对跨境旅游合作区进行总体规划，设计不同的功能区，体现出当地独有的旅游资源竞争优势。同时，争取到双方国家有关部门的支持并申请相关优惠政策措施；第五，积极制定吸引外来资本的优惠政策，鼓励民间投资；第六，着手建设跨境旅游合作区旅游基础设施。

该阶段的建设目标是：以北仑河口景区、京岛风景名胜区及周边区域，作为中方核心辖区，与越南芒街市相应的区域对接，建设封闭式跨境旅游合作区，使之成为综合型多样化国际化的滨海旅游休闲度假区。

第二阶段：2015—2020年

这一阶段的主要任务是：持续完善跨境旅游合作区基础设施，设计旅游线路，创新旅游产品，在国内外宣传推介中越跨境旅游合作区，建立跨境旅游合作区的各种机制。

该阶段的建设目标是：提升出边出海畅通的便利化水平，构建"东兴+"公铁联运交通网络，融入钦北防旅游一体化交通格局，建设东兴港点（潭吉岸线）及配套进港航道，与芒街市全境对接，形成"两国一城"的跨境旅游合作区格局。

二、资本流动下空间组织的生产过程

资本流动对空间的作用不只表现为简单的空间替代，还会在旅游地建立一套符合自己内生规律的组织系统，成为维持整个旅游地发展的主要驱动力。探究资本流动控制和作用下的组织系统对于东兴跨境旅游合作区空间的变化，会使得它在兴起、发展和未来变化中的空间现象变得更为明晰。

（一）兴起：资本集聚与空间生产

这一时期，也就是东兴跨境旅游合作区建设的第一阶段，由于国家资本和外部资本大规模地集中流入，整个地区的地理景观在很短的时间内就发生了彻底的改变。最主要的空间地理景观变化是在东兴跨境旅游合作区内完成了一定数量的旅游基础设施和一些旅游景区的建设，这极大促进了东兴市的旅游发展和社会经济的增长。以下是这一时期内，东兴跨境旅游合作区空间生产的具体表征。

1. 合作区内的旅游基础设施建设

一是旅游交通方面。主要是旅游交通设施和交通工具的完善。各种交通设施，如公路（防东高速公路，并对接芒街市和下龙湾的高速公路）、铁路（正在建设的东兴高铁站）、水路（竹山港国际游艇码头、天鹅湾码头、交东码头）之间的互通性、便利性和可通达性是保证旅游顺利开展的基本条件，可通往主要旅游城市、风景名胜区、自然保护区、森林公园和其他旅游景区。可改用先进舒适的交通工具，大幅缩短旅游者的旅途时间，促进旅游业发展。此外，还使用了人性化和国际化的旅游交通标识标志。

二是旅游食宿方面。东兴跨境旅游合作区有着不同档次的宾馆饭店，引进了知名品牌酒店落户，按照国际星级标准建设，并将民族特色与国际标准结合起来以满足不同层次游客的消费需求。积极引导和发展与旅游业相适应的房地产业，建设了富有民族特色、高品质的星级宾馆、度假村等房地产项目。在合作区打造了一批度假公寓、老年公寓、青年旅舍、休闲庄园、乡镇民宿等住宿形态，例如，按照五星级的标准建设了武钢白浪滩疗养基地。另外，还发展了一批满足自驾车旅游者需求的汽车旅馆、汽车营地（贝丘部落）等。

三是旅游线路、购物、娱乐设施方面。为了加快旅游合作区的建设，东兴市旅游局集合旅游资源优势，设计了以下四条旅游线路：核心游览线：东兴市区一金滩旅游岛一交东七彩贝丘湾一屏峰雨林公园一彭祖岭一东镜岭一北仑河一跨境旅游合作区；边境风情旅游线：东兴城区一界河（北仑河）一彭祖岭一九龙潭；山水旅游线：东兴城区一冲满大岭景区一东镜岭景区一马路镇一平丰红石谷景区一黄淡水库；乡村旅游线：江平交东贝丘遗址一竹山古榕部落—河洲生态村—平丰村石门谷。旅游线路的设计，不仅提升了东兴跨境旅游合作区的竞争优势，也丰富了外来游客的出行线路选择。利用中国—东盟自由贸易区的零关税优势，在东兴跨境旅游合作区内实行自由贸易，吸引了中国和东盟国家的商品向跨境旅游合作区集聚，使其成为中国—东盟自由贸易区的旅游和商品集散地。并在跨境旅游合作区内实行优惠政策，建成了一定数量的免税店，游客购买一定数量以内的商品，可以享受免税待遇。同时，建成了各种文化娱乐、博物馆、游乐中心、体育、疗养等文体娱乐设施，如青少年活动中心、文化艺术馆、科技图书馆、东兴市体育馆等，这些都是留住游客的重要旅游设施。

总之，东兴跨境旅游合作区的旅游设施建设，不仅考虑到了国内游客的需要，也考虑到了尽可能方便国外游客。同时也在积极推进附近乡镇等配套设施的建设，提升旅游集散地交通和无障碍旅游公共服务等设施，包括建设游客服务中心、旅游休息站、旅游厕所（明珠广场、文化广场、仙人山公园、白浪滩、金滩等）和旅游标识牌，延伸城镇垃圾回收、污水处理设施等。而在此之前，东兴市缺乏进行跨境旅游活动所急需的铁路系统，码头、港口规模小、等级低，通往各个旅游景区的道路也急需改造和升级，旅游景区的开发还远远不够，很多景区还处于原生态状态。交通等基础设施建设跟不上跨境旅游发展的步伐是制约其发展的最大瓶颈。那时，东兴市还没有四、五星级功能配套的宾馆，另外，如景区餐饮、观景台、停车场、邮政通信、旅游信息网络等基础设施建设落后且数量严重不足。此前在东兴境内旅游，只是纯粹地进行一些简单的观光旅游，像在国门、界碑留影纪念。

2. 北仑河口景区的建设

该景区以竹山半岛为主，包括竹山村委和三德村范围。以中国大陆海岸线起点为主题定位，总共建设了三大游玩区域。一是海陆地标游赏园，主要布局在进入竹山村道路以西。建设了入口服务设施，竹山古街（包括街道修缮与环境营造、街区立面修缮、三圣宫修缮等），水上乐园，地标游赏（地标广场、沿边公路零起点），界碑博览（大清国壹号界碑遗址）；二是海岸博览体验园，主要布局在进入竹山村道路以东、竹山村至古榕部落道路以南。已建设成绿色海岸（绿色休闲庄园、热带滨海植物大观园、红树林博览长廊），蓝色海岸（蓝色风情度假酒店、蓝色海岸博览长廊），金色海岸（金色海岸会所）；三是滨海休闲运动中心，主要布局在进入竹山村道路以东、竹山村至古榕部落道路以北，尖山村以南以及大岭前后区域。

3. 京岛滨海风情旅游区建设

该景区是以"金滩白鹭，京族风情"为旅游形象定位，包括京族人口集中分布的万尾、巫头、山心三个岛屿。滨海一线（金滩民族路以南）东段（金滩大酒店以东）建设成高级休闲、度假区域，有配套的度假酒店、康疗设施。中段（金滩大酒店以西，京岛酒店以东）建设成一个大众化滨海运动下休闲区域。西段（京岛酒店以西）建设成滨海运动体验区域；滨海二线（金滩民族路以北）和滨海湿地（万尾村南部、巫头村）则仍在建设过程中。

从上述的空间表征中可以得出，在这一阶段，通过资本集聚的作用，东兴跨境旅游合作区不仅完成了首次大规模的空间生产，还创造出了与旅游生产和生活相适应的空间物质载体。资本的流动，还使合作区与周边地区形成了较大的地理环境景观差距。东兴跨境旅游合作区为了满足外来游客的需求，建设了旅游配套设施，如酒店、饭店、旅行社等，占用了大部分土地，如果规划不当，就会使得这些建筑与周围环境尤为不协调。这是资本流动作用所呈现出来的创造性破坏过程，但如果是在某个特定时刻建设出适宜于生产的空间，这一破坏又是值得的。

（二）发展：资本循环与空间重组

在经过了第一阶段的发展建设后，东兴跨境旅游合作区内的基础设施相对完善，能进行层次较高的旅游活动。按资本的运动规律轨迹，资本应开始转向第二循环。在进入第二阶段的建设过程中，社会主义市场经济体系的作用越来越明显，使得资本在东兴跨境旅游合作区流动的自由性达到最大，原有旅游企业利用合作区内政策上的优势，都选择了重新组合资产的发展转型方式。

随着资本循环阶段的转变，通过简单的旅游活动来赚取利润的发展模式已无法满足资本主体回报最大化的欲望。现如今，土地和房产具有非常大的价值，资本在流动过程中是否能很好地利用这一价值优势来放大自己的属性，是空间生产的关键。自2015年起，借助于广阔的空间和低价租金，众多个人投资者或者大型投资集团等开始进驻到东兴跨境旅游合作区，不到两年，这里的酒店、KTV、休闲会所、酒吧等商业机构增长到了约50个。具体的空间表征的变化如下：

1. 东兴市城区建设

东兴市城区以都市休闲观光、城市文化体验、口岸商务娱乐为主题，挖掘城市文化，建设了层次更高的度假酒店和康体设施，加强了城市景观体系建设。目前，在城区内已建设了东兴市旅游集散中心，扩建了主要景区的交通网络，配套完善城区的旅游接待服务功能设施，努力建设成对接东盟的商贸及其金融服务中心。改造完成的有东兴口岸、中越友谊公园、陈公馆、侨批馆、观音庙、关帝庙等历史文化景观，建成有互市贸易区、购物街区、风情街区以及一定体量的五星级酒店。结合全市旅游景区布局，重点建设功能齐全的汽车站、修理站、加油站、停靠站等，建立完善安全、便捷的旅游交通专线体系。增加了旅游专线车（城区一金滩、竹山、红石谷、界河、交东等）、旅游的士等，实现了点对点、线对线连成一体、无缝对接，为众多散客抵达景区提供便捷服务。这些建设相对于第一阶段，都有了质的提升，不仅服务了外来游客，也方便和改善了当地居民的生活，增强了居民生活的幸福感。

2. 山区及丘陵地带建设

由于刚进入建设阶段的头两年，主要是先针对城区进行完善升级，再逐渐延伸至周围的山区及丘陵地带。长寿生态休闲旅游区（包括红石谷、南山等景区）、竹排江旅游区（范围以竹排江流域为主，包括黄淡水库和马陆镇）、黄竹江旅游区（范围以黄竹江流域为主体，包括交东村及其相应海域）正在建设过程中。

3. 社会关系开始显现不平衡

东兴跨境旅游合作区在资本流动的持续作用下，其空间中的社会关系开始显现出不平衡（见图3-1）。这是因为合作区空间在建构和重构的过程中，难免会使原有的空间生产关系发生一定程度的变化，但这种不平衡程度很轻，不如资本循环后期对空间生产关系直接影响的程度深。这种关系的变化具体表现为：

一是当地居民社会关系变化。资本主体征用当地居民的土地资源，并利用这些土地资源获得了巨大的利润回报。加之外来人口不断流入，物价节节攀升，失去土地使用权的居民渐渐被边缘化，变成新空间内的弱势群体。旅游空间生产成为当地社会发展的主要内容，住房商品化把住房空间直接变成生产资料，随着人口的增多，居民无疑会承受更大的社会压力。另外，游客数量的增加，破坏了居民原有的生活节奏。

二是外来游客社会关系变化。利用社会关系空间渗入到合作区空间，是以一种外来者的身份暂时存在于合作区旅游空间中，所以关系的存在也只是暂时的。他们是合作区空间产品最主要的消费者，空间中所有利益关系的驱动者、生产者，但对空间生产关系又不太关心。

三是新社会空间关系诞生。购物广场、宽阔大道、酒店等标志性建筑在原有空间上被生产出来，旧空间变成了新空间，重构了空间内部新的阶级区分和社会关联，这意味着产生了新的社会关系。在新空间里，现有经济利益取代了原先的地缘、亲缘关系纽带，重新划定了空间界限，渐渐削弱了当地居民在原有的空间优势。不同的土地利用类型反映出投资、阶层和社会关系的不同，而空间生产到最后表现出基于不同的社会生产关系的分化空间。

综上所述，随着东兴跨境旅游合作区的不断发展，并且演化为资本循环和放大的理想场所，社会资本以一种自发的资本运作的组织形式取代了先前政府部门主导的组织形式，开始了新一轮的强势进入。结合旅游地发展的普遍规律，我们可以很容易地看出这种资本运作下的东兴旅游合作区的发展趋势：大量的外来资本流入房产项目，导致合作区内生活成本变高，社会压力增大，原先进驻的个体投资者和居民迫于生计而选择迁离，中产阶级随之进驻，合作区内的某些区域就此成为商业旅游区。正是由于东兴跨境旅游合作区的发展所带来的影响和变化，使得合作区内的许多企业和个人开始逐渐发觉到自身既有空间资源的价值和重要性。所以，在这个阶段，众多资本主体开始了自我提升，使得一些新的功能被嵌入到原有的基础消费性生产的空间，这些空间也因此焕发出新的生机和活力。

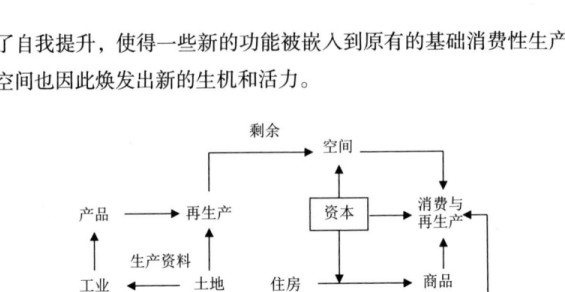

图 3-1 社会关系在空间生产过程中的变化

（三）未来：资本渗透与空间正义

随着跨境旅游合作的深入推进，资本为了追逐更多的利润，必然会不断地在旅游合作区的空间内以不同的形式循环流动下去，全面渗透到合作区空间内的各个方面、各个领域。东兴跨境旅游合作区在建设过程中，某些环节会存在严重的缺失和不足，这是因为资本的流动作用不都是全面和积极的。一方面，由于资本流动的无限扩张性和利益群体发展诉求的差异性的存在，致使合作区内的旅游产业无序发展。具体案例有：东兴市城区的房地产项目大肆发展，到处高楼林立，但是人口稀少，导致大面积的楼房空置，造成了资源浪费。集旅游、商业、居住功能于一体的北投景区呈现出一片衰败景象：酒吧、KTV等娱乐场所大门紧闭，别墅区落叶成堆，无人居住。东兴跨境旅游合作区的发展对周边地区的经济助推作用还不太明显，游客只是在区内游玩、消费，就离开了；另一方面，当前资本在合作区内流动缺少对公共利益的关心，只在乎其是否能够得到增值，造成的后果是合作区内居住环境的建设和基础设施的配套与地区发展不协调。其具体表现为合作区内的停车设施严重缺乏，外来车辆随意停放或者无处停放；市政管道管径小、污水流通不畅、合作区道路人车混行等。

由于资本在流动过程中过分追求空间的经济效益，使得东兴跨境旅游合作区的发展进程的空间生产忽视了空间的公平与正义，随之产生了很多空间问题。因此，要正确引导资本的空间流动，倡导空间正义，克服资本在流动中的重利本性，规范资本流动过程中的增值行为，使新空间的核心价值转变为关心人的发展。

三、寻求合理的空间生产模式

（一）资本流动下空间生产机制

资本在东兴跨境旅游合作区的流动是无处不在的，主要表现为从政府投资到土地转让，从生产者到经营者。资本流动的作用使得合作区空间从初始的生活空间演变成生活和旅游结合体空间，再作为一种空间商品在市场上流通。当空间特质开始重新构建的时候，新的秩序逐渐替代旧的秩序。正是资本的持续流动作用，让东兴跨境旅游合作区逐步变成了以旅游产业为支撑，配套服务产业为补充的综合性产业功能区，东兴跨境旅游合作区也因此慢慢成为国内外游客的重要旅游目的地。在这个空间范围内，新空间被持续创造出来，渐渐替代了原先物质生产的空间，当地的空间特征和属性也随之有了根本性的改变。

实际上，东兴跨境旅游合作区在资本流动作用下的空间组织关系表现为空间的物质实体，但又不全表现为空间物质实体的同步改变。其在发展的第一阶段，是在已有的土地上进行发展旅游活动所需的基础设施的建设，当这种经济效益不再上升，资本无法再获利，资本就会借助东兴跨境旅游合作区空间特有的空间属性和成本属性，衍生出另一种流动形态，产生出新的经济效益。在新的经济价值下降后，又一种强大的资本流动形态出现在合作区的空间实体中。

（二）资本流动下空间生产反思

通过研究资本流动对东兴跨境旅游合作区空间生产的影响，可以发现，在这一空间生产过程中，存在许多问题。例如，资本流动的自发性、破坏当地原有空间、影响当地居民生活、使得社会关系不平衡等。随着空间生产的程度逐步加深，资本全面渗透，如果放任资本在空间中按其自身的属性进行流动，必然导致社会矛盾加剧，空间问题突出。这就要求我们规范资本在空间中的增值行为，寻求一个合理的空间生产模式。

第三节 资本流动下空间生产的优化

一、科学引导资本流动

（一）模型选取背景

从长远的发展角度来看，东兴跨境旅游合作区的建设刚进入第二阶段建设的初期，未来还会和越南芒街的跨境旅游合作区进行对接建设，意味着到时候会以国际化的标准进行更大力度的建设。而就近期而言，东兴市正在积极创建国家全域旅游示范区，加上现在这个时期又是全面建成小康社会的攻坚阶段，国家提倡旅游精准扶贫，东兴市地处偏远的边境地区，可以享受到国家扶贫政策。这一系列优势政策无疑预示着未来会有更多的国家资本和外来资本进入到东兴跨境旅游合作区内，进行大规模、大范围地流动，参与到空间生产当中，从而使得资本流动下合作区空间生产过程中所呈现出的空间现象变得越来越明显。

由于资本的增值所引发的流动具有一定的自发性，哪个产业或者领域的经济效益回报高，资本就会自觉流向哪里。这往往会造成资本过多地集中在某个领域上，而忽视了其他生活领域。例如，目前的房地产行业，是所有资本共同青睐的对象，而公共事业的投入就很少被关注。这导致的严重后果就是居民社会生活压力增大，享受的公共服务权益较少，幸福指数不高，对居住地的认同感不强，总觉得自己被排斥在这个地方之外。另外，加上资本的贪婪本性，致使其在空间的流动过程中只是把增值作为自己的首要任务，现阶段的资本流动下空间生产缺乏空间正义。如果不正确引导资本流动方向，任其在合作区内随意流动，会造成难以想象的空间破坏和空间生产问题，如空间居民关系紧张、空间生产效率低下、空间规划不合理等情况的出现。所以需要对资本流动加强科学引导，使东兴跨境旅游合作区在建设过程中，资本在合作区内高效率地流动，空间资源达到合理配置，从而提高合作区的空间生产效率。

货币流动是资本流动在现实空间中的一般表现形式，东兴跨境旅游合作区建设还处于起步阶段，对人力资本和社会资本的投入还相对较少。另外，资本在现实空间中的流动轨迹非常复杂，难以把握。所以本章将资本流动所带来的经济效应用各产业部门固定资产的投入产出来表示，即资本流动的经济效应用产业的单位固定资产投入各生产部门所引发的经济效益产出来表示。这不仅解决了资本流动的源与汇问题，也可以直接看出资本流动的路径。其中通过选取对地区经济总值、居民劳动报酬、居民消费和政府税收的贡献这四个指标，来量化分析，得出结论，提出政策建议，更好地指导东兴跨境旅游合作区第二阶段的建设。

（二）投入产出局部闭消费模型

1. 模型原理概述与建立

局部闭消费模型是将居民消费和劳动者报酬闭合到投入产出模型中，这样住户部门、劳动力与生产活动部门就整合成了一个内在的经济系统，其运作流程是：外生需求作用于生产活动部门，当外生变量发生改变时（投资），生产部门产出就会随之发生改变，而这使得初始投入也必然发生改变，即劳动力需求改变。居民的最终收入是依据自己所付出的劳动而取得劳动报酬，并通过居民间转移支付形成。劳动力需求发生改变必然使得居民收入改变，居民对生产部门产品和服务的消费也必然发生改变，即消费需求发生改变（刘起云，2003）。具体是将投入产出表中第II象限的住户部门和第III象限的劳动力整合到第I象限，以此建立的投入产出局部闭消费模型公式为：

$$A_{n+1} X_{n+1} + Y_{n+1} = X_{n+1} \tag{3.1}$$

由此式进一步导出：

$$X_{n+1} = (1 - A_{n+1})^{-1} Y_{n+1} \tag{3.2}$$

其中 $A_{n+1} = \begin{bmatrix} A_n & H_c \\ A_V & h \end{bmatrix}$，这里的 A_n 为直接消耗系数，A_V 为各部门劳动报酬系数行向量：

$$A_V = (a_{V1}, \ a_{V2}, \ \cdots, \ a_{Vn}); \ a_{Vj} = \frac{V_j}{x_j} \tag{3.3}$$

H_c 为居民收入对各涉旅产业部门产品的消费额占居民收入总额的比例①，h 为居民对居民的支付系数，由于目前的统计工作还没有精细到如此地步，故取为 0。

2. 数据来源与涉旅产业的选取

目前，投入产出表在编制过程中还没有将旅游业单独分列出来，而是将涉及旅游的各个行业分别统计到不同的产业部门中，即成为涉旅产业。其中，由于编制投入产出表的投入很大，这过程不仅要耗费大量的人力、物力、财力等，还需要各地区、各部门协同统计工作，期间持续的时间较长，工作量大，所以国家和地区都是每 5 年才进行一次编制。本文模型的基础数据来源于《2012 年广西投入产出表》。另外，所采用的涉旅产业分类方法基于东兴市统计局和旅游局对涉旅产业的统计研究，并借鉴了国民经济行业分类（GB/T 4754—2011）和《2012 年广西投入产出表》中的行业类别，根据现有的数据以及东兴市旅游产业发展情况，确定了 8 个涉旅产业，如表 3-1 所示，包括了涉旅产业的名称和相关代码。

---

① 陈锡康，王会娟. 投入占用产出技术［M］. 北京：科学出版社，2016，8：25.

第三章

资本流动下跨境旅游合作区空间生产

表 3-1 涉旅产业部门投入产出表的产业分类方法表

涉旅产业	产业代码
1. 建筑	48100
2. 批发和零售	51103
3. 交通运输、仓储和邮政	54105
4. 住宿和餐饮	61112、62113
5. 租赁和商务服务	71120、72121
6. 水利、环境和公共设施管理	77126、78127
7. 文化、体育和娱乐	88136、89137
8. 公共管理、社会保障和社会组织	90139

从原东兴市旅游局和统计局获取到关于 2017 年涉旅产业社会固定资产总投资情况，如图 3-2 所示。

图 3-2 东兴市涉旅产业固定资产投资额

从图 3-2 中可以清晰地看出，资本大部分流向了住宿和餐饮部门、批发和零售部门、文化、体育和娱乐部门，占资本投资总额的 55.74%，其中住宿和餐饮部门资本投入最大。交通运输、仓储和邮政部门与水利、环境和公共设施管理部门则属于第二梯队，占比为 27.47%，建筑部门与租赁和商务服务部门则属于第三梯队，占比为14.56%。而公共管理、社会保障和社会组织部门的资本投入最少，为7400万元，占比仅为2.23%。

（三）资本流动方向的经济指标

1. 对地区经济贡献

利用现有的投入产出表，将消费和居民劳动报酬整合到投入产出表中的第I象限，整合成新的国民经济部门系统。把数据代入到上述公式中，可得到广西壮族自治区投入产出的局部闭消费模型。通过利用数学分析软件Matlab9.3进行矩阵运算，计算出涉旅产业社会固定投资对广西地区生产总值的直接贡献系数，即表3-2中第2列的数值。再把这些直接贡献系数乘以东兴市涉旅产业的社会固定资产投资额，可得到对地区经济的实际贡献值，即表3-2中的第3列数值。

表3-2 东兴市涉旅产业固定资产投资对地区经济的贡献表

涉旅产业	对地区生产总值的贡献系数	固定资产投资对地区经济的贡献（单位：万元）
1. 建筑	1.0135	28911
2. 批发和零售	1.0985	66605
3. 交通运输、仓储和邮政	1.1836	56729
4. 住宿和餐饮	1.0846	73247
5. 租赁和商务服务	1.0852	21516
6. 水利、环境和公共设施管理	1.0100	43714
7. 文化、体育和娱乐	1.0395	59158
8. 公共管理、社会保障和社会组织	1.0056	7441
合计		357321

从表3-2可以看出8个涉旅产业对地区生产总值的贡献的均值为1.065，其中，交通运输、仓储和邮政部门的贡献最大，数值为1.1836，但贡献值却排在第四，为56729万元。公共管理、社会保障和社会组织部门贡献值最小，数值仅为1.0056，直接贡献值也最小，仅为7441万元。经计算得出，涉旅产业社会固定资产投入对东兴市GDP的直接贡献值为357321万元。把这个数

值与当年东兴市地区 GDP 的数据相比，可得到旅游投资对东兴市经济的贡献率为 34.63%。

2. 对居民收入贡献

居民的完全劳动报酬系数：

$$B_V = A_V (I - A)^{-1} \tag{3.4}$$

将投入产出表中的数据代入公式计算得到东兴市涉旅产业社会固定资产投资对居民收入的贡献系数，即表 3-3 中的第 2 列数值。另外，产业的完全劳动报酬乘数乘以产业的社会固定资产投资额等于该产业社会固定资产投资对居民收入的直接贡献，计算得出的数值为表 3-3 中的第 3 列数值。

表 3-3 东兴市涉旅产业固定资产投资对居民收入的贡献表

涉旅产业	完全劳动报酬系数 $B_V B_V$	固定资产投资对居民完全劳动报酬（单位：万元）
1. 建筑	0.4598	13116
2. 批发和零售	0.5011	30383
3. 交通运输、仓储和邮政	0.4785	22934
4. 住宿和餐饮	0.6944	46895
5. 租赁和商务服务	0.4064	8058
6. 水利、环境和公共设施管理	0.6174	26722
7. 文化、体育和娱乐	0.6064	34510
8. 公共管理、社会保障和社会组织	0.7101	5255
合计		187873

从完全劳动报酬系数上看，公共管理、社会保障和社会组织部门、住宿和餐饮部门的完全劳动报酬系数较大，分别为 0.7101、0.6944，但是前者的直接贡献值最小，仅为 5255 万元，而后者直接贡献值最大，为 46895 万元；而租赁和商务服务部门、建筑部门的完全劳动报酬系数较低，分别为 0.4064、0.4598，它们的直接贡献值也较小，分别为 8058 万元、13116 万元。从社会固定资产投资所带来的劳动报酬总量看，涉旅产业社会固定资产投资为居民带来了丰厚的劳动收入。其中，住宿和餐饮部门、批发和零售部门、文化、

体育和娱乐部门的社会固定资产投资对居民劳动报酬贡献较大。

3. 对居民消费贡献

局部闭消费模型的投入产出乘数 $(I - A_{n+1})^{-1}$ 中的第 $n + 1$ 列所表示的现实的经济含义可以表述为：居民得到1单位经济收入对各部门产业产品和服务的消费需求。其中，列向量中的各个数值称为居民消费乘数，即表3-4中的第2列数值。然后，将涉旅产业社会固定资产投资作为该内生经济系统的外生需求变量，研究它对居民消费所带来的影响：即居民消费乘数乘以完全劳动报酬乘数等于涉旅产业社会固定资产投资的居民消费乘数，计算得出的结果为表3-4中的第3列数值。其现实的经济含义可以表述为：某部门增加1单位最终产品所引起的居民对各部门产品和服务的需求（消费）量的增加。再将各涉旅产业的社会固定资产投资额乘以投资的居民消费乘数，即可得到各涉旅产业的社会固定资产投资对居民消费的直接贡献值，通过计算得到相关结果，见表3-4中的第4列数值。

表3-4 东兴市涉旅产业固定资产投资对居民消费的贡献表

涉旅产业	居民消费乘数	投资的居民消费乘数	对居民消费的贡献（单位：万元）
1. 建筑	0.0199	0.0092	262
2. 批发和零售	0.0923	0.0463	2807
3. 交通运输、仓储和邮政	0.0806	0.0386	1850
4. 住宿和餐饮	0.1000	0.0694	4687
5. 租赁和商务服务	0.0501	0.0204	404
6. 水利、环境和公共设施管理	0.0014	0.0009	39
7. 文化、体育和娱乐	0.0143	0.0087	495
8. 公共管理、社会保障和社会组织	0.0060	0.0043	32
合计			10576

从居民的消费乘数来看，住宿和餐饮部门、批发和零售部门、交通运输、仓储和邮政部门的投资所带来的居民消费乘数较高，分别为0.1000、0.0923、

0.0806。而公共管理、社会保障和社会组织部门、水利、环境和公共设施管理部门所带来的居民消费乘数较低，分别为0.0060、0.0014。从投资的居民消费乘数来看，其情况与居民消费乘数基本上相同。从涉旅产业社会固定资产投资对居民消费的贡献数值来看，住宿和餐饮部门仍是最大，为4687万元；批发和零售部门、交通运输、仓储和邮政部门作为居民生活不可或缺的一部分，消费也较高，分别为2807万元、1850万元。而水利、环境和公共设施管理部门、公共管理、社会保障和社会组织部门消费较低，分别为39万元、32万元。

4. 对政府税收贡献

政府收入主要来自企业和居民缴纳的税收（仅考虑了生产税）。涉旅产业的社会固定资产选择不同的投资方向，对政府税收产生的结果也会不同。将生产税作为外生变量，用生产税除以总产出得到的行向量数值乘以列昂惕夫逆阵得到完全生产税净额系数，其计算公式为：

$$B_m = A_m \ (I - A)^{-1} \tag{3.5}$$

其中，$A_m = (a_{m1}, \ a_{m2}, \ \cdots, \ a_{mn})$；

$$a_{mj} = \frac{m_j}{x_j} \tag{3.6}$$

将投入产出表中的数据代入公式计算，得到表3-5中第2列的数值。然后将完全生产税净额系数乘以相应的涉旅产业社会固定资产投资额，就能得到涉旅产业社会固定资产投资对生产税的直接贡献值，计算得出的数值见表3-5中的第3列数值。

表 3-5 东兴市涉旅产业固定资产投资对政府税收（生产税）的贡献表

涉旅产业	完全生产税净额系数 B_m B_m	对政府税收（生产税）的贡献（单位：万元）
1. 建筑	0.1731	4938
2. 批发和零售	0.2350	14249
3. 交通运输、仓储和邮政	0.1498	7180
4. 住宿和餐饮	0.0883	5963
5. 租赁和商务服务	0.1155	2290

续表

涉旅产业	完全生产税净额系数 $B_m B_m$	对政府税收（生产税）的贡献（单位：万元）
6. 水利、环境和公共设施管理	0.0769	3328
7. 文化、体育和娱乐	0.1114	6340
8. 公共管理、社会保障和社会组织	0.0597	442
合计		44730

在该区域内涉旅产业对税收贡献系数的均值为 0.1262，涉旅产业的社会固定资产投资对税收的贡献波动幅度不大，较为平稳。其中，批发和零售部门的完全税收乘数最大，数值为 0.2350，目前该部门固定资产投资所带来的生产税收入也最高，为 14249 万元。公共管理、社会保障和社会组织部门的生产税净额系数最低，仅为 0.0597，贡献值也仅为 442 万元。

（四）结果分析

1. 东兴跨境旅游合作区空间生产进程缓慢

东兴市旅游固定资产投资对全市经济的贡献率（34.63%）达到了三分之一以上，说明旅游业是东兴市当前发展的重点产业。但从各涉旅产业的固定资产投入对经济贡献系数偏小可知，东兴跨境旅游合作区空间生产处于进程慢、程度低的现状。这是由于合作区内的基础设施建设还不够完善，只能提供最基本的旅游条件，无法满足高级别的旅游需求。随着国家加快对基础设施的建设，固定资产投入的经济效应将会越来越大。

2. 资本流动方向不够合理

假设资本投入总量一定，把资本投入的各个贡献系数与 2017 年东兴市各涉旅产业部门投资额度相比较，发现贡献系数较低的涉旅产业部门反而资本投入的额度较大，贡献系数高的涉旅产业部门则资本投入的额度较少。从东兴跨境旅游合作区发展现状来看，结合各贡献系数综合排序，住宿和餐饮部门与文化、体育和娱乐部门的资本投入相对于其他涉旅产业则偏大，而交通运输、仓储和邮政部门与租赁和商务服务部门则偏小。这就说明了，合作区内的资本在流动过程中不够合理，没有得到最优配置。

3. 资本的投入额度不够

旅游业是一个投资大，收益缓慢的产业，而且其关联的产业又很多。从东兴市2017年涉旅产业的投入额度来看，涉旅产业总投入额度为332040万元，投入最大的是住宿与餐饮部门，也只有67534万元。这从发展旅游业的角度来看，资本规模非常小，以至于资本的流动所带来的经济效应也较小，作用也相对较小。

（五）正确引导资本流动方向

交通、仓储和邮政部门单位投资对东兴市经济贡献最大，因此，当地政府部门要鼓励铁道部门加快防城港市一东兴市的铁路修建，同时持续加大道路运输、水路运输以及城市公共交通运输的投资，进一步改善交通环境。另外，东兴市建设了自贸区，加大仓储建设的投入，必然会使得经济贸易得到增长，为游客提供更多的物质产品。邮政业是加快旅游业发展的技术支撑，发展空间无限。所以，东兴市的旅游业要想得到进一步的发展，尤其是要提升跨境旅游合作区的发展，就要持续完善核心区内的交通运输等旅游基础设施，加速建设扩展区内的旅游基础设施。

住宿和餐饮部门、文化、体育和娱乐部门等作为旅游发展的支撑和配套产业，它们的单位投资对城市的经济贡献、对居民收入的影响、对居民的消费影响都较大。随着旅游业不断发展，游客对住宿和餐饮的需求将会得到进一步扩张，品质也会有越来越高的要求。另外，当地居民和游客对合作区内的生活质量要求会进一步加大，这表现在对文化、体育和娱乐上的需求。因此，应加大对住宿和餐饮部门、文化、体育和娱乐部门的投入。

租赁和商务服务部门、水利、环境和公共设施管理部门、公共管理、社会保障和社会组织部门是保障旅游发展的基础，且对当地居民的收入影响较大。环境资源和公共设施管理是促进城市旅游目的地形成的关键要素，旅行社业是将餐饮、住宿、景区、购物等多要素进行整合的重要产业。目前，东兴市的旅行社虽然数量上较多，但对其市场管理还不够规范。因此，政府因出台相关旅游市场管理措施，加大对旅行社市场管理的资本投入。从2017年东兴市涉旅产业社会固定资产投资的情况来看，资本对公共管理、社会保障和社会组织部门的投入非常少，即对人力资本的投入相对较少。中越边境贸易繁多，人员流动大，应该加强市场公共管理、完善市场监督体系，从而保障市场交易和居民收入的稳定。所以，应加大租赁和商务服务部门、水利、环境和公共设施管理部门、公共管理、社会保障和社会组织部门的资本投入，提高居民的收入报酬；从对政府税收（生产税）贡献上看，批发和零售部门的贡献系数是最高的，所以在加大资本投入的同时要注重旅游特色商品的开发。

二、提高空间生产效率

资本为了自身的增值而在合作区内流动，是当前合作区空间生产最主要的影响因素。但是由于资本的自然属性和社会属性，使得资本流动呈现自发性的特点，往往造成资本在某个领域过度集聚，而忽略了其他地方的投入。比如，在房产上的过多投入和公共设施上的较少投入，不仅使得空间生产效率低下，而且使得空间资源配置不合理。

科学引导资本流动，提高空间生产效率。通过资本流动对地方经济贡献、对居民收入贡献、对居民消费贡献以及对政府税收贡献的研究，为资本流动指明了方向。从之前的研究发现，资本首先应该流入交通、仓储和邮政部门和住宿和餐饮部门，这两者是发展旅游业最基础的产业；其次是批发和零售部门、文化、体育和娱乐部门，这两者是根据东兴市旅游业发展的现状所决定的；最后是按具体情况而定，分别流入到租赁和商务服务部门、水利、环境和公共设施管理部门、公共管理、社会保障和社会组织部门。资本流动是影响空间生产最主要的力量之一，只有正确引导资本流动的方向，才能优化资本的空间配置，更好地促进空间生产效率。

第四节 资本流动下跨境旅游合作的对策建议

一、总体特征与存在问题

（一）资本流动下东兴跨境旅游合作区空间生产特征

一是过程缓慢，程度较低。从对东兴跨境旅游合作区空间生产过程的分析可以看出，资本流动在合作区空间中还处在资本的第二循环初级阶段上，主要是集中在合作区物质生产和建成环境生产上，对空间中的社会关系的影响还不是很大，资本流动的经济效应数值偏小也佐证了这一点。

二是具有商品生产属性。由于资本积累的规律，跨境旅游合作区空间生产组织逐渐变得工具化和功能化，被单纯地当作资本追求利润最大化的手段，其忽视、压抑人们的日常生活，人们的日常生活也因此越来越趋向商品化。目前跨境旅游合作区的空间规划，较多地考虑游客的活动空间，主要依据资本的空间流动逻辑来指导空间的布局，特别是旅游基础设施的布局上。

三是大都是政府主导。由于跨境旅游合作区的资本都是由政府财政投入或是外来资本由政府指导，这使得跨境旅游合作区空间生产具有特殊的性质，其成为有组织的机构运作形式，资本投入有别于市场化模式或自组织模式。从目前跨境旅游合作区的发展状况看，这种模式极大地推动了空间的生产能力，提升了生产效率，产生了较大的社会财富，提升了社会知名度，使其成为著名的边境旅游地。

四是资本流动的持续作用。资本为了持续增值，会在跨境旅游合作区空间中不断流动，寻找新的附着体。这使得资本在空间中的流动不会停歇，对空间生产的作用也不会停止。按照哈维的资本三循环理论，资本流动首先作用于跨境旅游合作区物质资料生产空间，其次作用于交换空间、流通空间和消费空间，最后资本投入居民的社会福利、公共设施管理等领域，增强当地居民的幸福感，即从影响物质形态空间到精神空间的过程。

（二）存在的主要问题

一是资本流动的科学依据不够。首先，东兴跨境旅游合作区空间生产过程中，合作区内的旅游基础设施还远未达到国际化标准，资本却过多地往其他领域流动。第一，资本大规模地流入房地产行业，造成资源浪费；第二，通过对资本流动的经济效应研究，发现贡献系数较低的涉旅产业部门反而资本投入的额度较大，贡献系数高的涉旅产业部门则资本投入的额度较少，说明资本流动的方向不合理；第三，在人员教育培训、地方企业旅游业务培训和指导等方面的投入不足；第四，资本对于旅游线路制定、旅游服务提升、跨境通关便利化等方面的投入很少，降低了旅游服务质量，影响游客体验，极大制约了旅游空间生产，限制了东兴市的旅游发展。

二是资本流动规模、范围较小。不管是资本投入各涉旅产业部门的额度，还是涉旅产业投入总额，都非常小，这就限制了资本的流动规模。而旅游业是一个投入大，收益见效慢的产业，较小的资本流动规模一定程度上限制了旅游业的发展。另外，资本的流动范围目前大多在东兴跨境旅游合作区的核心区域内，较少地流动到扩展区，无法延伸到越南芒街跨境旅游合作区内。

二、对策建议

（一）加强旅游配套基础设施建设

一是围绕加快旅游大交通建设的目标，积极推进中越北仑河二桥建设，全力打造连接周边地区的铁路、公路、水运和航空综合交通运输网络。加快防城港市至东兴市铁路、旅游航运及码头、旅游交通专线的建设；二是建设世界一流高档度假酒店群和一批风格迥异的主题度假酒店，打造一批度假公寓、老年公寓休闲庄园等高级别的旅游接待设施；三是规划创建一批集文艺演出、娱乐、影视、餐饮、住宿、时尚消费等多种业态于一体的旅游休闲娱乐设施；四是加大对旅游星级厕所的建设，同时，抓好各大景区环卫设施建设；五是继续加大旅游汽车营地的建设，以满足越来越多的自驾游游客的需求。

（二）加快旅游产品开发

积极提升东兴跨境旅游合作区旅游产品体系和结构，使得层级较低的单一观光旅游产品转变为层级较高的观光休闲养生度假旅游产品。旅游产品要对旅游市场形成吸引力和竞争力，就要使其具有个性化、国际化、差异化、品牌化等特征。依据国内外旅游市场需求变化和东兴市的旅游资源及区位优势，着力打造中越边城文化体验，重点发展京族民俗风情体验、山水观光游憩、滨海休闲度假、商贸会务游和长寿休闲养生五个旅游产品。既要积极开发一般的旅游产品，如美食旅游、特色购物游、自驾车旅游等，更要培育一批精品旅游线路。

（三）加强环境保护和旅游资源可持续利用

加大力度保护海洋生态环境，根据海洋功能区划、海岸线利用规划，以及国家、地方相关政策，在坚持旅游开发不影响海岸生态环境等前提下，保护好海岸线、海岛、重点沙滩、红树林、滩涂资源等。加强对中越边城文化资源、京族民俗文化资源和滨海旅游资源的保护，加强文化的抢救、保存、挖掘、维护、整理和利用工作，对文化遗迹、活动旧址和文物古迹进行修复性保护，积极申报区域性非物质文化遗产。要经过多方论证以民族文化为载体的旅游项目，确保在保护的基础上进行开发，防止破坏。

（四）优化服务，提高游客满意度

注重旅游安全建设，制定口岸游客高峰期分时段通关规则，与各旅游企业签订《旅游安全生产责任书》，加强与越南芒街的沟通合作，建立跨境旅游联合执法、跨境旅游应急、旅游信息互通等合作机制，打击"野马""黑导"拉客及偷越边境等违法活动，维护中越游客的合法权益和旅游市场秩序。积极做好行业素质提升工作与高校建立人才培养合作机制，建立人才合作基地。与越南芒街联合开展跨境旅游从业人员培训，提高双方旅游从业人员的素质。

（五）加快旅游人力资源队伍建设

牢牢把握住培养、吸引、用好人才这三个环节，大力加强以旅游专业技术人才为主体的人才队伍建设，包括旅游业公务员队伍、旅游企业经营管理队伍等。完善旅游高级人才引进培养机制，进一步实施各种高级人才和紧缺人才的培养计划，积极培养和引进一批与旅游相关的旅游商品创意设计、投融资、职业经理、市场营销、特种服务等短缺人才，培养一批既懂越南语、东盟小语种，又懂旅游管理业务等的复合型人才。加强对旅游从业人员的继续教育、职业资格培训等的旅游知识培训，改善从业人员持证上岗和岗位培训制度，建设旅游就业教育培训与实践基地。通过多种渠道、多种形式、多种层次的教育培训，全面提高人才队伍的整体素质，建立人才使用和考核评价机制。

（六）细化优惠政策，广泛吸引社会资本

出台和落实土地出让金和配套费的返还、所得税优惠、旅游建设贷款贴息政策，实施"激活旅游市场优惠奖励政策"（如与旅行社等渠道商合作，出台针对组团社的送客奖励或折扣门票包销），协调制定水电优惠政策，进一步加大财政扶持力度，抓大不放小，支持符合条件的，并具有一定经济实力的旅游企业发行短期融资债券、企业债券和中期票据。同时，还要充分利用市场在旅游投融资中的作用，坚持"多位一体"投融资模式，灵活应用多种形式的公私合作机制，广泛吸引知名企业，特别是旅游品牌连锁企业入驻合作区，并鼓励有实力的旅游企业实行纵向一体化扩张，有效改善东兴市景区"散、小、弱、浅、缺、差"的低位运营格局。

第四章

沿边开发开放政策与中越跨境旅游合作

沿边开发开放政策影响的不仅是跨境旅游合作，还包括跨境经济合作的方方面面。同样，沿边开发开放政策放眼于国内外，不仅影响着东兴—芒街的跨境旅游合作，还影响着我国沿边九个省级行政区相应区域的跨境旅游合作。

第一节 沿边开发开放政策概况

从我国长期的实践来看，我国致力于沿边的开发开放最早于1992年，历经多年发展，开发开放政策不断补充完善。而今，边境关系面临着新的挑战和新的发展。特别是2013年10月，习近平总书记提出的"一带一路"倡议及周边外交战略，使沿边地区的战略地位凸显。开发开放政策也应顺应世界边关局势发展需求，为边境局势提供政治和经济平稳的保障。

一、沿边开发开放战略实施背景

改革开放以来，我国在沿边地区布局建设了七十二个国家级口岸、十四个沿边开放城市、五个重点开发开放实验区、两个跨境经济合作区和十七个边境经济合作区，它们成为我国沿边地区重要的增长极和国家对外开放的重要窗口，也正在成为"一带一路"倡议实施的先手棋和前沿阵地。实施沿边地区开发开放政策以来，我国沿边地区经济发展和对外贸易取得了快速发展，基础设施等条件大幅改观。习近平总书记于2014年12月5日强调要通过自贸区战略的落实来加快搭建开放型经济新体制，主动进行对外开放，先行一步赢得发展经济与国际竞争的先一步优势。"我们不当旁观者跟随者，而是要做参与者引领者"，要有中国声音。

对外，我国提出了"一带一路"倡议、加快实施自由贸易区战略、"走出去"等战略；对内，提出了深化西部大开发战略、长江经济带发展战略、中部崛起战略、京津冀协同发展战略、粤港澳大湾区、东北振兴等对内战略。这是我国新一轮改革开放的整体战略布局。每个战略在其中都有重要意义，如"一带一路"统领区域发展，"一带一路"的"核心区""高地""重点区域"等概念。六大经济走廊，既连接国内外又畅通国外（"一带一路"沿线国家）。实施自由贸易区（FTA）战略。根据中国经济发展程度，提出该战略，融入世界经济发展当中，我国签署了十六个自由贸易协定。2002年提出的走出去战略，在新一轮改革开放中，要构建全球价值链与产业链。这些对外、对内战略相辅相成，形成良性互动。这是百年大事，千年大计。

这是沿边九省区的发展战略机遇，也是广西的战略机遇。从现有的改革开放以来和沿边地区的现状看，新一轮沿边开放的任务涉及的9省（区）136个县构成了我国对外开放的重要窗口、重要的延长线，在实施"一带一路"倡议、兴边富民战略过程中，都是重要载体。

由于地处偏远，基础条件差，周边环境影响大等多方面因素，我国沿边地区整体还落后于全国平均水平。在全面建成小康社会过程中，沿边地区是重要的掣肘因素，无沿边地区小康则无全国小康。

二、沿边开发开放政策的战略意义与定位

（一）战略意义

沿边开发开放是"四个全面"战略布局的需要。党的十八大对新一轮战略布局做了许多决定，主要是从不平衡理论向平衡理论转变。实际上中国的改革开放最早是从沿海开始向西部、东北、沿边这样的区域经济发展。在新

第四章

沿边开发开放政策与中越跨境旅游合作

一轮改革开放过程中，首先要解决区域平衡发展问题。因为经过35年的改革开放，虽然中国经济发展取得了巨大的成绩，但如果从区域经济发展来看，这种差距反倒越来越大，造成了矛盾不断激化，中央地方问题不断凸显，这种种问题都要从战略高度，从区域发展平衡的角度，从新一轮改革开放的角度，以期达到使沿边开发开放程度更上一层楼的目标。

沿边开发开放是我国新常态下经济增长的新极点。我国经济已进入新常态，形成了新的发展模式。从外向型经济向构建开放型经济体系的转变是中国新一轮改革开放很重要的一点。外向型经济以出口和吸引外资为特点，其中市场起决定性作用，要素自由流动。要转变经济发展的模式，需要培育新的竞争优势、从原来的粗放型向技术品牌服务转变，打造中国全球价值链、产业链、供应链，从中低端向中高端跃升。这些经济发展模式的变化对于我们来讲都是很重要的方面。可以看出，在经济发展模式转变的过程中，在中国新一轮改革开放，即加大沿边开发开放力度的过程中，产业从沿海地区向中西部地区转移。沿边地区才有承接沿海地区产业转移的机遇。

沿边开发开放是全面建成小康社会的题中之意。全面建成小康社会是2020年的目标，少数民族地区也不能落下。"精准扶贫"的对象里，有60%地区在沿边地区、5576万贫困人口在沿边地区，这就给沿边地区经济发展带来了很大挑战。

沿边开发开放是全面建成小康社会、现代国家转型的必要前提。外国学者已经普遍认同中产阶级是稳定社会的重要力量。强调中产阶层发展利于构建民主、稳定的社会的重要性的学者不在少数，如巴琳顿莫以及里普赛特等。理性是现代社会的显著特征之一，恰好也是中产阶级的显著特性之一。不少西方国家如英联邦国家以及一些东亚国家、新加坡等国都已进入中产社会。我国致力于全面建成小康社会，也是为促进国家的发展和转型升级，构建民主、稳定的发展道路。

沿边开发开放是新一轮改革开放的方向。新一轮改革方向包括三个高标准的开发，一是商流以及物流的国际化，人流信息流的自由化，还有资金流的便利化。二是自由便利的资金投入，这方面可以允许准入前国民待遇。三是，我国的服务业需要对内改革，提高标准，并试行向国外开放。新的经济发展模式创新为沿边地区带来发展机遇。

沿边开发开放是区域经济发展布局的需要，是实施周边外交战略的抓手。我国大陆拥有2.28万公里陆地边境线，与14个国家陆上相连。由于周边外交战略没有抓手，没有实施平台，所以才一有风吹草动就出现问题。这也是我国沿边地区新的发展机遇。

沿边开发开放是睦邻、安邻、富邻的重要举措。从实现周边外交和营造周边安全环境的角度来看，边境地区的经济发展是边境地区睦邻、安邻、富邻的前提，只有实现边境地区经济发展，才能让边境地区人民安居乐业，使边境地区稳定，实现周边发展，才能守边、固边、稳边。改革开放以来，沿边地区经济得到了发展，基础设施得到改善。

沿边开发开放是实现周边外交战略的重要载体。周边外交的实施依靠周边经济发展合作。周边合作以沿边地区为基础和平台。虽然前期推行了边民互市、边境小额贸易等政策，但并没有构建起沿边地区的产业支撑，沿边地区财政收入有限。所以要实施沿边开发开放政策，让沿边地区切切实实地升级为我国实施区域共融战略的平台。

沿边开发开放是实现"一带一路"倡议的关键。我国实施的"一带一路"倡议传承了古代丝绸之路"友好往来"与现代"融合发展，互利共赢"的发展理念，统筹国内外战略，而其支点是沿边地区，六大经济走廊的建设也要以沿边地区为基础。因此，沿边地区的经济发展，是实现"一带一路"倡议的基础，只有沿边地区基础提升，才能更有力地推动"一带一路"倡议的实施。沿边开发开放是"一带"的重要支点。加速沿边省份与毗邻国家在人文生态等方面的交流，强化军事、安全等方面的合作，形成毗邻国家与我国的利益融合与发展依赖，构建区域利益共同体。地缘安全问题需要毗邻国家与我国共同面对，其中策略之一就是共同进行沿边地区开发开放。区域性的安全问题以及打击国际恐怖主义需要双方乃至多方共同面对，将边境区域建成双方共同发展合作的地带，为国家政治、经济、军事资源提供安全环境，是我国与毗邻国家的共同利益。

第四章

沿边开发开放政策与中越跨境旅游合作

沿边开发开放是区域平衡发展的重要举措，是构建和谐周边的迫切需要。我国经过40多年的改革开放，经济发展取得了举世瞩目的成就，成为第二大经济体。但区域经济发展出现了不平衡的问题，这个问题的出现，引起了其他问题的发生。因此，如何实现区域的平衡发展，也成了新一轮改革开放的重点，使沿边地区从改革开放的末梢变为前沿。沿边开发开放在整个世界的经济结构调整和变化的背景下，有着重要的现实意义。

沿边开发开放是我国构建区域经济格局的需要。依据区位特点、通道布局、资源禀赋、产业基础、市场空间，培育一批陆路开放的重点边境城市，大力发展口岸经济和通道经济。坚持以线串点，以点带面，以面向周边国家的主要经济通道为轴，以重点边境城镇为枢纽，以腹地产业为支撑，联结中心城市和其他口岸城市，面向东南亚、南亚、中亚、东北亚四个战略方向，逐步形成"三圈三带四区"的沿边开放开发空间格局。推动境内境外产业互补与资源共享，加强与周边国家互利合作，共同打造国际经济走廊，形成优势互补、联动发展、互利共赢的国际区域经济格局（三圈三带：三圈指西南国际经济合作圈、西北国际经济合作圈、东北经济合作圈；三带指环喜马拉雅经济合作带、中蒙经济合作带、鸭绿江中朝经济带）。

正是基于以上考虑，我们从2013年到2015年才逐年出台国务院文件。把沿边地区开发开放政策提升到了国家整体战略层面。

（二）战略定位

陆路增长极。坚持统筹国内和国际发展，培育周边合作，实施沿边开发开放战略，打通陆路通道，进一步纵深推动中国向外开放的布局，尤其是在空间方向，日趋形成沿边与沿海互动的新格局以及海路与陆路齐头并进的对外开放新格局。通过沿边地区经济发展，实现周边地区经济发展，进而实现互利共赢，在周边地区形成国际合作的新局面。沿海地区的空间潜力日益枯竭，而沿边地区的潜力尚未完全挖掘。

区域发展极。发扬特色区位优势、集合政策、环境空间充分以及高资源承载力的比较优势，利用不同市场、不同资源使特色优势产业更上一层楼。同时继续提升区域产业细分合作，将具有核心竞争力的新产业纳入日程，如新型工业以及现代服务业和现代农业，打造若干带动内地、辐射周边、特色鲜明的产业支撑。充分发挥沿边开放在经济社会发展的引擎作用，促进边境城市开放和腹地经济联动发展，提升沿边省区的整体综合实力，构建繁荣稳定的边疆，促进区域协调发展和民族团结。

地缘安全极。服务"周边是首要"的国家对外战略，依托沿边开放构筑我国周边地缘战略依托。如果周边构建不起安全的周边环境，国内的改革开放也会受影响，所以要从经济、人文、生态等方面与毗邻国合作。若毗邻国家在发展上依赖我国，在利益上能与我国融合，那么大家就可能走出合作共赢的发展道路。

三、不同层面的沿边开发开放政策

（一）国家级沿边开发开放政策

1992—2025年，国务院、各部委为促进我国沿边地区开发开放，从边境贸易、财政税收、跨境结算等多个领域，颁布、实施了40多个政策（见表4-1）。

表 4-1 国家级沿边开发开放政策表

序号	年份	发文单位	文件名
1	1991	国务院办公厅	《转发经贸部等部门〈关于积极发展边境贸易和经济合作促进边疆繁荣稳定意见的通知〉》
2	1992	国务院	《关于进一步对外开放黑河等四个边境城市的通知》
3	1992	国家税务总局	《关于进一步对外开放的边境、沿海和内陆省会城市、沿江城市有关涉外税收政策问题的通知》
4	1993	国务院	《关于整顿边地贸易经营秩序制止假冒伪劣商品出境的通知》
5	1993	商检局	《〈边境贸易进出口商品检验管理办法〉的通知》
6	1993	国务院	《批转国家计委 国家经贸委 财政部〈关于开放口岸检查检验配套设施建设意见的通知〉》
7	1996	国家经贸委 对外贸易经济合作部 海关总署	《关于印发〈边境小额贸易机电产品进口管理实施办法〉的通知》

第四章

沿边开发开放政策与中越跨境旅游合作

续表

序号	年份	发文单位	文件名
8	1996	海关总署 对外经贸合作部	《关于下发〈边民互市贸易管理办法〉的通知》
9	1996	对外经济贸易合作部 海关总署	《关于〈边境小额贸易和边境地区对外经济技术合作管理办法〉的通知》
10	1996	国务院	《关于边境贸易有关问题的通知》
11	1996	海关总署	《关于转发〈国务院关于边境贸易有关问题的通知〉的通知》
12	1996	对外贸易经济合作部	《关于授予新疆生产建设兵团外经贸委边境小额贸易进出口商品许可证发证权的通知》
13	1997	对外贸易经济合作部	《关于补充公布小麦十四种国家实行核定公司经营进口商品边境小额贸易企业名单的通知》
14	1997	国家外汇管理局	《关于下发〈边境贸易外汇管理暂行办法〉的通知》
15	1998	对外贸易经济合作部 海关总署	《关于进一步发展边境贸易的补充规定的通知》
16	1999	对外贸易经济合作部	《关于我边境地区与毗邻国家开展经济技术合作有关问题的通知》
17	1999	对外贸易经济合作部	《关于边境小额贸易企业出口四种招标机电产品免领出口许可证的通知》
18	2000	中华人民共和国海关	《对姐告边境贸易区监管的暂行办法》
19	2002	对外经济合作部 财政部 海关总署 国家税务总局	《关于边境贸易方式钻石进口有关问题的通知》
20	2002	国家外汇管理局	《关于我国与俄罗斯等独联体国家边境小额贸易外汇管理有关问题的通知》
21	2002	对外经济贸易合作部	《关于边境小额贸易企业经营资格有关问题的通知》
22	2003	国家外汇管理局	《边境贸易外汇管理办法》
23	2004	财政部 国家税务总局	《关于以人民币结算的边境小额贸易出口货物试行退（免）税的补充通知》
24	2005	财政部 国家税务总局	《关于以人民币结算的边境小额贸易出口货物试行退（免）税的通知》

要素流动重塑跨境旅游合作空间的内在机理与演化路径：

以中越边境地区为例

续表

序号	年份	发文单位	文件名
25	2005	国家外汇管理局	《关于边境地区境外投资外汇管理有关问题的通知》
26	2005	海关总署	《关于边境小额贸易项下进口货物适用税率的有关问题的公告》
27	2007	国务院	《关于实施企业所得税过渡优惠政策的通知》
28	2008	国家税务总局	《关于边境贸易出口货物退（免）税有关问题的通知》
29	2008	国务院	《关于促进边境地区经济贸易发展问题的批复》
30	2008	财政部 海关总署 国家税务总局	《关于促进边境贸易发展有关财税政策的通知》
31	2009	财政部	《关于印发〈国家级边境经济合作区基础设施项目贷款财政贴息资金管理办法〉的通知》
32	2009	财政部	《关于印发〈边境地区专项转移支付资金管理办法〉的通知》
33	2010	财政部 国家税务总局	《关于边境地区一般贸易和边境小额贸易出口货物以人民币结算准予退（免）税试点的通知》
34	2010	财政部 海关总署 国家税务总局	《关于边民互市进出口商品不予免税清单的通知》
35	2011	财政部 国家税务总局	《关于边境地区一般贸易和边境小额贸易出口货物以人民币结算准予退（免）税试点的补充通知》
36	2012	财政部	《关于印发〈边境地区转移支付资金管理办法〉的通知》
37	2013	国务院	《关于加快沿边地区开发开放的若干意见》（国发〔2013〕50号）
38	2015	国务院	《国务院关于支持沿边重点地区开发开放若干政策措施的意见》（国发〔2015〕72号）
39	2016	国务院	《中华人民共和国国民经济和社会发展第十三个五年规划纲要》
40	2017	国务院办公厅	《〈国务院办公厅关于印发兴边富民行动〉"十三五"规划的通知》（国办发〔2017〕50号）

数据来源：中国政府网、财政部、税务总局、外经贸部等网站

从表4-1可以看出，国家层面对我国边境地区的开发开放给予了较大关注，并陆续出台诸多政策予以支持。

历年政策中，影响最大的是《国务院关于支持沿边重点地区开发开放若干政策措施的意见》（国发〔2015〕72号），即通常人们所说的"72号文"。在此文件中，旅游对于边境的重要性首次得以凸显，共从四个方面予以强调，分别是放宽边境旅游的条件、发展跨境旅游合作区、探索建立边境旅游试验区、提升旅游服务支撑能力。本章尝试着从用户（游客）感知的角度，站在消费者的立场，分析政策对我国沿边地区旅游环境的影响，总结其得失，得出进一步优化的建议。

（二）地方性沿边开发开放政策

广西壮族自治区共有八个边境县（市、区）与越南接壤，包括东兴、防城区、宁明、凭祥、龙州、大新、靖西、那坡。广西地处我国与越南接壤的边境地区，也在沿边开发开放政策的影响范围。为适应广西边地区独特的政治和经济环境，更好地促进广西沿边地区的发展，广西壮族自治区政府制定了相应发展规划。

《广西边地区开放开发规划（2015—2020）》由广西壮族自治区商务厅委托商务部国贸经合研究院进行编制，于2015年4月10日通过专家评审，并已正式实施。该规划描绘出广西边境开发开放的美好前景，提出了"一圈三带"的概念。"圈"指的是"广西边境口岸经济合作圈"；"三带"指的是"南宁一防城港一东兴一芒街"的"边海联动的经济合作带""南宁一崇左一凭祥一同登"沿边经济合作带和"百色一那坡一茶岭（朔江）"沿边经济合作带。

该规划强调了提高口岸发展程度、健全开放合作机制、搭建具有沿边开放特色的产业体系、建设基础设施配套项目、实现互联互通等措施，做好空间布局；构想出边境口岸的层级发展、具有特色的沿边开放产业体系、政策支持体系、平台格局、互联互通布局等新思路。这些格局、思路对广西沿边开发开放具有具体的指导意义与可操作性。

《中国东兴一越南芒街跨境旅游合作区总体规划》由广西旅游规划设计院于2016年12月编制，基于中越双方共同推进中国东兴一越南芒街跨境旅游合作区建设，对中方区域进行了十年规划编制，奠定了发展基调。

四、沿边开发开放政策的主要实施内容

历年沿边开发开放政策对沿边地区的政策支持主要包括以下几个方面：

（一）基于边境地区边民互市进口一定的免税额度

2008年，国务院在《关于促进边境地区经济贸易发展问题的批复》中，同意自2008年11月1日起提升为人民币每人每日八千元的我国边民进行互市所进口的生活用品的免税总额度，此项由财政部会同有关部门具体商讨出台边民互市进出口商品中不可免税的清单；由海关总署会同地方政府开展规范边民互市的片区管理。

（二）加大对边境贸易发展的财政支持力度

国务院于2008年出台《关于促进边境地区经济贸易发展问题的批复》。文中规定同意自2008年11月1日起启动政策，专款专用，支持边贸发展，支持小额贸易企业建设，提升能力。年内配额二十亿元并不超过60天。此办法替代此前的减半征收政策。2009年，财政部制定了《边境地区专项转移支付资金管理办法》，并于2012年4月重新修订，以逐步规范边境地区专项转移支付资金管理，提高资金使用效益。该办法指出，中央财政于每年预算中安排边境省（区）的转移支付资金，其中用来发展边境贸易发展以及边境小额贸易企业能力发展的转移支付资金要进行与口岸吞吐量等因素衔接的适度增长办法。边境地区转移支付资金补给对象是存在陆地边境线、存在边境小额贸易以及进行特殊边境和海洋管辖事务的地区，资金专用于边境和海洋管辖、提升边境沿海地区生计、改善边境贸易程度和边境小额贸易企业建设，同时不要求县级财政配套。依据陆地边境线长度、财政部固定边境线个数等指标以及边境线总人口和行政村个数，还有一类口岸人员通关量和吞吐量以及边贸额等因素，并结合各地区管理和实际转移支付资金进行绩效评价，来分配省级财政部门对边境地区的具体转移支付额度。

（三）继续以试点形式扩大边境地区以人民币结算办理出口退税的力度

国务院于2008年颁布《关于促进边境地区经济贸易发展问题的批复》。

其中规定一律对以人民币结算来进行出口退税的试点进行扩容。由国家税务总局会同有关部门加快探索以人民币进行结算的出口退税业务同时应当提高把边境作为试点的优先级。

财政部2010年3月协同国家税务总局，下发了《关于边境地区一般贸易和边境小额贸易出口货物以人民币结算准予退（免）税试点的通知》，将云南边境小额贸易货物以人民币结算批准退（免）税的范围扩大到我国沿边沿线省份（自治区）与周边国家的一般贸易。此项出口退税的优惠政策，在一定程度上促进了边境地区的经济贸易交流，为边境小额贸易和部分一般贸易的发展带来了利好的消息，并且从一定程度上间接促进了边境区域上的人员流动，为跨境旅游发展带来了优质的客源。

（四）支持边境经济合作区的提升

国务院于2008年出台了《关于促进边境地区经济贸易发展问题的批复》（以下简称《批复》）。《批复》中表示鼓励对国家级边境经济合作区借鉴优惠政策，以国家贴息贷款方式补贴中西部地区的国家经济技术开发区。其实际操作由财政部会同商务部相关部门进行。

2009年，财政部制定了《国家及边境经济技术合作区基础设施项目贷款财政贴息资金管理办法》，对经国务院批准设立的国家级边境经济技术合作区（具体包括内蒙古、广西、云南、新疆、黑龙江、吉林、辽宁等省、自治区）内用于基础设施项目建设的各类银行提供的基本建设项目贷款安排财政贴息资金。

（五）探索试点跨境经济合作区

国务院在2008年《关于促进边境地区经济贸易发展问题的批复》里表示，支持在边境区域申报建设的含保税、物流货物，经由境内区外进区享受退税优惠的跨境经济合作区，此项需海关总署在我国海关管辖特殊区域宏观范围中统筹考虑。

国务院在2009年8月通过《中国图们江区域合作开发规划纲要——以长吉图为开发开放先导区》，文件提到在陆续建成边境合作区以及图们江区域国际大通道的前提下，大力发展珲春边境经济合作区，并探讨在珲春市建立更加开放的经贸合作区域，提高边境地区的开放合作水平。通过深思图们江地区在沿边开发开放中的作用，努力形成综合国际物流与投资贸易、进出口加工等多功能经济区，努力营造条件搭建跨境经济合作区。

2009年12月，国务院下发了《国务院关于进一步促进广西经济社会发展的若干意见》，支持广西在有条件的口岸探索建立跨境经济合作区。

2010年4月，国家发改委下发了《关于2009年西部大开发进展情况和2010年工作安排》（以下简称《安排》）。《安排》中表示要增设边境经济合作区，尤其是支持有条件的沿边地区。建设要点中包括对条件成熟的区域探索建设跨境经济合作区，提升边境区域口岸基础配套设施建设水平，统筹规划海关特殊监管区域建设，发挥保税贸易的重要作用。

（六）扩大边境地区外汇中心支局境外投资外汇管理的审核权限

为进一步贯彻"走出去"的发展方针，促进边境地区与周边国家的经贸合作，2005年，国家外汇管理局发文《关于边境地区境外投资外汇管理有关问题的通知》。文中明确表示支持国家外汇管理局及其各有关分局批准在自身权限范围内加强所辖边境地区的外汇中心支局国境之外投资外汇资金审核来源的权限，并汇报授权情况给总局备案。并且对于边境区域投资主体持有自有外汇、国内外汇贷款或购汇进行境外投资的项目，边境地区外汇中心支局可在上述授权范围内直接出具外汇资金来源审查意见。

（七）鼓励与支持边境口岸建设

1993年，国务院批转一份关于支持边境口岸建设的文件《国家计委、国家经贸委、财政部关于开放口岸检查检验配套设施建设意见的通知》（以下简称《通知》）。《通知》规定，一类口岸检查检验配套设施建设的资金原则，国家口岸办根据口岸开放五年规划和中央补助的范围，提出口岸检查检验配套设施建设每年需要中央补助的投资计划报国家计委、财政部，由国家计委和财政部审核后在年度计划（预算）中予以安排。其中，中央补助的投资计划由国家计委与财政部依据批准的计划下达给口岸所在省（区、市）政府供包干使用。而地方安排的发展资金报国家计委、财政部备案。在二类口岸，其检查检验设备设施的建设资金以及开办费则全部由地方负担。

2008年，国务院在《关于促进边境地区经济贸易发展问题的批复》中肯定了按年度提高投资额度，增加补助标准，增强支持范围。国务院还决定由发改委每年安排补助，补贴边境一类口岸边检基础设施，以促进边贸发展，提高边境检验能力。

（八）清理涉及边境贸易企业的收费

2008年，国务院在《关于促进边境地区经济贸易发展问题的批复》中，表示将由财政部以及发改委对涉及边境贸易的大、小企业的行政事业性收费项目予以清理和规范，并取缔不合理的收费项目。

上述的沿边开发开放政策着力于围绕贸易和经济发展，但是直到2015年，国家才发布了72号文，正式以文件的形式对边境地区旅游业的发展指出了明确的发展路径。文件中提到需要提升旅游开放水平，促进边境旅游繁荣发展。从文件来看，边境地区旅游业的发展主要可以从以下四个方面着手：

第一，改革边境旅游管理制度，放宽边境旅游管制。将边境旅游管理权限下放到省（区），放宽非边境地区居民参加边境旅游的条件，允许边境旅游团队灵活选择出入境口岸。鼓励沿边重点地区积极创新管理方式，在游客出入境比较集中的口岸实施"一站式"通关模式，设置团队游客绿色通道。

第二，研究发展跨境旅游合作区。深化与周边国家的旅游合作，支持延边、丹东、西双版纳、瑞丽、东兴、崇左、阿勒泰等有条件的地区研究设立跨境旅游合作区。通过与对方国家签订合作协议的形式，允许游客或车辆凭双方认可的证件灵活进入合作区游览。支持跨境旅游合作区利用国家旅游宣传推广平台开展旅游宣传工作，支持省（区）人民政府与对方国家联合举办旅游推广和节庆活动。鼓励与对方国家就跨境旅游合作区内旅游资源整体开发、旅游产品建设、旅游服务标准推广、旅游市场监管、旅游安全保障等方面深化合作，共同打造游客往来便利、服务优良、管理协调、吸引力强的重要国际旅游目的地。

第三，探索建设边境旅游试验区。依托边境城市，强化政策集成和制度创新，研究设立边境旅游试验区（以下简称试验区），鼓励试验区积极探索"全域旅游"发展模式。允许符合条件的试验区实施口岸签证政策，为到试验区的境外游客签发一年多次往返出入境证件。推行在有条件的边境口岸设立交通管理服务站点，便捷办理临时入境机动车牌证。鼓励发展特色旅游主题酒店和特色旅游餐饮，打造一批民族风情浓郁的少数民族特色村镇。

第四，加强旅游支撑能力建设。加强沿边重点地区旅游景区道路、标识标牌、应急救援等旅游基础设施和服务设施建设。支持旅游职业教育发展，支持内地相关院校在沿边重点地区开设分校或与当地院校合作开设旅游相关专业，培养旅游人才。

自"72号文"发文以来，东兴一芒街跨境旅游合作得到了飞跃式发展，东兴市的经济与社会得到了进一步发展。

第二节 沿边开发开放政策与东兴一芒街跨境旅游合作

一、中国东兴一越南芒街跨境旅游合作发展政策变迁

（一）东兴对跨境旅游合作建设的推进

自2001年开始每年举办的"中越边境（防城港东兴）旅游节"，有效促进了东兴跨国旅游业的发展。2006年4月，中越双方签订协议，约定自2006年起，由中国东兴市和越南芒街市轮流在两市联合举办"中越边境商贸·旅游博览会"。2010年，东兴市与越南芒街市签订了《关于共同推进旅游发展的合作机制》等合作协议，进一步促进了跨国旅游合作。2011年3月，东兴市举办了首届跨境旅游合作区建设研讨会。2015年5月，防城港市和越南广宁省文化体育及旅游厅在桂林市商讨跨境旅游合作区具体事宜。此后，2016年1月、9月、2016年11月，中越双方陆续会面，商谈推进事宜。

中国东兴一越南芒街跨境旅游合作区分两个阶段建设：

第一阶段：2011—2015年

这一阶段的主要任务是，第一，中越双方地方政府要进行沟通和协商，

取得广泛共识并组建跨境旅游合作区建设工作组；

第二，两边地方政府分别呈报中央政府，将地方合作提升到国家层面合作，争取中央政府的批准、支持，使中越跨境旅游合作区得以建立；

第三，建立双方经常性会晤协商机制；

第四，对跨境旅游合作区进行总体规划，设计不同的功能区。同时，争取双方国家有关部门支持并申请相关优惠政策措施；

第五，积极制定吸引外来资本的优惠政策，鼓励民间投资；

第六，建设跨境旅游合作区基础设施。以北仑河口景区、京岛风景名胜区及周边区域，作为我方核心辖区，与越南芒街市相应的区域对接，建设封闭式跨境旅游合作区，使之成为综合型、多样化、国际化的滨海旅游休闲度假区。

第二阶段：2015—2020年

这一阶段的主要任务是，完善跨境旅游合作区基础设施，设计旅游线路，创新旅游产品，在国内外宣传推介中越跨境旅游合作区，建立跨境旅游合作区的各种机制。东兴市城区及周边区域包括延伸至潭吉港与芒街市全境对接，建设开放式跨境旅游合作区，开展两国一市旅游合作。

然而事情并非一帆风顺，作为跨境旅游重要通行证的边境旅游异地办证却在曲折中前进。边境旅游异地办证，指公安出入境管理部门为非边境地区人员异地签发《中华人民共和国出入境通行证》，从而使非边境地区人员能够持证参团边境旅游。2005年2月，根据公安部《关于进一步严格工作措施坚决遏制我国公民出境参赌活动的通知》，全国停止了边境地区旅游异地办证业务。经过数年整顿，跨境旅游陆续恢复，瑞丽在2005年停止边境旅游异地办证，于2013年恢复。东兴也于2013年恢复了边境旅游异地办证。

（二）东兴十年来的经济特征

图4-1是东兴市2007—2016年的国民生产总值情况，从图中可以看出东兴GDP连年增长，2008年比2007年同比增长41.04%，2010年比2009年同比增长37.16%，2011—2014年，GDP增速均超过10%，2015年增速有所放缓，比2014年同比增长5.51%，2016年增速则上升至8.84%。随着生产总值体量的逐步提升，经济增速将会放缓而进入稳步提升的阶段。

要素流动重塑跨境旅游合作空间的内在机理与演化路径：

以中越边境地区为例

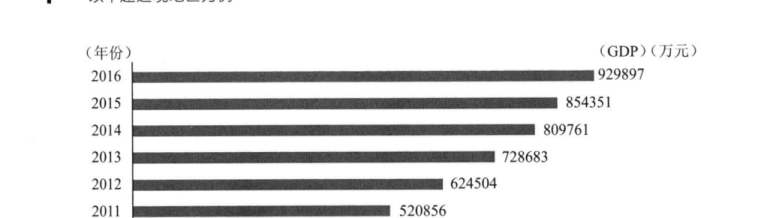

图 4-1 东兴市国内生产总值

随着沿边开发开放政策的深入执行，东兴的国民生产总值体量维持在一定水平上，另外当地的财政收入也稳步提升。图 4-2 为东兴市 2007—2016 年的财政收入情况。从图中可以看出，近十年，东兴市财政收入总体呈现上升趋势，特别是 2012 年，财政收入增速高达 27.63%。

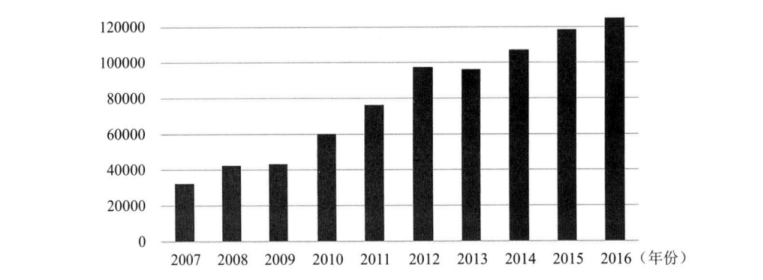

图 4-2 东兴市 2007—2016 年的财政收入

在生产总值和财政收入均双双增长的背景下，东兴市人均收入（包括城镇居民人均可支配收入和农民人均纯收入）也有所提高。

图 4-3 分别展示了东兴市城镇居民人均可支配收入和农民人均纯收入增

长的情况。从图中可以看出，近十年来，东兴市人均收入均呈现稳步提升的趋势，到2016年，农民人均纯收入是2007年的3倍多。在这十年中，农民人均收入变化的一个阶段性成果体现在2013年的数据变化上，当年东兴市农民人均收入首次破万元，同比增长13.8%，增幅较上年同期回落了1.91个百分点。

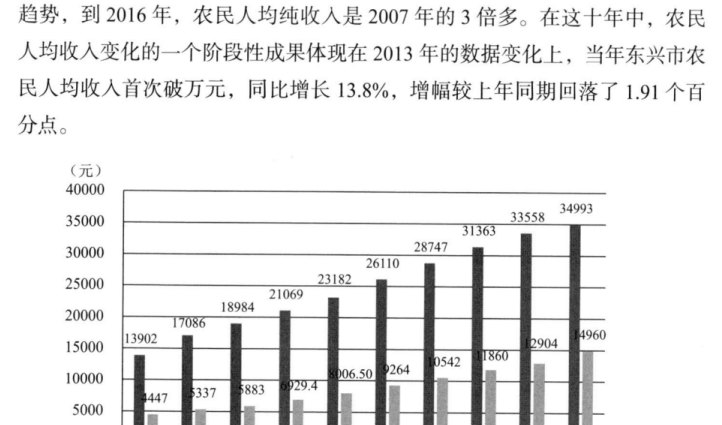

图4-3 东兴市2007至2016年人均收入情况

在经济增长的大背景下，跨境交流和跨境贸易成为主流。表4-2是2012—2016年东兴市外贸和旅游情况，从表中可以看出，近5年来，东兴市外贸进出口总额逐年上升，边贸成交额在2013年突破200亿元大关，虽于2014年有所回落，但是之后发展迅猛。在旅游收入上，旅游总收入在2014年突破40亿元，之后逐年递增，2016年旅游总收入达65.22亿元，同比增长35.4%。与此同时，东兴市旅游外汇收入更为喜人，2016年，东兴市国际旅游（外汇）收入3735万美元，增长10.1%，相比2012年，同比增长95.98%，仅仅五年的时间，东兴已经获得了旅游外汇收入近乎翻番的好成绩。

要素流动重塑跨境旅游合作空间的内在机理与演化路径：
以中越边境地区为例

表 4-2 2012—2016 年东兴市外贸和旅游变化情况表

年份	外贸进出口总额（亿美元）	边贸成交额（亿元）	旅游总收入（亿元）	旅游外汇收入（万美元）
2012	6.73	192.24	35.79	1905.80
2013	8.10	242.00	29.60	2458.00
2014	14.28	202.60	40.57	3124.00
2015	18.80	259.12	49.49	3394.00
2016	30.90	287.90	65.22	3735.00

数据来源：东兴市统计年鉴

沿边开放政策对口岸地区的跨境人数有着最直接的影响，近几年来，经由东兴市口岸出入境的人数成果喜人。2012 年东兴口岸全年出入境人数 374.6 万人次，2016 年全年出入境人数达到 715.58 万人次，同比增长 91.03%，而 2017 年全年，经过东兴口岸出入境的人数达到 996.51 万人次，将近 1000 万人次。在游客接待上，2012 年，东兴全市接待游客 477.8 万人次，增长 22.8%，累计接待游客 453.5 万人次，增长 12.6%，2016 年接待游客人数则达到 752.93 万人次，比 2012 年增长 57.58%（见图 4-4）。

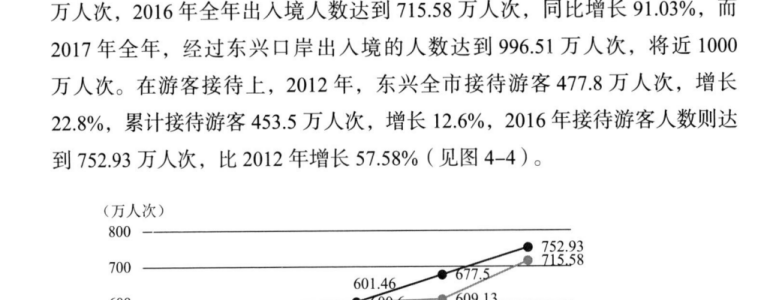

图 4-4 东兴市 2012—2016 年旅游接待总人数与出入境人数对比

综上所述，纵观东兴市2012年以来在GDP和旅游收入上取得的成果，在以东兴—芒街跨境经济合作区、北仑河国际商贸城、金滩国际旅游岛试验区三大启动项目为核心，以推进试验区建设为契机的推动下，东兴市已经实现全面提升开发开放水平，全力推动经济发展。

（三）东兴十年来的社会特征变化

接下来，从通关便利化、媒体关注度两方面对东兴的社会特征进行分析。

1. 通关便利化

从历年的数据来看，东兴每年须满足大量的人流、车流出入境的通关需求。尤其在春节，尤其春节期间，通过东兴口岸出入境的人流量、车流量非常大，排队等候通过的时长在逐渐延长，有时甚至需要两小时才能完成平时十多分钟的通关时间。通关人员多、要求高，促使东兴不断地思索，加大力度投入，促进其通关向便利化发展。2017年，东兴边检站紧密结合口岸快速发展的实际，按照"小前台、大后台"的功能设置，创新服务举措，积极向科技要警力，11月底，完成了八条自助查验通道升级改造，在建的16条智能查验通道也将陆续开通，从根本上解决了口岸通关效率的问题。2017年全年通关人数已达近千万人次，充分说明通关效率有较大提升。

2. 媒体关注度

东兴市作为我国沿边开放的重要关口，呈现在众人面前。随着各项政策的出台，东兴市以一种更为健全、完善的形象，出现在全国乃至全世界人民面前。在网络发达的时代，媒体关注度最能反映网民的心声。

图4-5是2011年1月至2018年3月，在百度上搜索东兴和凭祥市的指数变化。图中每一个点代表一周内网民的百度搜索指数，线性代表搜索指数的一阶趋势。从线性趋势上可以看出，自2011年以来，东兴和凭祥市在搜索趋势上呈现上升趋势，一定程度上说明了这两个沿边开放城市越来越多地受到网民的关注。纵向上来看，相比之下，东兴市的媒体关注度更高，几乎每一周都比凭祥获得更多的网民关注。

要素流动重塑跨境旅游合作空间的内在机理与演化路径：

以中越边境地区为例

图 4-5 东兴市与凭祥市百度指数趋势

而从 Google Trends 中也可以得到更为详尽的信息。从区域搜索热度上来看，中国大陆、越南、中国香港、中国台湾和新加坡占了关注东兴市的全世界各地区的 top5，越南更是排在了第 2 位，仅次于中国，并且搜索热度达到了中国来源的 1/3，可见越南人对东兴发展情况及其相关政策的关注之大。

从 Google Trends 的查询主题也可以看出（见图 4-6），越南关注东兴的搜索量呈上升趋势。

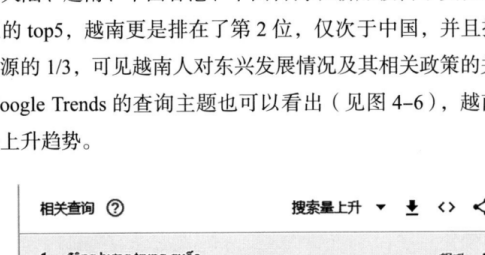

图 4-6 Google Trends 相关查询

图 4-7 是 2016 年 3 月 18 日至 2018 年 3 月 16 日在微博上搜索东兴市的

微指数情况。从图中可以看出2016年5月和2016年6月，出现了两个搜索大高峰，而又分别在2017年1月和2017年12月前后出现了两个小高峰。

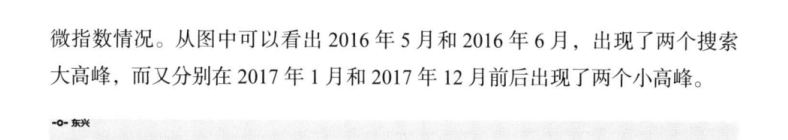

图4-7 东兴市与凭祥市微博指数趋势

2016年5月，第九届泛北部湾经济合作论坛在南宁举行。论坛中明确指出，践行"一带一路"发展倡议，推出"一廊""一网"跨境旅游合作新模式。2016年一季度防城港接待出入境游客44.77万人次，其中东兴口岸出境旅游人数41.35万人次，同比增长84.5%。为推动跨境旅游，免签、小额贸易、保税、人民币兑换等便民政策相继出台，为游客提供便利服务。

2017年1月5日，据中新社报道，中越两国携手打造桂林、东兴、芒街、下龙四城的黄金跨境线路。为实现中越跨境自驾游开通，东兴与芒街方面在2016年多次磋商。双方还在桂林共同举办跨境旅游推介会。双方最终达成共识，跨境自驾游得以常态化。

东兴—芒街的跨境旅游是《广西边境地区开放开发规划（2015—2020）》中明确提出的边海联动经济合作带中的一部分，也是最直接受益的内容。除跨境黄金线路外，东兴市作为中越跨境劳务试点城市，对雇用跨境务工人员也做了一定的开放性实验工作。从2015年7月开始，东兴企业雇用跨境务工人员逐步增多，跨境劳务试点的建设取得了初步成效。在广西壮族自治区十二届人大六次会议上，人大代表孙大光表示，可以以东兴市作为示范，将跨境务工合作模式推广到全区各沿边地市。

2017年12月是跨境合作模式的小高峰，2017年越中（芒街—东兴）国际商贸·旅游博览会在芒街市开幕，中越签署19亿元投资项目推动跨境合作，而两国在非关税贸易壁垒、通关便利化、人民币跨境流动等方面实现更多的"一体化"建设。

综上所述，媒体对东兴的关注度呈现逐年上升趋势，在每一个搜索关注的高峰，均有国家或者广西壮族自治区相关沿边开放政策的影响，而在全球的媒体关注度上可以看出，越南成为最关注东兴的非中国国家或者地区。这种趋势得益于沿边开放《国务院办公厅关于印发兴边富民行动》等沿边政策的指导，以及各地区相关政策的出台和推动。这些政策的出台，推动了跨境旅游、商务等各方面的活动，促进沿边地区正式和非正式的交流，拓展边民收益渠道，提高边民受益。同时，因跨境旅游合作带来的人流、物流和信息流的增多，跨境旅游合作受到了外国人民、特别是邻国人民的关注。

为结合媒体关注度进行分析，笔者通过问卷获取游客对东兴与芒街及跨境旅游的关注度。为此，在问卷中设计了填空题。问卷的第7题（您觉得比起您上一次来，东兴一芒街两地有什么变化）、第27题（"中越跨境旅游"最大的感受是什么？您觉得中越跨境旅游需提高哪方面的服务？）。其中游客提及最多的字眼，也就是游客最关注的方面，能对我们的工作有一定的启示作用。进一步通过关键词图片墙生成器，将回答中的关键词制作成图4-8和图4-9。

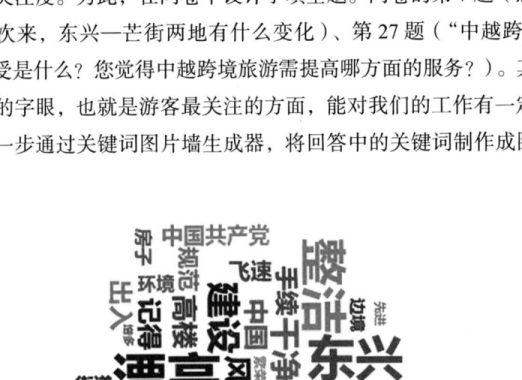

图4-8 游客关注边境口岸的关键词

第四章 沿边开发开放政策与中越跨境旅游合作

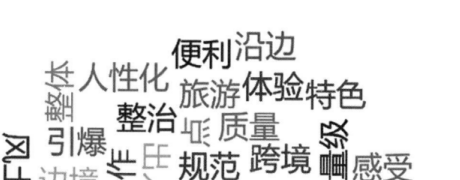

图4-9 游客关注边境口岸的关键词

由第7题以及第27题关键词可知，游客对旅游地的基础设施、服务水平、便利程度、监管力度、文化体验、宣传、秩序等方面有较大关注。

第三节 中越跨境旅游合作的困境与机遇

一、跨境旅游合作区及发展类型

（一）跨境旅游合作的概况

中国与毗邻国家的跨境合作已有悠久历史，旅游层面的双边合作也在砥砺前行，一路风雨一路歌地度过了二十余载。然而跨境旅游方面的合作大体上却仍然处于分散杂乱的境地，而且合作的纵深程度、广博程度、可持续性、规范性皆表现较为显著不足。跨境旅游合作区是2010年年末提出的一个新说法，该概念于2011年在一篇学术刊物中初见端倪，作者探析了图们江区域跨境旅游合作区的部分效应，以及建立我国同俄罗斯、朝鲜跨境旅游合作区的可操作性、方向、模式以及路径（夏友照，2011）。然而从跨境旅游合作区的内涵和理论角度开展的研究分析论述尚处于空白阶段。跨境旅游合作区相较以往边境旅游具有四个显著特征，即明晰的主体、多样的产业、具体的方法、明确的范围。"跨境"指的是需要毗邻国家参与，但眼下相邻国家地区官方已经参加到跨境旅游合作区细节层面的筹建和运作中。由于主体明晰，故执行力更强。"旅游"为跨境合作之主要范畴，因为旅游业具有广阔的辐射功能，商贸金融、餐饮住宿、物流交通等行业都可进入合作范围，进而丰富产业的合作空间。"合作"意在促进国与国间旅游业创新协同发展的路径，与曾经零散的合作有区别，跨境旅游合作区配备更加具体可行的合作模式，如免税、免签，以及车辆自由通行等。"区"为空间概念，这个地理范围是跨境旅游合作所依托的实体。国家在明确划定的区域内允许毗邻国家之间的要素（不仅是旅游要素）自由流动。

（二）跨境旅游合作的类型

开展跨境旅游合作，国际上已有众多先例，比较典型的包括加拿大和美国的跨境旅游合作、欧盟国家之间的跨境旅游合作、东盟内部的跨境旅游合作等。其中，最为成功的是欧盟国家之间的跨境旅游合作，属小国与小国之间的跨境旅游合作，通过签订一系列协定（最著名的为25国签署的《申根协定》），为无障碍旅游提供了有力的政策支持。美国和加拿大之间的跨境旅游合作，属大国和大国之间的区域旅游合作，在北美自由贸易协定的框架下已基本实现无障碍旅游。东盟内部的跨境旅游合作属于新兴发达国家、发展中国家、欠发达国家之间的合作，以解决区域旅游发展不平衡为目标，部分国家之间已实现互免签证。

国内跨境旅游合作以景区建设型为主，结合自驾车线路合作以及商贸驱动，具体不同地区的开发模式如表4-3所示。

表4-3 中国跨境旅游合作类型举例表

序号	跨境旅游合作区域	跨越国界	建设模式	开发类型
1	东兴—芒街	中国、越南	两国一城	自驾车线路合作型
2	德天—板约	中国、越南	两国一瀑	景区建设型
3	瑞丽—木姐	中国、缅甸	一寨两国	景区建设型

续表

序号	跨境旅游合作区域	跨越国界	建设模式	开发类型
4	满洲里一后贝加尔斯克	中国、俄罗斯	跨境旅游、休闲度假基地	景区建设型
5	磨憨一磨丁	中国一老挝	两国一区	商贸驱动型

资料来源：作者根据网络资料自绘

二、中越跨境旅游合作存在的问题

由于大环境尤其是出境格局的改变，边境旅游受到较大冲击。始于20世纪90年代初的我国边境旅游，在1997年国家开放出境旅游后，一度与出境旅游、港澳台旅游形成"三足鼎立"的局面。进入21世纪，这种格局开始改变，边境旅游这条"足"日渐呈现出廉颇老矣之势。合作模式、运营主体不明确也带来了一定的发展困境。国务院提出"探索建立跨境旅游合作区"后，中国东兴积极与越南芒街开展跨境旅游合作，但目前是困境与机遇并存。

（一）合作主动性及稳定性不足

目前，东兴一芒街跨境旅游合作主要靠中方的推进，而越方合作的主动性有待加强。此外，越方相关政策不稳定，也在很大程度上影响了许多合作项目的常态化运营。当前的越南，与我国20世纪90年代出境旅游起步时的情况相近，出入境旅游既准备释放大量潜能，又针对过快发展有所限制，因此其相关政策并不稳定，尤其是针对跨境合作及外方投资。东兴发展边境旅游起步较早，而芒街边境旅游发展的成熟程度不及东兴，双方发展的不平衡局面给当前跨境旅游合作带来了一系列问题。

中越合作机制推进仍然缓慢，当前一些机制性问题还没有得到根本性解决，特别是通关便利化方面还受到很大的制约。中国游客在越南旅游出行发生纠纷时，不清楚应该向哪个部门投诉问题，双方并没有规定一个共同认可的部门来解决游客跨境旅游过程中的纠纷。以上这些问题都反映出当前东兴一芒街跨境旅游合作机制推进仍旧缓慢，尚未形成一个统一的国际旅游目的地，许多机制性问题难以短期内得到解决。

（二）中越自驾游未达到预期效果

作为跨境旅游合作区的核心产品之一，中越双方翘首以盼的中越跨境自驾游于2016年11月9日常态化开通。尽管是政策上的突破，但目前存在问题有：第一，据东兴旅游局数据，开放办理自驾游前往芒街以来，截至笔者前往调研的4月10日，5个月间共办理车辆146车次，其中中方109辆次，越方37辆次，说明实际效果并不理想。第二，自驾游的游览范围目前局限在芒街市。芒街市区面积较小，景点较少，仅徒步或乘坐敞篷观光车即可快速游览完毕。远离市区的茶古海滩有沙尾村、茶古教堂、高尔夫球场等景点，但不在一日游的范畴内，团队游客需要打车15分钟前往，吸引力不大。而如果自驾去芒街，上述区域则更快被探索完毕，有限的吸引力很快就会被耗尽。第三，未能形成联合办公、"一站式"办理，旅行社为游客代办手续收费尴尬，积极性不高；游客自行办理也容易望而却步。

（三）旅游目的地核心竞争力不足

通过多年建设，尤其是成功创建广西特色旅游名县后，东兴市打造出了一定量、一定规模的旅游景区、旅游产品，如屏峰雨林、七彩贝丘湾、京族三岛、竹山港旅游区、口岸旅游区、自驾车营地。但东兴旅游仍然面临一种困境，即过往游客多，过夜游客不多，住宿业相对萧条，大部分游客前往东兴是想在东兴通关，前往越南下龙湾旅游，而其中很大一部分游客是直接从南宁发车前往东兴关口，当日即通关，在返回当日即离开东兴回程。东兴目前仍有被游客作为"通道"的尴尬困境。

在东兴旅行社开设的"芒街一日游"的旅游线路中，设计思路还停留在"走一走、看一看"的初级阶段。旅行团的项目包括走过中越友谊大桥、看一眼观北仑河风光、1369号界碑照个相、免税店逛一逛、口岸附近的市场看一场小规模表演、市场里特产买一买等内容。芒街的沙尾岛、茶古海滩虽然有一定特色，但游客寥寥，一方面，"一日游"游客需要集体包车前往，若团队意见不一致则不能成行；另一方面，海滩的配套设施尚不齐全，据当地人反映，过夜游客少。市区内的中心市场虽然人头攒动，但据了解主要是以中国商人雇佣越南工人开展成衣贸易及小商品批发、零售为主，并非游人青睐之地。芒街"一日游"的核心吸引力结构性不足，主要满足游客出境"走马观花"式的游览，游客在其中最感兴趣的部分，是芒街市中心三座市场围绕着的具有特色的"地摊银行"。东兴和芒街的政策导向和市场现状决定了当地的旅游发展现状。

（四）基础设施建设尚不完备

发展旅游业离不开旅游基础设施的保障。旅游业的发展很大程度上取决于旅游基础设施的完备程度。旅游基础设施建设薄弱的现状，阻碍着东兴一芒街跨境旅游合作的发展，具体表现为"六要素"所需设施条件满足不了旅游消费者的需求，严重制约了市场的发展。从外部交通基础设施来看，东兴与外部地区的连接主要依靠公路交通和水路交通来完成，铁路只修到防城港市，并未直接抵达东兴市。尽管防城港一东兴的高铁已经于2017年12月18日正式启动，但建设周期不短，须到2021年东兴才能正式开通高铁，对外交通才能得到改善。

另外，目前东兴与芒街接轨的陆路交通只能通过一个关口通达，通道窄小，且须兼顾部分货车的使用。从东兴过境到芒街后，更是在交通导览系统和景区导览系统上有严重的不足（主要体现在缺乏双语或三语导览标识），这将为跨境游客的出行带来十分不利的影响。另外，芒街当地规模较大的饭店、餐厅较少，KTV等娱乐业较少，据笔者观察，中心市场附近有几家KTV是以民居改造而成。夜间的芒街宁静祥和，与对岸灯火通明对比鲜明。

三、发展中应把握的机遇

国际局势以"合作共赢"为基调，中国"一带一路"倡议、"两廊一圈"合作框架以及一系列沿边开发开放政策，赋予了东兴乃至一河之隔的芒街千载难逢的顶层设计。东兴、芒街山海相连，地理位置得天独厚，区位优势十分明显，巨大潜力尚未释放。两岸人民氛围友好，尤其是京族人民同宗共祖，语言相通、文化相通，双方发展、合作意愿强烈。如此"天时、地利、人和"的机遇，应牢牢把握。

要素流动重塑跨境旅游合作空间的内在机理与演化路径：

以中越边境地区为例

（一）利好政策较多

"一带一路"倡议表明了中国新一轮改革开放中与周边国家合作共赢的决心，而中国一东盟自由贸易区（CAFTA）也是推动中越从国家到民间关系发展的大潮，再追溯到中越十四年前提出的惠及86.9万平方公里"两廊一圈"合作框架，以及中国国务院同意建设广西防城港为边境旅游试验区的重大顶层设计，都为发展跨境旅游合作区提供了引领作用。利好政策较多，政策环境良好，东兴发展跨境旅游合作正当时。

（二）区位优势明显

广西地处中国南疆，连接东南亚，在中国与东盟国家交流的格局中享有得天独厚的便利。东兴一芒街海陆相连，地处北部湾，人民语言相通，民俗相通，往来友好，为开展区域合作、建设互联互通局面，提供了有利条件。

（三）过往流量巨大

当今社会的发展，离不开各种要素的流动，而各种"流量"的体量，很大程度上决定了一个地区的发展程度。中越人员往来密切，广西接待越南的游客量逐年上升，通过芒街口岸进入越南的中国游客也越来越多，形势不可谓不好。君子顺势而为，打好经营牌，在巨大流量的大势下，借势发展，释放巨大的消费潜力，其发展不可限量。

第四节 中越东兴一芒街跨境旅游合作发展对策

一、互信互惠，共赢共享

（一）加强双方高层互信

中越两国应当继续深化政治高层互信，增派各部门领导之间的互访。中国的"一带一路"和越南的"两廊一圈"规划重叠度很高，但是总体而言中越双方的合作进程推进依旧缓慢，主要原因在于双方在信任度、资金等方面的默契程度有所不够。通过增派各部门领导之间的互访，将合作的大政方针真正落到实处，同时解决实际存在的一些困难。

（二）成立组织协调机构

中越双方国家政府给予支持，成立中越跨境旅游合作区组织协调机构，为推进两国交流与合作、组织定期或不定期高层互访、制定跨境旅游合作相关法规、编制规划、建立旅游监察部门、组建旅游警察、共同办节办会、协调与分配利益起到一定的积极作用，促进东兴—芒街跨境旅游合作发展，为跨国旅游者提供制度保障。双方也可各自成立管理委员会，由双方交通、海关、公安、边防、检验检疫、口岸、旅游、商务等部门单位共同组成。双方管理委员会举行经常性会晤，建立通关查验配合机制、旅游信息交流机制、旅游服务质量合作保障机制等，为加快东兴—芒街旅游合作机制的建立和完善发挥应有的促进作用。

二、强化建设，提升能力

（一）提升支撑服务能力

东兴—芒街跨境旅游合作的发展需要提升其支撑能力。目前2016年竣工的中越北仑河二桥在一定程度上缓解了东兴与芒街过境交通压力，然而越南一侧的交通设施相对落后，以省道、国道为主，在与中国的交通干道对接过程中难免存在众多的不便利。未来，双方应该加强地方政府之间的磋商，合力改善越南一侧的交通设施，更好地开展交通线路对接。可以考虑双方共建跨境高铁，并改善公路状况，如加固路基、优化路面等；同时还要完善道路交通信息提示系统。同时应利用海域便捷条件开通邮轮服务以丰富旅游产品。酒店方面可考虑引导国际化高星级酒店品牌入驻。芒街当地美食特色鲜明，但品牌很少，可参考国际标准进行餐饮品牌培育。除此之外，东兴一侧办证大厅与口岸距离较远、来往交通设施不便利等问题也需尽快解决，尝试在口岸附近设立新的办证大厅，主要为外地游客服务，从而降低他们在边检事项上的不便利性。

探索推进东兴—芒街跨境旅游合作要提升的服务能力之一是语言服务能力。不论是在动态的旅游者与服务提供者之间的交流中，还是在静态的标识牌、导览图、全景导游图、宣传册内，旅游者能使用母语交流，由此产生的认同感，即老话说的"宾至如归"，会增加对旅游目的地的满意度。芒街的旅游从业人员能使用简单的普通话进行交流，少数人能使用粤语，但市内、海滩的交通或旅游标识牌、导览图很少有英文，更不用说用主要客源国——中国的中文进行标注了。东兴市旅游局在这方面做得稍微好一些，市内有三语导览图、标识牌，原旅游局的微信公众号有双语推文，工作人员也在学习越语。在这方面，东兴、芒街双方都有较大提升空间。

（二）打造跨境旅游品牌

旅游目的地的开发，离不开将旅游资源整合成旅游产品、将旅游产品打造成旅游品牌的过程。东兴沿边沿海的独特区位使其成为"21世纪海上丝绸之路"的重要节点，具备同时打造陆上与海上跨国旅游产品的有利条件。

可以预见，延伸中越自驾游的线路，扩大边境通行证的旅游范围，会产生巨大的旅游吸引力。比如，自2018年6月1日起，从中国桂林到越南的"海上桂林"——下龙湾的跨国自驾游的开启，必将给沿线城市南宁、东兴、芒街等，迎来大批中越游客，产生巨大的旅游乘数效应。东兴应顺势而为，优化旅游产品体系，在中越两国积极打造跨境旅游品牌，吸引游客在东兴"留得住、留得好"。

另外，东兴应进一步深化与加强中国广西北海—钦州—防城港—东兴（京岛）—越南（海防、下龙湾、顺化）的北部湾海上跨国旅游金三角线路的开发和合作，在"中华泰山号"邮轮开辟"最美东南亚旅游线路"的基础上，继续积极开发泛北部湾跨国邮轮旅游线（广西—越南—泰国—马来西亚—新加坡—印度尼西亚），将更多的国家、更丰富的旅游资源纳入其中，从而吸引更多的游客。

东兴市是中国长寿之乡，而芒街优美的自然环境、淳朴的民风也为打造康体养生旅游提供了一定的基础条件。打造同时具备跨境合作、资源环境、异域风情、人力资本等多重优势的康养旅游产品，能丰富东兴—芒街的跨境旅游合作发展格局。

三、转变思路，注重营销

除了视觉形象、宣传口号的设计之外，笔者认为东兴—芒街跨境旅游合作的发展应重视共同宣传，主要体现在以下两个方面。

（一）实施供给侧改革发展

供给侧改革的核心思想是，要根据用户需求来设计、提供产品，满足用户的差异化需求。跨境旅游合作发展中涉及的旅游景区、旅游线路应充分考虑联合开发、共同营销，在建设旅游目的地时同样有极大的必要性走自己的供给侧改革之路。

东兴要应景发展定制旅游、文化旅游和夕阳红旅游。进入全民旅游时代后，人民日益增长的美好生活需要和不平衡不充分的发展之间的矛盾，也表现在旅游者对多样化、个性化旅游产品的需求，与单一、普适性旅游产品之间的矛盾。从这个意义上来说，营销要注重4C的第一个要素——顾客，注重其个性化需求。故宫博物院若干年前开发出了"故宫文创"品牌，凭祥友谊关的大清邮局也打出了历史牌，提供纪念品及Cosplay服务，这些都是可以借鉴的案例。而"有钱又有闲"的长者人群，有其独特的品位，他们的需求应加以研究、把握，开发出相应的旅游产品，填补当前旅游市场的空白。

（二）借助大数据手段营销

发展跨境旅游的供给侧改革，需要借助前沿科技，精准营销。建议中越双方相关部门应从以下四方面着手：

1. 采集数据，画用户画像

移动支付、社交网络工具已经成熟，智慧景区的建设延伸了获取数据的触角。东兴市政府、旅发委应大力推动智慧旅游平台的建设，通过采集数据、分析数据，筛选出客户诉求，进行需求分层，针对不同群体、不同需求、不同背景、不同层次、不同目的的游客进行精准营销。

2. 捕捉热词，监测舆情

营销需要关注趋势、了解热点。笔者在第三章的分析中通过舆论热点、游客热词的分析，得出了媒体关注的原因、游客的主要诉求。美国电视剧

《纸牌屋》的制作甚至总统的竞选过程都采取了相关做法。东兴在开展跨境旅游合作的过程中可考虑与具备相应资质、能力的单位合作，从传统营销走向移动营销，利用最新、最热的营销工具，如微信、抖音等，进行舆情监测与引导，相信会得到令人满意的效果。

3. 办节办会，制造声势

2017年年底，凭祥市通过举办跨境水果论坛，成功为凭祥的跨境旅游制造声势。东兴市除了办好跨境旅游论坛、中越商贸旅游节之外，还可开发新的节庆、会议，可考虑以明星代言、知名人士形象代言的方式，制造声势。

4. 平台保障

在建设全域旅游示范区的过程中，开发旅游大数据平台亦可为此提供平台支持。此举必能为中越双方共同谋求跨境旅游合作区的发展，创造双赢局面。

第五章

边境旅游与边境贸易耦合发展

旅游兴边贸，边贸促旅游。边境旅游与边境贸易之间存在天然的耦合协调关系，两者的互动发展一直是众多边境口岸城市产业发展的重要模式，也是促进产业转型升级的重要路径。但是，耦合发展水平却普遍不高，多数情况下是边境贸易带动边境旅游，而边境旅游对于边境贸易的带动作用未充分发挥出来。因此，如何进一步深化各大口岸城市边境旅游与边境贸易的耦合发展是非常现实的问题。

第一节 边境旅游与边境贸易发展概述

广西东兴市属防城港市管辖，其作为我国唯一一个与越南海陆相连的国家一类口岸，发展边境旅游和边境贸易具备得天独厚的优势。随着中越跨境自驾游开通、口岸通关设施不断完善以及越南边境贸易政策的调整，其边境旅游和边境贸易均达到一个全新的高度。数据显示，2018年，东兴市接待游客1140.31万人次，实现旅游收入104.75亿元，从事互市贸易的边民达万人以上，小额贸易企业300多家，边民互市区的日交易额超4000万元。而每年中越（东兴一芒街）国际商贸·旅游博览会的成功举办，也昭示着其旅游与边贸互动协调发展的深度推进。2018年，东兴市出台《东兴市商贸文化旅游一体化试行方案》，进一步深化了旅游与边贸互动发展的长期战略。在此基础

要素流动重塑跨境旅游合作空间的内在机理与演化路径：

以中越边境地区为例

上，东兴市如何更好地利用机遇深化其边境旅游与边境贸易的耦合发展，是突破传统观光型边境旅游发展模式，实现边境旅游产业转型升级的全新路径，也是优化边境贸易发展的重要手段。

一、边境旅游发展概况

东兴市的边境旅游，始于20世纪90年代初。1991年，东兴被设立为国家一类口岸，1992年，经国家旅游局批准，东兴市开始开展边境旅游活动。三十余年来，随着政策支持力度的不断加大及东兴市自身的不断努力，其边境旅游取得巨大的发展成效，已逐步成为国家发展边境旅游的典范口岸城市。东兴市边境旅游的发展深受政策及重大事件的影响，自1992年以来，其边境旅游从无到有，逐步走向成熟。表5-1反映了自1992年以来影响东兴市边境旅游发展的重大事件：

表5-1 东兴市边境旅游发展重大影响事件汇总表 ^{①}

年份	重大影响事件
1992	国家旅游局批准东兴市开展边境旅游业务，并审批通过了东兴一芒街陆路边境旅游线路的打造，此为东兴市边境旅游发展的起始
2003	由东兴至越南下龙湾的海上跨国旅游线路开通，丰富了东兴市跨境旅游线路
2006	东兴市与芒街市签署《中国东兴市人民政府与越南芒街市人民委员会联合举办"中越边境商贸·旅游博览会"合作协议书》，确定了商贸旅游博览会的定期举办
2013	开始启动全国边境旅游异地办证业务，极大简化了出境游办理手续
2015	8月，东兴市与芒街市就跨境旅游合作区建设举行会晤，签署旅游发展合作备忘录；10月，国家旅游局启动跨境旅游合作区申报工作，东兴市被列为首批跨境旅游合作区建设单位
2016	东兴一芒街跨境自驾游开通，极大丰富了其边境旅游产品的内涵
2018	国务院批准防城港市边境旅游试验区建设，东兴市作为重要组成部分，边境旅游发展获得更多的政策支持，也得到更多的社会关注及投资
2019	中越"两国四地"黄金旅游线路启动，东兴市跨境旅游线路进一步拓展

① 根据防城港市人民政府门户网站（https://www.fcgs.gov.cn/），东兴市人民政府门户网站（https://www.dxzf.gov.cn/）等相关政策文件和新闻报道整理所得。

第五章

边境旅游与边境贸易耦合发展

当前，东兴市边境旅游发展正处于十分兴旺的"井喷"期，无论从旅游收入还是接待游客人次来看，都有着重大突破。2018年，东兴口岸年出入境游客达1219万人次；实现旅游收入104.75亿元，同比增长27.39%；接待游客1140.31万人次，同比增长21.15%。东兴口岸年出入境游客人数从2009年的386万人次增长至2018年的1219万人次，年均增长率为13.63%；旅游总收入从2009年的17.24亿元增长至2018年的104.75亿元，年均增长率为22.2%（见图5-1）。

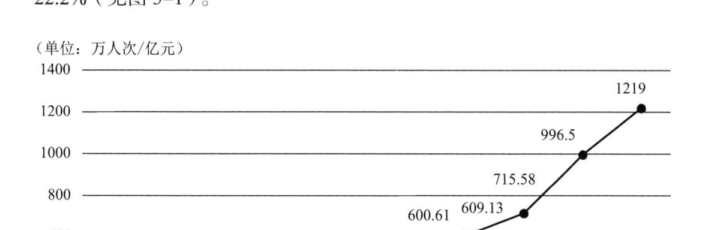

图5-1 2009—2018年东兴市全年口岸出入境游客人数(单位:万人次)和旅游总收入(单位:亿元)变化情况 ①

随着接待游客及出入境游客数量的不断增长，东兴市的边境旅游业务也在不断扩充。跨境旅游线路打造方面，东兴市联合越南芒街市共同建立了旅游线路拓展机制，正在积极打造桂林—东兴—芒街—下龙湾"两国四地"黄金旅游线路，跨境旅游线路的国际精品化进程正在不断推进；出入境业务手续方面，东兴市当地旅游部门开放了异地办证业务，使游客办理出入境手续

---

① 东兴市地方志编纂委员会.东兴年鉴（2009—2017）.南宁：广西人民出版社；东兴市政府工作报告（2009—2018）；东兴市人民政府门户网站，https://www.dxzf.gov.cn/.

仅需一张身份证，简单便捷，推出自助通关、扫描录入、职能验证台验放等便捷通关措施，极大缩短了通关时间，保障了通关安全性；为政举措方面，东兴市政府以"八大创新"驱动为引领，"六个联合"推进为重点，积极发展跨境全域旅游，产生较大社会和经济效益的同时，为东兴市跨境旅游发展营造了十分有利的市场环境。

二、边境贸易发展概况

东兴市的边境贸易属中越边境贸易的重要组成部分，最早始于清朝光绪年间，由于具备诸多先天优势，东兴边贸十分繁荣。中华人民共和国成立以来，由于中越关系的几度变化，东兴市边境贸易也受到一定的限制，但仍在缓慢发展。1991年，《中越联合公报》的签署结束了两国长期的对峙状态，东兴市的边境贸易也随之复苏，随着政策支持的不断推进，发展十分迅猛。表5-2所反映的是自1992年以来影响东兴市边境贸易发展的重大事件，可以从时间脉络上大体看出其边境贸易的发展历程：

表 5-2 东兴市边境贸易发展重大影响事件汇总表 ^{①}

年份	重大影响事件
1992	东兴被列为边境开放城镇，并成立东兴经济开发区，促进了边境贸易的复苏和繁荣
1993	成立东兴开发区，实施《东兴一芒街口岸（含边贸互市点）出入境人员管理的暂行办法》政策，推动其边境贸易的规范化发展
2001	伴随着西部大开发战略的实施，提出将东兴市建设成为国家重点开发开放试验区的设想，东兴边境贸易作用更为突出
2008	《广西北部湾经济区发展规划》实施，将东兴确定为五大组团之一，边境贸易进一步发展
2012	国家正式批复东兴重点实验区的建设实施方案，给予其边境贸易等支柱产业更多的优惠政策

当前，东兴市已经具备相当完整的边境贸易市场体系，边境贸易主要包

① 根据防城港市人民政府门户网站（https://www.fcgs.gov.cn/）、东兴市人民政府门户网站（https://www.dxzf.gov.cn/）等相关政策文件和新闻报道整理所得。

括边民互市贸易、边境小额贸易和一般贸易。其中，边民互市贸易所占比重最大。近十年来，东兴市边境贸易成交额由2009年的75.18亿元增长到2018年的242.34亿元，年均增长率为13.89%（见图5-2）。尽管期间有所起伏，但整体向着更高的程度发展。

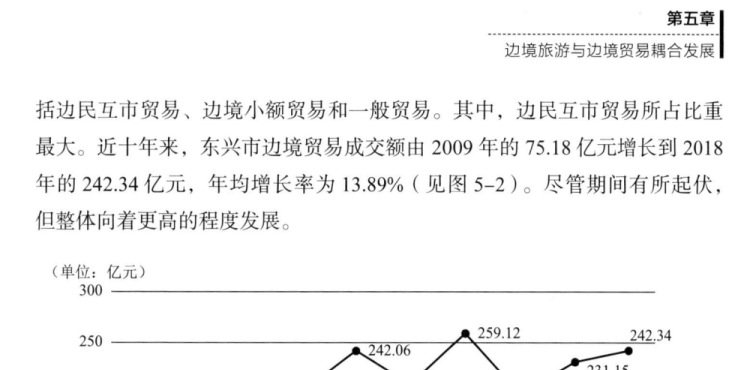

图5-2 2009—2018年东兴市全年边境贸易成交额变化情况^①

三、边境旅游与边境贸易互动发展

（一）萌芽阶段（1992—1997年）

从前文分析可以看出，现代意义上的东兴市边境旅游与边境贸易大体起步于20世纪90年代初期，以1992年为一个重要的时间节点，伴随着东兴经济开发区的成立，边境旅游也开始起步。早期，边境旅游相比于边境贸易的发展要相对缓慢，二者互动融合发展的趋势不明显，且因边境旅游存在很多管理上的不规范，完整的产业体系并未形成，直到1997年《边境旅游暂行管理办法》出台，边境旅游的发展才得以规范化，其产业形态开始初步形成。因此，1992—1997年萌芽阶段的重要特点表现为：边境贸易飞速发展带动

---

① 《东兴年鉴》（2009—2017），广西人民出版社；东兴市政府工作报告（2009—2018）；东兴市人民政府门户网站，https://www.dxzf.gov.cn/.

了东兴市整体社会经济的进步，边境旅游在政策优势及所依托城市社会经济发展的基础上开始起步；但是，两大产业间的互动融合发展趋势未充分显现，处于萌芽期。

（二）发展阶段（1997—2006年）

1997年，《边境旅游暂行管理办法》施行，边境旅游开始朝着更为规范化的方向发展。随着边境旅游规范化程度的不断提高，其产业形态也在逐步形成，边境旅游开始在东兴成为一个相对重要的产业。与此同时，边境旅游与边境贸易的互动融合发展开始由萌芽阶段过渡到初步发展阶段，两大产业间开始有了一定规模的协同促进。除了边境贸易大力带动边境旅游之外，边境旅游所产生的社会效益也开始反作用于边境贸易的发展。

（三）成熟阶段（2006—2015年）

2006年，两个具有代表性的事件标志着东兴市边境旅游与边境贸易的互动融合进入到一个相对成熟的阶段。一方面，《北部湾经济区发展规划》制定，使得东兴市的战略地位更为重要，外部的环境优势促使其内部产业体系的良性快速发展；另一方面，中越（东兴—芒街）国际商贸·旅游博览会开始举办，标志着两大产业互动融合发展的代表性产物形成。在此背景下，东兴市范围内反映二者互动融合发展的产品开始不断涌现，例如，2008年开始营业的坐落于口岸附近的万众批发城，可以说是目前满足边境旅游者购物消费的重要场所，也是两大产业互动融合发展的重要佐证。

（四）腾飞阶段（2015年后）

2015年，《国务院关于支持沿边重点地区开放开发若干政策措施的意见》颁布，国家层面对于边境地区的重视程度进一步提高。其中，文件特别强调要在有条件的边境口岸城市建设边境旅游试验区和跨境旅游合作区。"两区"建设的实施，为东兴市等边境口岸城市注入了更为充分的发展活力。2018年，国务院正式批准建设满洲里和防城港两个边境旅游试验区，也为东兴市发展边境旅游等产业带来更为有利的契机。边境贸易方面，随着结算方式信息化程度及通关便利化程度的不断提高，边境贸易也迎来更为有利的发展时期。从一系列情况来看，边境旅游与边境贸易的互动融合发展已经由成熟阶段向着腾飞阶段进一步迈进。

第二节 边境旅游与边境贸易耦合发展机理

一、耦合发展的内涵

耦合理论来源于物理学的研究，其指的是两个或多个系统在内部诸多要素相互作用的基础上，形成相互影响、相互促进的互动发展格局。Weick（1976）应用耦合理论对学校组织成员进行了相关研究，揭示了其中存在的互动关系。Vefier（1996）提出耦合是指两个或多个系统彼此作用、相互影响的现象。随着耦合理论的深度发展，应用性逐步加强，先后被学者们应用到社会学、经济学、管理学等诸多学科领域。John Hagel（2007）运用系统耦合理论，研究了国际经济环境与跨国公司发展的关系，认为二者之间存在显著的共生耦合机制。

根据产业耦合的研究成果，边境旅游与边境贸易耦合发展的内涵应当为产生边贸旅游这样一种全新的产业形态。但由于所处边境地区这样一种特殊空间场域，而且尤其是当前对边境旅游的概念界定尚不清晰，学者们对于边贸旅游的研究及概念界定则更是相对稀少，也尚未形成统一的认知。从已有的公开文献来看，"边贸旅游"一词多出现在相关学者对个别边境口岸城市的产业研究中，如何晓薇（2011）对丹东口岸特色边贸旅游产业的研究、李斌（2012）对黑河边贸旅游明星城的研究以及李怀清、迟松（2015）对满洲里口岸边贸旅游中卢布现钞兑换的研究。

基于此，本节将边境旅游与边境贸易耦合发展的内涵不仅归结为产生边贸旅游这样一种全新的产业形态，它更多的是通过要素流动，二者间所形成的一种相互协调、相互促进的"边境旅游—边境贸易"复合系统。在此产业发展系统下，不仅可以实现边境旅游和边境贸易的良性发展，亦可以促进边境地区其他产业间的互动发展，从而带动整个边境地区的社会经济发展。

二、耦合发展的互动机理

从我国边境地区的现实来看，边境贸易发展优于边境旅游，从20世纪90年代起，两大产业均进入一个全新的发展阶段。数十年来，两大产业相互借力、互动发展，共同成为东兴市社会经济发展最为支柱性的两大核心产业。其互动发展机理，从最初的边境贸易开展带动边境旅游，到边境旅游发展反作用于边境贸易，可以说二者的耦合发展系统已渐趋完备，未来将向着更为良性的方向发展。图5-3详细说明了两大产业间耦合的互动发展机理。

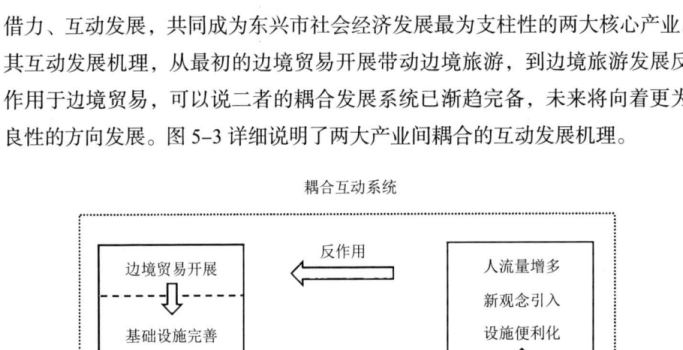

图5-3 边境旅游与边境贸易耦合互动机理

（一）开展边境贸易带动边境旅游

1. 基础设施完善为边境旅游起步提供条件

20世纪90年代初，中越边境贸易复苏，随后进入快速发展时期。边境贸易的开展，带动了东兴市当地基础设施建设的不断完善，便捷的交通设施、完备的住宿餐饮设施以及现代化的服务接待设施都在那一时期得到改善。而基础设施建设的不断完备，对相关服务业的兴起起到至关重要的作用，由此为边境地区边境旅游的发展提供了重要基础条件。

2. 社会经济繁荣为边境旅游发展提供支撑

自恢复边境贸易以来，东兴市一直坚持以贸促工、以贸兴业的发展思路，使得社会经济发展取得长足进步，也在很大程度上实践了"兴边富民"战略。据统计，东兴边民年人均纯收入由1988年的不足800元，提高到2005年的3287元，如今已趋近1万元。社会经济的不断繁荣，为边境旅游等服务业的发展提供了重要支撑。一方面，当地更多的人有能力参与到边境旅游的开展中，不断扩大边境旅游的规模，提高服务质量；另一方面，社会经济的繁荣使得全社会整体的投资建设能力有所提升，随着政策的放宽，更多的边境旅游产品得以迅速开发，助推边境旅游的不断发展。

3. 城市知名度提高为边境旅游腾飞提供动力

随着边境贸易所带来社会经济的蓬勃发展，东兴市的城市品牌知名度也在不断提高。当前，东兴市已荣获"中国最具竞争力百强县""中国最具海外影响力城市"及"中国电子商务百强县"等诸多称号。可以说，由边境贸易发展所带来的城市品牌优势，也在助推着其边境旅游的不断腾飞，使得东兴市成为海内外广大旅游者所向往的边境旅游胜地。

（二）边境旅游发展反作用于边境贸易

1. 人流量增多推动边贸市场的蓬勃发展

边境旅游发展对东兴市而言，所带来的最明显的变化便是人流量的不断激增。而人流量的增多，对于边贸市场的蓬勃发展意义重大。一方面，外来游客的增多对于边贸货物的需求量上升，使得边境贸易的规模不断扩大；另一方面，部分外来游客在游览过程中发现东兴市所存在的巨大商机，选择在此投资开展边贸生意。目前，东兴市范围内拥有为数众多的外省商会，是边境旅游发展推动边贸市场蓬勃发展的代表性产物。

2. 新观念引入推动边贸方式的优化升级

边境旅游发展所带来诸多新观念的引入，也在不断对边贸方式进行优化升级。以往发生在东兴范围内的中越边境贸易，主要是边民互市贸易，进出口商品包括农副产品及日用品，结算方式以现金结算为主。随着边境旅游发展所带来的全新观念，边境贸易方式在不断优化升级，表现在边境小额贸易的比例在不断扩大，进出口商品中工艺品等的比重在提高，结算方式也更多以电子结算为主。

3. 设施便利化推动边贸规模的不断扩大

边境旅游的发展，推动了东兴市范围内设施便利化水平的不断提升，重点包括通关便利化和结算便利化两个层面。尤其是2016年东兴—芒街中越跨境自驾游的开通以及2018年防城港市被列为首批边境旅游试验区，都将促进设施便利化水平的进一步提高。而设施便利化水平的提高，对于边境贸易规模的扩大影响深远。

三、耦合发展的动力机制

边境旅游与边境贸易的耦合是二者在边境地区的特殊场域下，多方因素相互作用，从而形成一个相互促进、相互渗透系统的过程，符合产业发展的客观规律。本节将边境旅游与边境贸易耦合发展的动力机制划分为四个层面，包括耦合基础、耦合拉动力、耦合支持力和耦合推动力（见图5-4）。

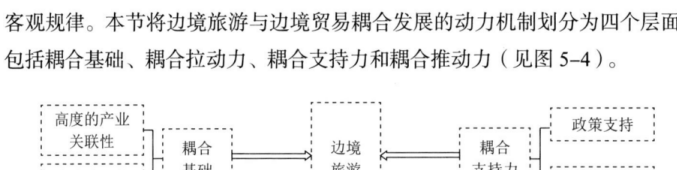

图5-4 边境旅游与边境贸易耦合发展动力机制

（一）耦合基础——关联度高及边境地区的特殊场域

1. 高度的产业关联性

前文已经提及，系统耦合有三个重要的表现特征，即相近性、互动性和促进性，具备这三个特性的系统可以更好地实现耦合发展。应用到产业耦合中，可以具体表现为两大产业各自具备较高的产业关联度，同时彼此之间亦高度关联。产业关联度高也意味着具备很强的产业渗透力，这在产业耦合过程中是十分重要的。

旅游业属现代服务行业的一部分，按照《国家旅游及相关产业统计分类（2018）》的划分，旅游业是指直接为游客提供出行、住宿、餐饮、游览等服务活动的集合。从一定意义上来看，与旅游业直接关联的行业有五六种，且联系十分密切，可以说是支撑旅游业得以发展的关键。因此，旅游业当属具有高度产业关联度的产业。边境旅游属于发生在边境地区的特殊旅游活动，其除了具备旅游业所应当具备的较高产业关联度特性之外，还体现着边境地区更为特殊的产业发展内涵。

边境贸易属国际贸易的一种，也当属现代服务业的范畴。国际贸易涉及更多的行业，如运输业、通信业、制造业等，可以说产业关联性也十分之高。同时，边境贸易作为多数边境口岸城市经济发展的支柱，在带动其他产业发展方面也发挥着巨大作用，这也要求其不断提高其产业关联性。

因此，正因为边境旅游和边境贸易均属于产业关联度极高的产业，且两者之间亦有高度关联，从而成为两大产业得以耦合发展的重要基础。两大产业的耦合发展会形成一个良性的系统，使二者充分发挥各自优势，迅速发展的同时，辐射带动更多的产业实现更大范畴的耦合发展。

2. 边境地区的特殊场域

场域概念，最早起源于19世纪中叶的物理学研究。一般而言，指的是在各种位置之间存在客观关系的一个网络或构型。边境地区，由于其政治、经济、文化等的特殊性，拥有着有别于其他地区的特殊空间场域类型，概括表现为易于变动的社会经济环境、相对单一的产业组织形态以及独立特殊的文化生态系统。

由于边境地区空间场域类型的特殊性，其社会经济、文化生态对于产业发展的依赖性十分之强。从历史发展来看，以往我国多数边境地区的产业类型以边境贸易为主，由边贸进而带动加工、物流、零售等产业的发展，可以说边境贸易是推动多数边境城市社会经济发展的支柱。

当前的时代是服务业快速发展的时代，旅游作为带动性很强的产业，在当前获得巨大的发展。随着国家对边境地区产业扶持力度的不断加大，以及边境旅游政策的不断放宽，边境旅游正在同边境贸易一起成为边境地区经济社会发展的重要支撑。在此背景下，二者的耦合发展也就成为边境地区特殊空间场域下产业协调发展十分重要的环节。

（二）耦合拉动力——市场需求的变化

近些年来，我国社会经济高速发展，旅游市场也在随之发生着翻天覆地的变化，随着大众消费能力的提升、消费偏好的改变，旅游者对于特色旅游项目的需求欲望也日益强烈。边境旅游已不仅限于满足人们简单的购物和猎奇心理，其体验性的重要程度正在逐步上升。而边境贸易作为边境地区最持久的支柱性产业，在当前时代也在积极寻求新的突破，与互联网、现代物流等产业的耦合发展也在不断推进，市场需求的变化驱动着边境贸易与边境旅游的良性耦合。

1. 消费能力的提升

改革开放以来，我国的社会经济取得40多年的高速发展，国家整体实力在不断增强，人民生活水平在不断改善，普通民众的消费能力也在不断提升。与此同时，随着国家"兴边富民"政策及"一带一路"倡议的推动实施，边境地区的社会经济正在获得突飞猛进的发展，边境居民也变得越来越富裕。

消费能力的提升，对旅游业的影响是巨大的，助推着旅游者有能力消费更为多样化的旅游项目。如此一来，以往在边境地区单一的观光购物已难以满足游客的需求，高层次的消费模式正在逐步普及。边境贸易和边境旅游的耦合发展，可以衍生出更为高端的旅游项目，对于满足游客日益提升的消费能力意义重大。

2. 消费偏好的改变

随着旅游者消费能力的提升，消费偏好也在悄然发生变化，主要表现在由以往单一的观光、购物，向着更为独立自主的参与、体验转变，消费偏好多样化趋势日益明显。大部分前往东兴市旅游亦或购物的旅游者，已不满足于寻求单一的出国感受，尽管这是边境旅游最吸引人的因素，但多数旅游者更期许多样化的体验性旅游项目，让旅游过程更为意义深远。从这个方面考虑，边境旅游需要突破以往的发展模式，与更多的产业类型融合发展，积极创新更为多样化的消费项目。因而，边境旅游与边境贸易的耦合发展，创新边贸旅游类型，是满足游客消费偏好十分重要的环节。

（三）耦合推动力——产业供给的变化

1. 供给主体的变化

主要体现在随着边境旅游的大发展，经营边境贸易的企业也开始考虑借助边境旅游的影响力实现业务的创新发展。两大产业相互交叉，创新出更为多样化的亮点和新意，实现两个产业的协同快速发展。同时，在企业经营过程中不断融合边境旅游与边境贸易的优势，制定发展战略，创新发展模式，实现二者的有机结合，这些因素都推动着两个产业耦合供给主体的产生。

2. 产品供给的变化

随着边贸旅游供给主体的产生及变化，边贸旅游产品也在不断发生变化。从实际调查可以了解，边贸旅游产品小到口岸附近简单的购物消费，大到整个东兴一芒街范围内的商贸·旅游博览会，各个层次的边贸旅游产品都在不断发生变化。未来，边境旅游与边境贸易应当展开更为深度的合作，边境贸易提供资源，边境旅游对其展开深度的挖掘和利用，开发出更为丰富多样的边贸旅游产品。

（四）耦合支持力——宏观环境的变化

1. 政策支持

国家层面，《国务院关于支持沿边重点地区开发开放若干政策措施的意见》（国发［2015］72号）指出：调整贸易结构，大力推进贸易方式转变；提升旅游开放水平，促进边境旅游繁荣发展；改革边境旅游管理制度，探索建设边境旅游试验区。2018年，国务院同意设立内蒙古满洲里和广西防城港边境旅游试验区，为边境旅游的发展提供了更为有利的契机，也为边境贸易与边境旅游的耦合发展创造更为有利的环境。

东兴市层面，其"十三五"规划中提出要大力实施"旅游+边贸"战略，具体表现在：利用游客在互市贸易区内购物享受8000元/人/天的免税额度等优惠政策，建成一批互市商品购物街和试验区免税商城，加快建设东兴边贸中心商贸街区、京街等一大批特色街区，打造商贸旅游融合发展的国际化旅游名城。

2. 资金流入

早在2011年，国务院办公厅即发布《兴边富民行动规划（2011—2015）》，加大对内蒙古、辽宁、吉林、黑龙江、广西、云南、西藏、甘肃、新疆9省区的政策支持、资金投入。"十二五"期间，大批的资金投入到边境地区，促进了其基础设施的进一步完善、产业发展的不断健全，边民生活质量也在显著提高。

广西位于中国与东南亚衔接的战略要地，随着中国一东盟自由贸易区、北部湾经济区建设的不断推进，广西的社会经济取得长足的发展。与此同时，跨境经济合作区、跨境旅游合作区等也在如火如荼地开展，广西境内的边境城市均取得很大的发展，资金的流入促进了基础设施建设的完善、产业发展的进步。

第三节 东兴市边境旅游与边境贸易耦合发展水平测度

本节主要从数据分析出发，选取东兴市2009—2018年边境旅游与边境贸易产业发展相关数据，研究两大产业耦合发展水平，预测未来的耦合发展趋势，并分析其耦合影响指标因素。

一、指标体系设计与数据处理

（一）指标体系设计原则

1. 科学性原则

从科学合理的角度出发，设计东兴市边境旅游与边境贸易综合发展及耦合水平指标体系。在此基础上，明确各指标体系所涉及的概念定义，保证模型设计精确合理。

2. 可操作性原则

在确保指标体系科学合理的基础上，还需考虑指标数据是否易于获取，且所得数据是否有效。在此，所需数据主要来源于东兴市统计年鉴、东兴市政府工作报告以及官方新闻报道。此外，在查找相关数据的过程中，发现有些数据在统计上有所缺失，为避免对最终研究结果造成影响，笔者对某些指标采取去除化处理，并对个别年份的缺失数据进行估计推算。

3. 主体性原则

将边境旅游与边境贸易这两大产业看作两个完整且有所交叉的系统，两大系统均涉及诸多要素指标。基于研究水平以及数据获取的难易，从中选择较为有代表性且相对易于获取的指标数据，尽可能保证研究成果的科学合理。

（二）指标体系的构建

依据指标体系设计的原则，结合东兴市边境旅游与边境贸易的开展情况，构建边境旅游与边境贸易综合发展指标体系。其中边境旅游产业发展水平包含两个一级指标，分别为边境旅游发展效益指标和边境旅游组成要素指标，具体如表 5-3 所示。

表 5-3 边境旅游产业发展水平评价指标体系表

目标层	一级指标	二级指标
边境旅游产业发展水平	边境旅游发展效益指标	旅游总收入
		国内旅游收入
		旅游外汇收入
		接待游客人次
	边境旅游组成要素指标	口岸出入境游客人次
		口岸出入境车辆车次
		国家 A 级旅游景区数量
		旅游星级饭店数量
		国际旅行社数量
		旅游厕所数量

边境贸易产业发展水平包含两个一级指标，分别为边境贸易发展效益指标和边境贸易组成要素指标，具体如表 5-4 所示。

表 5-4 边境贸易产业发展水平评价指标体系表

目标层	一级指标	二级指标
边境贸易产业发展水平	边境贸易发展效益指标	边境贸易成交额
		边境小额贸易进出口成交额
		边民互市贸易成交额
		边境贸易税收总额
	边境贸易组成要素指标	进出境货物总量
		跨境贸易人民币结算金额
		个人跨境贸易人民币结算金额
		电子商务企业数量
		电子商务交易额
		海关申报互市贸易边民人次

因考虑指标体系设计的合理性以及数据的可获取性，需要对指标体系进行相关说明。一级指标层面，从发展效益和组成要素两个方面加以考虑，可以大致归结为整体与部分的关系，且部分对整体有着一定的作用效果。

边境旅游发展效益指标包含四个二级指标，分别为旅游总收入、国内旅游收入、旅游外汇收入和接待游客人次。本章写作的理论起点在于将东兴市的旅游活动均归结为边境旅游活动，包含出境和不出境两类。因此，用东兴市的旅游收入和接待游客人次度量其边境旅游发展效益是十分合理的。同时，旅游总收入又进一步划分为国内旅游收入和旅游外汇收入两类，用于区分东兴市的游客来源，并进一步探究其边境旅游的国际化程度。

边境旅游组成要素指标包含六个二级指标，分别为口岸出入境游客人次、口岸出入境车辆车次、国家 A 级旅游景区数量、旅游星级饭店数量、国际旅行社数量和旅游厕所数量。口岸出入境情况是衡量边境旅游发展的重要组成因素，尤其在东兴市开通跨境自驾游之后。这也源于多数的边境旅游活动均发生在边境线附近，或更具体而言发生在口岸附近范围，不论出境与否。而国家A级旅游景区数量决定了整个东兴市的旅游资源开发水平，旅游星级饭店数量、国际旅行社数量和旅游厕所数量决定其旅游接待能力的高低，这些均是十分重要的组成因素。

边境贸易发展效益指标包含四个二级指标，分别为边境贸易成交额、边境小额贸易进出口成交额、边民互市贸易成交额和边境贸易税收总额。从东兴市边境贸易的现实情况出发，其主要包含一般贸易、边境小额贸易和边民互市贸易三种类型，而以边境小额贸易和边民互市贸易为主。因此，本章选取边境贸易成交额、边境小额贸易进出口成交额和边民互市贸易成交额以及边境贸易税收总额来度量其边境贸易的发展效益。

边境贸易组成要素指标包含六个二级指标，分别为进出境货物总量、跨境贸易人民币结算金额、个人跨境贸易人民币结算金额、电子商务企业数量、电子商务交易额和海关申报互市贸易边民人次。首先，进出境货物总量和海关申报互市贸易边民人次从物和人两个层面推动边境贸易的发展，也是边境贸易发展最为关键的两个要素。其次，跨境贸易人民币结算金额、个人跨境贸易人民币结算金额、电子商务企业数量及电子商务交易额，反映在边境贸易发生过程中，人民币结算流畅度的不断提升，电子商务的不断普及应用，对于边境贸易的开展影响很大。

（三）数据整理及来源说明

关于本章所涉及的经济指标数据，主要来源于《东兴年鉴》（2009—2017）、东兴市政府工作报告（2009—2018）、东兴市人民政府门户网站等。具体的指标数据情况如表5-5所示。

要素流动重塑跨境旅游合作空间的内在机理与演化路径：

以中越边境地区为例

表 5-5 2009—2018 年东兴市边境旅游与边境贸易产业指标数据详情表 ^{①}

指标	2009 年	2010 年	2011 年	2012 年	2013 年	2014 年	2015 年	2016 年	2017 年	2018 年
旅游总收入/亿元	17.24	25.79	30.43	35.79	29.6	40.45	48.17	64.85	76.34	104.75
国内旅游收入/亿元	15.72	24.06	28.39	34.59	28.07	38.35	47.40	62.47	73.54	101.93
旅游外汇收入/万美元	1201.33	1364.09	1609.63	1905.8	2458	3418.64	3468.47	3580	4320.11	4104.8
接待游客人次/万人次	128.69	213.24	389.09	477.80	453.50	602	671.10	753	997	1140.31
口岸出入境游客人次/万人次	386	353.21	321.06	374.68	442.50	600.61	609.13	715.58	996.50	1219
口岸出入境车辆车次	19325	19204	20135	20878	20958	22663	24000	35895	36000	37105
国家A级旅游景区数量	4	4	4	4	4	4	4	5	5	5
旅游星级饭店数量	4	5	7	7	8	9	14	16	21	24
国际旅行社数量	8	10	11	13	16	21	29	30	32	36
旅游厕所数量	3	3	4	4	5	7	10	18	31	35
边境贸易成交额/亿元	75.18	111.58	142.62	201.90	242.06	209	259.12	199.86	231.15	242.34

① 《东兴年鉴》(2009—2017），广西人民出版社；东兴市政府工作报告（2009—2018）；东兴市人民政府门户网站（https://www.dxzf.gov.cn/）等。

续表

指标	2009 年	2010 年	2011 年	2012 年	2013 年	2014 年	2015 年	2016 年	2017 年	2018 年
边境小额贸易进出口成交额/亿元	26.47	47.08	47.33	35.91	46.56	64.25	84.12	80.43	87.59	85.27
边民互市贸易成交额/亿元	48.71	64.50	95.29	156.33	128.83	143	192.79	116.24	143.56	153.02
边境贸易税收总额/万元	1705.80	2204.35	2503.10	3231.06	4345.13	6483.22	9171	11675.02	13552	15223.15
进出境货物/万吨	17.20	21.04	19.35	22.62	20.81	23.24	28.25	40.31	38	42.10
跨境贸易人民币结算金额/亿元	112.20	145.30	198.40	231.20	146.44	245.22	259.93	282.70	362.40	415.50
个人跨境贸易人民币结算金额/亿元	46.30	75.30	98.20	132.86	85.10	142.50	117.99	136.28	264.80	327.80
电子商务企业数量	112	145	234	325	521	912	1905	2341	2511	2626
电子商务交易额/亿元	1.20	1.98	2.24	3.22	4.60	7.20	16.70	22.28	29.10	30.50
海关申报互市贸易边民人次/万人次	67	71.50	72	82.40	96	143	178	284	345	362.40

二、耦合水平测度

经过指标设定，接下来需要对其耦合水平进行测度，本节采取的测度思路为：首先，分析出两大产业各自的综合发展水平，然后运用 SPSS 相关性检验，确定两大产业内相关指标间的相关性，继而引入产业耦合评价模型，测度其耦合水平。

（一）综合发展水平分析

1. 综合发展水平评价模型引入

评价东兴市边境旅游与边境贸易综合发展水平，本章采取较为普遍的评测方法——熵值法，进行相关运算及检验。熵值法是一种判断系统中指标离散程度的数学方法。离散程度大，则表示对综合评价结果的影响大；反之，则表示对综合评价结果的影响小。具体步骤如下：

步骤一：构建初始数据矩阵

根据表 5-3 和表 5-4 的指标设计，以及表 5-5 的指标数据说明，确定初始数据矩阵包括 10 个年份，20 项指标。因此，初始数据矩阵构建如下：

$$X = (X_{ij})_{m \times n} \tag{5-1}$$

其中，X_{ij} 表示第 i 年东兴市边境旅游产业或边境贸易产业第 j 项的指标值，$i = 1, 2, 3, \cdots, 10$，$j = 1, 2, 3, \cdots, 20$

步骤二：指标标准化处理

从表 5-5 指标数据说明可以看出，所选取各项指标的计量单位是不一致的，假若直接计算，会对最后的结果产生不利影响，因此，在运用这些指标进行综合发展水平评价前，先要对它们进行标准化处理，亦称异质指标同质化处理，即为将指标的绝对值转化为相对值。此外，为有效避免求熵值过程中会出现无意义的情况，还需要对数据进行非负化处理，公式如下：

$$u_{ij} = \begin{cases} \dfrac{X_{ij} - \min(X_j)}{\max(X_j) - \min(X_j)} + 0.01, u_{ij} \text{为正向指标} \\ \dfrac{\max(X_j) - X_{ij}}{\max(X_j) - \min(X_j)} + 0.01, u_{ij} \text{为负向指标} \end{cases} \tag{5-2}$$

其中，U_{ij} 表示第 i 个系统的第 j 个指标，数值是 X_{ij}；$\min(X_j)$ 代表第 j 项指标中的最小值，$\max(X_j)$ 代表第 j 项指标当中的最大值。

步骤三：计算第 j 项指标中第 i 年所占的比重

$$P_{ij} = \frac{X_{ij}}{\sum_{i=1}^{m} X_{ij}} (j = 1, 2, ..., n) \tag{5-3}$$

步骤四：计算第 j 项指标的熵值

$$e_j = -k * \sum_{i=1}^{m} P_{ij} \ln(P_{ij}) \tag{5-4}$$

其中，$K > 0$，ln 为自然对数，$e_j \geq 0$。式中，常数 k 与年份 m 有关，一般使 $k=1/\ln m$，m 的取值为比较年份数，则 $0 \leq e \leq 1$。

步骤五：计算第 j 项指标的差异系数

对于第 j 项指标而言，指标值的差异越大，则对于综合评价的左右程度越大，即离散程度越高，熵值也越小。公式如下：

$$g_i = 1 - e_j \tag{5-5}$$

其中，g_j 越大，指标越重要，对于综合评价的作用也越大。

步骤六：求各指标的权值

$$W_j = \frac{g_j}{\sum_{j=1}^{n} g_j}, j = 1, 2, ..., n \tag{5-6}$$

步骤七：计算各年份边境旅游或边境贸易产业发展水平的综合得分

$$U_i = \sum_{j=1}^{n} W_j * U_{ij}, i = 1, 2, ..., m \tag{5-7}$$

2. 综合评价及结果分析

（1）综合发展水平评价指标权重。

按照本章第二节综合发展水平模型的计算方法，将表 5-5 中的数据代入到公式 5-3、5-4、5-5、5-6 中，计算得出东兴市边境旅游和边境贸易产业发展水平各评价指标的权重，如表 5-6 所示。

要素流动重塑跨境旅游合作空间的内在机理与演化路径：

以中越边境地区为例

表 5-6 东兴市边境旅游和边境贸易各二级评价指标权重表

目标层	一级指标	二级指标	权重
边境旅游产业发展水平	边境旅游发展效益指标	旅游总收入	0.0934
		国内旅游收入	0.0942
		旅游外汇收入	0.0879
		接待游客人次	0.0943
		口岸出入境游客人次	0.0897
		口岸出入境车辆车次	0.0823
	边境旅游组成要素指标	国家 A 级旅游景区数量	0.0788
		旅游星级饭店数量	0.1659
		国际旅行社数量	0.0913
		旅游厕所数量	0.1224
边境贸易产业发展水平	边境贸易发展效益指标	边境贸易成交额	0.0861
		边境小额贸易进出口成交额	0.0876
		边民互市贸易成交额	0.0872
		边境贸易税收总额	0.1072
		进出境货物总量	0.0858
		跨境贸易人民币结算金额	0.0883
	边境贸易组成要素指标	个人跨境贸易人民币结算金额	0.0975
		电子商务企业数量	0.1262
		电子商务交易额	0.1305
		海关申报互市贸易边民人次	0.1035

从所得各指标权重结果来看，边境旅游产业发展层面：国内旅游收入和接待游客人次是评价边境旅游发展效益相对重要的两项因素，其重要程度高于旅游总收入和旅游外汇收入；旅游星级饭店数量、国际旅行社数量和旅游厕所数量是评价边境旅游组成要素相对重要的三项因素，其重要程度高于口

岸出入境游客人次、口岸出入境车辆车次和国家A级旅游景区数量。

边境贸易产业发展层面：边境小额贸易进出口成交额和边境贸易税收总额是评价边境贸易发展效益相对重要的两项因素，其重要程度高于边境贸易成交额和边民互市贸易成交额；电子商务企业数量、电子商务交易额和海关申报互市贸易边民人次是评价边境贸易组成要素相对重要的三项因素，其重要程度高于进出境货物总量、跨境贸易人民币结算金额和个人跨境贸易人民币结算金额。

（2）边境旅游发展水平综合评价。

根据上一小节的计算结果及公式5-7，计算出2009—2018年东兴市边境旅游产业发展水平的得分情况，在此之前需对原始数据进行标准化处理。计算得出东兴市边境旅游产业发展水平得分情况如表5-7所示。

表5-7 2009—2018年东兴市边境旅游产业发展水平综合得分及一级指标得分表

指标	2009年	2010年	2011年	2012年	2013年	2014年	2015年	2016年	2017年	2018年
边境旅游产业发展水平综合得分	0.0170	0.0587	0.1165	0.1609	0.1895	0.3091	0.4210	0.6607	0.8550	1.004
边境旅游产业发展效益综合得分	0.0037	0.0344	0.0674	0.0965	0.0961	0.1598	0.1858	0.2308	0.2988	0.3674
边境旅游产业组成要素综合得分	0.0133	0.0243	0.0491	0.0644	0.0934	0.1493	0.2352	0.4299	0.5562	0.6366

根据表5-7东兴市边境旅游产业发展水平综合得分情况数据，绘制了2009—2018年东兴市边境旅游产业综合发展水平变化趋势图（见图5-5）。

要素流动重塑跨境旅游合作空间的内在机理与演化路径：以中越边境地区为例

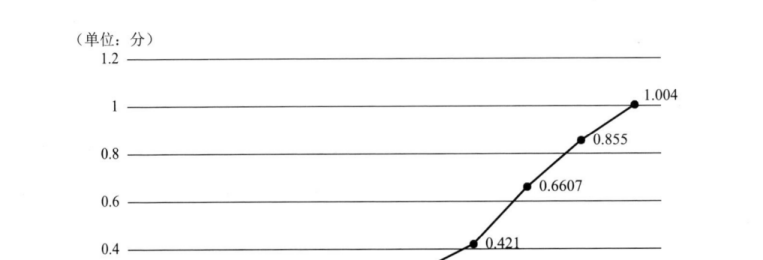

图 5-5 2009—2018 年东兴市边境旅游产业综合发展水平变化趋势

从表 5-8 东兴市边境旅游产业发展综合得分和图 5-6 东兴市边境旅游产业综合发展水平变化趋势可以分析并得到如下结论：

第一，2009—2018 年，东兴市的边境旅游产业综合发展水平是在不断提高的，这与现实所看到的东兴市边境旅游情况也比较吻合。

第二，从变化趋势图可以看出，2009—2018 年东兴市边境旅游产业综合发展大致经历了三个阶段：2009—2013 年的平稳增长期、2013—2015 年的较快增长期和 2015—2018 年的快速增长期。

（3）边境贸易发展水平综合评价。

根据上一小节的计算结果及公式 5-7，计算出 2009—2018 年东兴市边境贸易产业发展水平的得分情况，具体见表 5-8 所示。

表 5-8 2009—2018 年东兴市边境贸易产业发展水平综合得分及一级指标得分表

指标	2009 年	2010 年	2011 年	2012 年	2013 年	2014 年	2015 年	2016 年	2017 年	2018 年
边境贸易产业发展水平综合得分	0.0100	0.1151	0.2056	0.2992	0.2943	0.4362	0.6709	0.7293	0.9135	1.0070

第五章

边境旅游与边境贸易耦合发展

续表

指标	2009年	2010年	2011年	2012年	2013年	2014年	2015年	2016年	2017年	2018年
边境贸易产业发展效益综合得分	0.0037	0.0691	0.1190	0.1845	0.2063	0.2435	0.3607	0.2808	0.3449	0.3685
边境贸易产业组成要素综合得分	0.0063	0.0460	0.0866	0.1147	0.0880	0.1927	0.3102	0.4485	0.5686	0.6385

根据表5-8东兴市边境贸易产业发展水平综合得分情况数据，绘制2009—2018年东兴市边境贸易产业综合发展水平变化趋势图，如图5-6所示。

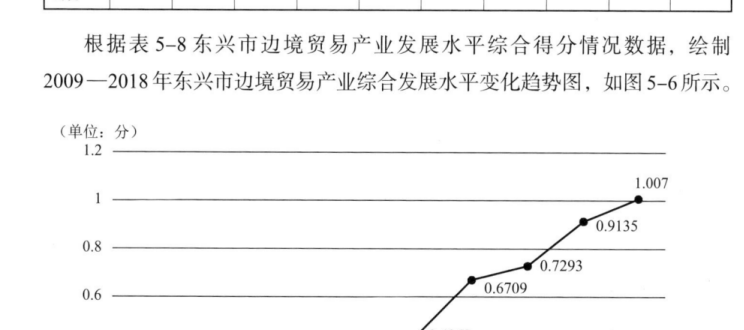

图5-6 2009—2018年东兴市边境贸易产业综合发展水平变化趋势图

从表5-8东兴市边境贸易产业发展综合得分和图5-6东兴市边境贸易产业综合发展水平变化趋势可以分析出如下两点结论：

第一，2009—2018年，东兴市的边境贸易产业综合发展水平是在不断提高的，这与现实所看到的东兴市边境贸易情况也比较吻合。

第二，从综合发展水平变化趋势图可以看出，2009—2018年东兴市边境贸易产业发展大致经历三个阶段：2009—2012年的平稳增长期、2012—2014年的波动增长期和2014—2018年的快速增长期。

（二）相关性分析

本章从实际出发，认为东兴市边境旅游产业与边境贸易产业之间存在内在互动关系，是一种相互促进发展的过程。但是否准确，需要对相关数据进行进一步的检验，在此，引入相关性分析，对边境旅游产业发展水平综合得分和边境贸易产业发展水平综合得分、边境旅游产业发展效益综合得分和边境贸易产业发展效益综合得分、边境旅游产业组成要素综合得分和边境贸易产业组成要素综合得分这三组数据进行相关性检验，具体操作借助SPSS 19.0软件来完成。为方便处理，四组数据分别设定为X1（边境旅游产业发展水平综合得分）、X2（边境贸易产业发展水平综合得分）、X3（边境旅游产业发展效益综合得分）、X4（边境贸易产业发展效益综合得分）、X5（边境旅游产业组成要素综合得分）、X6（边境贸易产业组成要素综合得分），具体数据如表5-9所示：

表5-9 相关性检验所需数据表

指标		2009年	2010年	2011年	2012年	2013年	2014年	2015年	2016年	2017年	2018年
第一组	X1	0.0170	0.0587	0.1165	0.1609	0.1895	0.3091	0.4210	0.6607	0.8550	1.0040
	X2	0.0100	0.1151	0.2056	0.2992	0.2943	0.4362	0.6709	0.7293	0.9135	1.0070
第二组	X3	0.0037	0.0344	0.0674	0.0965	0.0961	0.1598	0.1858	0.2308	0.2988	0.3674
	X4	0.0037	0.0691	0.1190	0.1845	0.2063	0.2435	0.3607	0.2808	0.3449	0.3685
第三组	X5	0.0133	0.0243	0.0491	0.0644	0.0934	0.1493	0.2352	0.4299	0.5562	0.6366
	X6	0.0063	0.0460	0.0866	0.1147	0.0880	0.1927	0.3102	0.4485	0.5686	0.6385

具体的操作流程按照SPSS 19.0相关性分析的通用步骤，分析结果如表5-10、表5-11、表5-12所示。

第五章

边境旅游与边境贸易耦合发展

表 5-10 边境旅游产业发展水平综合得分（X1）与边境贸易产业发展水平综合得分（X2）相关性分析结果表

		X1	**X2**
	Pearson 相关性	1	0.977^{**}
X1	显著性（双侧）		0.000
	N	10	10
	Pearson 相关性	0.977^{**}	1
X2	显著性（双侧）	0.000	
	N	10	10

**. 在 .01 水平（双侧）上显著相关。

表 5-11 边境旅游产业发展效益综合得分（X3）与边境贸易产业发展效益综合得分（X4）相关性分析结果表

		X3	X4
	Pearson 相关性	1	0.909^{**}
X3	显著性（双侧）		0.000
	N	10	10
	Pearson 相关性	0.909^{**}	1
X4	显著性（双侧）	0.000	
	N	10	10

**. 在 .01 水平（双侧）上显著相关。

表 5-12 边境旅游产业组成要素综合得分（X5）与边境贸易产业组成要素综合得分（X6）相关性分析结果表

		X5	**X6**
	Pearson 相关性	1	0.994^{**}
X5	显著性（双侧）		0.000
	N	10	10

续表

		X5	X6
	Pearson 相关性	0.994^{**}	1
X6	显著性（双侧）	0.000	
	N	10	10

**. 在 .01 水平（双侧）上显著相关。

从上面三个表可以看出，第一组数据边境旅游产业发展水平综合得分与边境贸易产业发展水平综合得分的相关系数为 0.977，P 值为 $0.004 < 0.01$，说明两者间存在显著的相关关系；第二组数据边境旅游产业发展效益综合得分与边境贸易产业发展效益综合得分的相关系数为 0.998，P 值为 $0.000 < 0.01$，说明两者间存在显著的相关关系；第三组数据边境旅游产业组成要素与边境贸易产业组成要素的相关系数为 0.994，P 值为 $0.000 < 0.01$，说明二者之间存在显著的相关关系。

综合分析，2009—2018年，东兴市边境旅游产业发展水平综合得分、发展效益综合得分、组成要素综合得分同边境贸易产业发展水平综合得分、发展效益综合得分、组成要素综合得分间存在显著的相关关系，表明其边境旅游与边境贸易之间是存在内在协同促进作用。为进一步研究其相互促进的关系及不同阶段的不同表现，本章进一步引入产业耦合评价模型加以深入研究。

（三）耦合水平分析

1. 产业耦合评价模型引入

（1）耦合度分析。

本章运用物理学中耦合度模型对东兴市边境旅游产业和边境贸易产业的耦合程度进行计算。耦合度模型的原始计算公式如下：

$$C_n = \left\{ (U_1 \cdot U_2 \cdots U_n) / \left[\prod (U_i + U_j) \right] \right\}^{1/n} \qquad (5\text{-}8)$$

应用到本章，仅有边境旅游产业和边境贸易产业两个指标，由上述公式可推导得出边境旅游产业和边境贸易产业的耦合度公式，如下：

$$C = \sqrt{F(x) \cdot G(y) / \left[(F(x) + G(y)) \cdot (F(x) + G(y))\right]}$$
(5-9)

其中，C 为边境旅游产业和边境贸易产业两个系统间的耦合度，用以初步度量其产业耦合程度；$F(x)$ 为边境旅游产业综合评价指数；$G(y)$ 为边境贸易产业综合评价指数。

一般而言，耦合度 C 的取值范围为 $[0, 1]$，按照大部分文献的研究成果，得出较为广泛的耦合指数等级区间，如表 5-13 所示。

表 5-13 边境旅游与边境贸易耦合指数等级区间划分表

耦合度 C	$[0, 0.3]$	$[0.3, 0.5]$	$[0.5, 0.8]$	$[0.8, 1]$
耦合等级	萌芽阶段	磨合阶段	稳定阶段	高水平耦合

（2）耦合协调度分析。

一般而言，应用耦合度仅能计算出两系统相互联系的程度，但是体现不出两系统的协调发展。很多情况下，两个系统的耦合度很高，但是协调度却很低，因此，本章还需要用耦合协调度来进一步度量东兴市边境旅游产业和边境贸易产业耦合发展的情况。

在计算耦合协调度之前，先需要计算出综合协调指数，用以描述边境旅游产业与边境贸易产业整体发展水平对耦合协调度的贡献程度。具体的计算公式为：

$$T = \alpha F(x) + \beta G(y)$$
(5-10)

其中，T 为综合协调指数；α 和 β 为待定系数，此处参照众多学者的取值方法，将二者数值定为 0.5。

然后，计算边境旅游产业和边境贸易产业的耦合协调度，具体的计算公式为：

$$D = \sqrt{C \cdot T}$$
(5-11)

其中，D 代表耦合协调度；C 代表耦合度；T 代表综合协调指数。根据公式，耦合协调度与两大产业协调发展效果成正比，分值越高，则其协调发展的效应越好；反之，则其协调发展的效应越差。参照众多关于产业耦合发展的文献，得出较为广泛耦合协调度划分标准，如表 5-14 所示。

表 5-14 边境旅游产业与边境贸易产业耦合协调度的划分标准表

耦合协调度 D	[0, 0.1]	[0.1, 0.2]	[0.2, 0.3]	[0.3, 0.4]	[0.4, 0.5]	[0.5, 0.6]	[0.6, 0.7]	[0.7, 0.8]	[0.8, 0.9]	[0.9, 1]
耦合协调等级	极度失调	严重失调	中度失调	轻度失调	濒临失调	勉强失调	初级协调	中级协调	良好协调	优质协调
耦合协调水平	低水平耦合协调			中等水平耦合协调				高水平耦合协调		

（3）同步性分析。

通过耦合度和耦合协调度分析，可以很好地度量边境旅游产业与边境贸易产业之间的关系紧密程度以及协调发展程度，但是对于二者之间的相对关系，无法很好地说明。源于此，引入同步性分析，衡量两大产业在不同年份的相对关系。同步性用 P 来表示，具体计算公式如下：

$$P = \frac{F(\mathrm{x})}{G(\mathrm{y})} \qquad (5\text{-}12)$$

其中，P 代表同步性，$F(x)$ 代表边境旅游产业发展水平综合得分，$G(y)$ 代表边境贸易产业发展水平综合得分。

之后，根据运算所得 P 值的大小，对两者的同步类型进行区分，具体的类型划分如表 5-15 所示。

表 5-15 边境旅游产业与边境贸易产业同步类型评价表

同步性 P ($F(x)$ / $G(y)$)	$P < 0.9$	$0.9 \leqslant P \leqslant 1.1$	$P > 1.1$
同步类型	边境旅游滞后型	同步发展型	边境贸易滞后型

2. 耦合评价及结果分析

根据表 5-7 边境旅游产业发展水平综合得分表、表 5-8 边境贸易产业发展水平综合得分表以公式 5-8 至 5-14，计算出东兴市边境旅游和边境贸易产业耦合度、耦合协调度及同步性，从而进一步分析两大产业间的耦合发展情况（见表5-16）。

表5-16 2009—2018年东兴市边境旅游与边境贸易产业耦合情况分析表

年份	边境旅游产业发展水平综合得分 $F(x)$	边境贸易产业发展水平综合得分 $G(y)$	耦合度 C	耦合发展水平	耦合协调度 D	耦合协调水平	同步性 p	同步类型
2009	0.017	0.01	0.4829	磨合阶段	0.0807	低水平耦合协调	1.7000	边境贸易滞后型
2010	0.0587	0.1151	0.4729	磨合阶段	0.2027	低水平耦合协调	0.5100	边境旅游滞后型
2011	0.1165	0.2056	0.4805	磨合阶段	0.2786	低水平耦合协调	0.5666	边境旅游滞后型
2012	0.1609	0.2992	0.4923	磨合阶段	0.3099	低水平耦合协调	0.5378	边境旅游滞后型
2013	0.1895	0.2943	0.4881	磨合阶段	0.3436	低水平耦合协调	0.6439	边境旅游滞后型
2014	0.3091	0.4362	0.4927	磨合阶段	0.4285	中等水平耦合协调	0.7086	边境旅游滞后型
2015	0.4210	0.6709	0.4867	磨合阶段	0.5155	中等水平耦合协调	0.6275	边境旅游滞后型
2016	0.6607	0.7293	0.4994	磨合阶段	0.5891	中等水平耦合协调	0.9059	同步发展型
2017	0.855	0.9135	0.4997	磨合阶段	0.6647	中等水平耦合协调	0.9360	同步发展型
2018	1.004	1.007	0.5000	稳定阶段	0.7090	高水平耦合协调	0.9970	同步发展型

依据上表，绘制东兴市边境旅游与边境贸易耦合度与耦合协调度变化情况图（见图5-7），可以看出，2009—2018年其两大产业的耦合协调水平经历了从低水平到中等水平的过渡，在2018年初步进入高水平耦合协调阶段。耦合发展大致划分为三个阶段：低水平耦合协调（2013年之前）、中等水平耦合协调（2014—2017年）和高水平耦合协调（2018年之后）。从二者发展

的同步性来看，边境旅游产业相对滞后于边境贸易产业，二者在三年来逐步达到同步发展的程度，也进一步说明边境贸易对边境旅游的产业带动作用正逐步凸现出来。

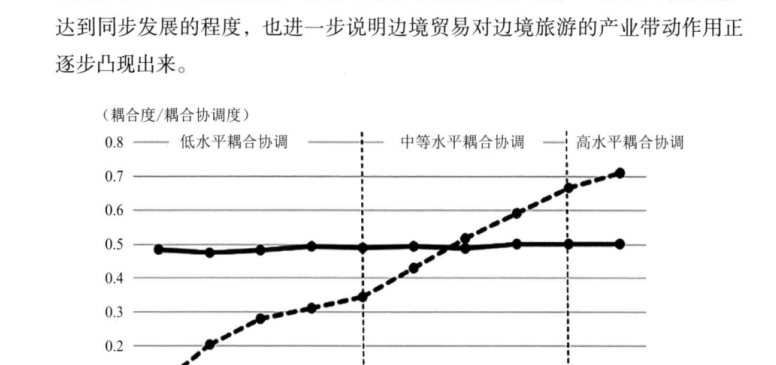

图 5-7 东兴市边境旅游与边境贸易耦合度与耦合协调度变化情况

根据耦合发展及同步性发展规律，本章认为当前东兴市两大产业的耦合协调水平初步进入到高水平耦合协调阶段，未来将向着更高水平的耦合协调水平发展；同步类型方面，当前处于同步发展期，未来随着边境旅游的大发展，将形成边境贸易滞后的同步类型，边境旅游对边境贸易的带动作用将持续显现，其演化趋势如图 5-8 所示。

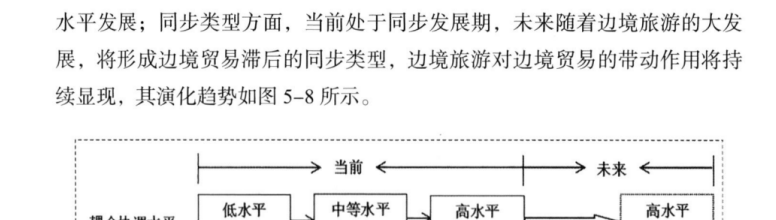

图 5-8 东兴市边境旅游与边境贸易耦合发展演化趋势

三、耦合影响因素分析

通过前文的分析，明确了东兴市边境旅游与边境贸易的产业耦合趋势及不同年份的耦合情况，但对于所设十二个组成要素指标对于耦合情况的影响程度大小却并未得知。基于此，本章进一步引入灰色关联分析模型，用于研究各指标对于耦合情况的影响程度大小，以及不同年份的变化趋势。

（一）灰色关联分析模型引入

灰色关联分析属于灰色系统理论的一部分，作为一种有效分析系统各因素关联程度的研究方法，受到学者的广泛采纳。其中，各个因素随着时间或不同研究对象所发生变化关联性大小的度量，被称为灰色关联度。具体计算步骤如下：

步骤一：确定所研究对象的参考序列和比较序列

反映系统行为特征的称之为参考序列（又称母序列），用 $X_0(K)$ 来表示，$X_0(K) = \{X_0(1), X_0(2), ..., X_0(n)\}$；影响系统行为特征的因素所组成的序列称之为比较序列（又称子序列），用 $X_i(K)$ 来表示，$X_i(K) = \{X_i(1), X_i(2), ..., X_i(n)\}$。

步骤二：数据初值化

因为各因素数据可能存在很大的量纲不一致，而且对于计算结果会有十分显著的影响，使之无法得出有效结论。所以，在进行灰色关联分析之前，一般需对原始数据进行初值化处理，具体的操作流程为：用原始序列的数值依次除以第一个数值。

步骤三：计算灰色关联系数

首先，求差序列，用比较序列的数据减去参考序列的数据，公式如下：

$$\triangle_{0,i}(K) = |X_i(K) - X_0(K)| \qquad (5\text{-}13)$$

其中，$i = 1, 2, 3, \cdots, m$；$K = 1, 2, 3, \cdots, n$。

之后，计算两级最大差与最小差，两级最大差用 Y 表示，两级最小差用 y 表示。

最后，计算灰色关联系数，公式如下：

要素流动重塑跨境旅游合作空间的内在机理与演化路径：

以中越边境地区为例

$$\psi_{0,i}(K) = \frac{y + \rho Y}{\triangle 0, i(K) + \rho Y}, \quad \rho \in [0,1]$$
（5-14）

其中，ρ 是分辨系数，取值为 0.5，$i = 1, 2, 3, \cdots, m$；$K = 1, 2, 3, \cdots, n$。

步骤四：计算关联度

$$\psi_{0,i} = \frac{1}{n} \sum_{K=1}^{n} \psi_{0,i}(K), i = 1, 2, 3, ..., m$$
（5-15）

（二）影响因素实证分析

根据上面的模型分析，本章以边境旅游产业耦合协调度序列为参考序列，将十二个组成要素指标划分为六类：其中，将口岸出入境游客人次和口岸出入境车辆车次定为口岸出境游水平；将国家 A 级旅游景区数量和国际旅行社数量定为边境旅游市场水平；将旅游星级饭店数量和旅游厕所数量定为边境旅游服务水平；将进出境货物总量和海关申报互市贸易边民人次定为边境贸易市场水平；将跨境贸易人民币结算金额和个人跨境贸易人民币结算金额定为边境贸易便利化水平；将电子商务企业数量和电子商务交易额定为边境贸易信息化水平。原始数据如表 5-17 所示。

表 5-17 耦合协调影响因素的原始数据表

	2009 年	2010 年	2011 年	2012 年	2013 年	2014 年	2015 年	2016 年	2017 年	2018 年
耦合协调度	0.0807	0.2027	0.2786	0.3099	0.3436	0.4285	0.5155	0.5891	0.6647	0.709
口岸出境游水平	0.0088	0.0049	0.0060	0.0140	0.0219	0.0455	0.0525	0.1179	0.1464	0.1737
边境旅游市场水平	0.0008	0.0008	0.0008	0.0008	0.0008	0.0008	0.0008	0.0796	0.0796	0.0796
边境旅游服务水平	0.0038	0.0186	0.04229	0.0488	0.0707	0.1030	0.1820	0.2325	0.3302	0.3834
边境贸易市场水平	0.0019	0.0167	0.0110	0.0260	0.0245	0.0493	0.0789	0.1576	0.1710	0.1912

续表

	2009 年	2010 年	2011 年	2012 年	2013 年	2014 年	2015 年	2016 年	2017 年	2018 年
边境贸易便利化水平	0.0019	0.0215	0.0449	0.0665	0.0253	0.0739	0.0697	0.0827	0.1504	0.1877
边境贸易信息化水平	0.0026	0.0077	0.0133	0.0222	0.0382	0.0695	0.1616	0.2084	0.2473	0.2593

根据计算步骤，首先要对数据进行初值化处理，结果如表 5-18 所示。

表 5-18 耦合协调影响因素的初值化数据表

	2009 年	2010 年	2011 年	2012 年	2013 年	2014 年	2015 年	2016 年	2017 年	2018 年
耦合协调度	1	2.5118	3.4523	3.8401	4.2577	5.3098	6.3879	7.2999	8.2367	8.7856
口岸出境游水平	1	0.5568	0.6818	1.5909	2.4886	5.1705	5.9659	13.3977	16.6364	19.7386
边境旅游市场水平	1	1	1	1	1	1	1	99.5000	99.5000	99.5000
边境旅游服务水平	1	4.8947	11.1289	12.8421	18.6053	27.1053	47.8947	61.1842	86.8947	100.8950
边境贸易市场水平	1	8.7895	5.7895	13.6842	12.8947	25.9474	41.5263	82.9470	90.0000	100.6316
边境贸易便利化水平	1	11.3158	23.6316	35.0000	13.3158	38.8947	36.6842	43.5263	79.1579	98.7895
边境贸易信息化水平	1	2.9615	5.1154	8.5385	14.6923	26.7308	62.1538	80.1538	95.1154	99.7308

之后，运用灰色关联分析的计算步骤，计算得到东兴市2009—2018年边境旅游与边境贸易耦合发展影响因素的灰色关联度，如表5-19所示。

表5-19 东兴市2009—2018年边境旅游与边境贸易产业耦合发展影响因素的灰色关联度表

指标	灰色关联度
口岸出境游水平	0.9389
边境旅游市场水平	0.7692
边境旅游服务水平	0.6909
边境贸易市场水平	0.6955
边境贸易便利化水平	0.6595
边境贸易信息化水平	0.6999

从表5-19可以看出，2009—2018年影响东兴市边境旅游与边境贸易耦合协调的诸多因素的作用程度大小不一。其中，口岸出境游水平、边境旅游市场水平和边境贸易信息化水平的影响程度较大。从实际意义上考虑，可以得出口岸出境游水平的提升，不仅可以方便旅游活动的开展，也有利于边贸活动的开展；边境旅游市场水平，反映的是整个旅游资源的开发情况，未来以旅游资源为依托，融入边境贸易的成分，是二者耦合发展的重要理念；边境贸易信息化水平，体现了贸易流程的不断便利，不仅方便了边贸企业，更方便了前往东兴开展旅游活动的游客所进行的购物娱乐活动。

（三）总结

通过本章的论述，进一步印证了东兴市边境旅游与边境贸易间存在的耦合互动关系。实证分析的结果表明，2009—2018年，东兴市边境旅游与边境贸易均呈现出快速发展的态势，二者的耦合协调水平虽仍处在相对不高的阶段，但实现了由低水平向中等水平的过渡。未来，随着政策优势的持续推动以及耦合发展核心动力的不断发掘，其耦合协调水平将持续提高。同时，伴随着边境旅游试验区的建设，边境旅游对于边境贸易的带动作用将持续发挥，二者的耦合发展也将推动边贸旅游产业的转型升级。从指标影响因素考虑，口岸出境游水平、边境旅游市场水平及边境贸易信息化水平对于两大产业耦合发展的影响程度较大，也说明未来加快发展边境旅游，提高市场化水平，优化发展边境贸易，提升其信息化水平以及完善边境旅游与边境贸易互动发展的保障机制，是提高其耦合发展水平的关键。

第四节 东兴市边境旅游与边境贸易耦合发展对策

一、加快发展边境旅游，实现与边境贸易的同步

边境旅游滞后于边境贸易，是当前两大产业未能深度耦合发展的重要难题。为实现两大产业的深度耦合，充分发挥边境旅游对边境贸易的带动作用，需要进一步加快发展边境旅游。而通过前文对边境旅游所列指标的分析可以得出，东兴市边境旅游发展更多是依靠国内游客，且对于旅游服务设施建设等的依赖性很强，总结其当前边境旅游发展存在的三点问题为：其一，旅游国际化程度不高，旅游发展仍旧依靠国内游客，且收入更多来源于购物消费，游乐项目有待提高；其二，旅游服务设施水平有待提高，住宿、交通、厕所等旅游服务设施对边境旅游的促进作用需进一步挖掘；其三，口岸出境游的档次不高，体验项目不足，对游客的持续吸引力相对欠缺。基于此，本章提出加快发展边境旅游，以及实现同边境贸易同步的三点对策：

（一）提升边境旅游国际化水平

边境旅游要想取得突破性发展，提升国际化水平是十分关键的环节。从现实情况来看，国内诸多边境口岸城市在发展旅游的过程中都存在国际化水平不高，过分依托国内游客的窘境，东兴市也不例外。提升东兴市的边境旅游国际化水平，可以从以下三个层面着手：

其一，提升东兴市的城市品质，塑造国际形象。发展边境旅游离不开所依托的边境口岸城市，而促进城市化进程，提升城市品质则是塑造国际形象的内在要求。从东兴市的现实出发，提升城市品质，主要在于找准其城市国

际化定位。东兴位于中越边境，与越南海陆相连，同时是中国陆上边境线的终点、海上边境线的起点。城市定位可以作为中国对接越南乃至整个东南亚的战略支点，引导所有从中国前往东南亚的国际游客莅临东兴。

其二，深入挖掘地域元素，打造更为国际化的边境旅游产品。当前来看，东兴市的边境旅游产品相对多样，但层次参差不齐，从游客市场分析，国际化程度还相对不高。打造更为国际化的边境旅游产品，需深入挖掘地域元素，其中跨境民族风情和陆海相连的边境风光是要着重考虑的元素。东兴作为我国境内京族的唯一聚集地，可以充分利用，同越南京族一起打造一个跨境民族生活演绎场所，把京族文化推向世界。而利用陆海相连的边境风光，可以开拓出体验性更强的海陆跨境游线，让游客同时领略到海陆边界不同的风光。

其三，优化资金投入，完善国际化旅游服务体系。完善的国际化旅游服务体系是推进旅游国际化的必要条件。东兴市提升旅游国际化水平，应当进一步优化资金投入，完善国际化旅游服务体系。具体而言，构建高效便捷的全市交通网络，提升可进入性；提高城市数字化管理水平，加强智慧旅游、智慧城市建设，完善国际化旅游信息咨询、指南等服务；营造更为适宜的旅游投资环境，引导更多知名的国际化旅游公司入驻东兴，也进一步带动当地旅游企业的发展。

（二）提升旅游服务设施水平

其一，景区方面。优化交通线路，建设完备的交通集散网络。整体而言，东兴市的旅游资源丰富，景区众多，但是各景区分布相对分散，缺乏便捷统一的交通网络。例如，从国门景区前往北仑河口景区需花费约两小时的车程，而到达屏风雨林景区、京岛风景名胜区需花费半天多的时间，且路途并不顺畅。景区接待方面，多数景区缺乏旅游专用车辆，且缺乏适用的停车场或景区停车场面积过小，满足不了旅游旺季的游客需求。

其二，市内交通方面。优化公交线路，建立方便游客与市民出行的公交体系，着重解决公交线路深入不到乡镇、景区的问题；增加公交车投入量，充分缓解旅游旺季的公交不足问题；规范东兴市内的出租车、摩托车，提高出租车司机打表行车的意识，在未来一段时间内尽量取缔私人摩托车载客的现象，一方面易出现坑骗游客的现象，另一方面也存在很大的安全隐患；进一步普及并规范滴滴打车、快车等出行工具，使在东兴旅游的游客出行更加便捷。

其三，住宿餐饮方面。东兴市的住宿餐饮整体可以，但存在的问题也比较明显，主要表现在餐饮档次普遍较低，规模不大，鱼龙混杂，各类菜品店未有统一的规划，而且服务人员的素质和专业水平不高，这极大影响了边境旅游的良性发展。因此，东兴市要着力提高住宿餐饮水平，尽快创建一两家五星级酒店（当前尚没有五星级酒店），引入更高档次的餐饮企业，在全市范围内形成连锁店；此外，对东兴市区内的餐饮店进行一定的统一规划，形成多个规模较大、特色鲜明的餐饮服务区。

（三）提升口岸出境游的档次

当前，由东兴前往芒街的出境游项目包括东兴——芒街一日探秘游、东兴——芒街——下龙湾三日异国风情游、东兴——芒街——下龙湾——河内四日精华游以及东兴——芒街跨境自驾游等多种形式，但从实际效果来看，并未达到十分高档的层次。通过与原东兴市旅游局市场股相关人员的访谈，了解到当前东兴市两条重要的边境旅游线路——东兴——芒街一日游和中越跨境自驾游均存在很难突破的困境，表现在：东兴——芒街一日游活动虽然价格在不断降低，但是品质始终未有提升，前往芒街基本为观赏活动，深层次具有内涵性的东西没有挖掘出来；中越跨境自驾游则存在价格偏高、线路偏短、通关便利化程度不高三方面的问题。

提升东兴口岸出境游的档次，可以从以下三个方面着手：其一，规划设计一两条比较适用的游览线路，将吃、赏、玩等元素串联起来；其二，联合芒街市政府，共同打造一些具有越南风情的旅游活动，具体而言可以是建设一两座越南民族风情展馆、打造一两台越南民族风情演艺节目；其三，联合芒街市政府，双方共同投入一定资金，打造一两条特色鲜明、有一定档次的餐饮小吃街，给游客的游览活动增添更多趣味。

二、优化发展边境贸易，稳步带动边境旅游

从前文的分析得出，2009—2018年，东兴市的边境贸易产业发展水平略高于边境旅游发展水平。但是，从边境贸易的综合发展来看，其大致经历了三个阶段：2009—2012年的平稳增长、2012—2014年的波动增长和2014—2018年的快速增长。

对所设指标的研究发现，与边境贸易产业综合发展密切相关的指标有：边境小额贸易进出口成交额、边境贸易税收总额、电子商务企业数量、电子商务交易额和海关申报互市贸易边民人次，说明东兴市的边境贸易发展更多地依托于边境小额贸易的发展，且提高信息化水平是今后发展的重点。此外，边境贸易信息化水平也是与边境旅游和边境贸易产业耦合发展密切相关的指标。

因此，根据上述分析，得出当前东兴市边境贸易发展已达较高水平，但有待进一步优化，具体而言存在两方面问题：其一，边境贸易的发展过于依靠边境小额贸易，边民的参与度及受益程度均有待提高；其二，边境贸易在开展过程中，信息化程度普遍较低，电子商务结算等形式有待进一步普及深化。基于此，提出以下两点建议，以期优化东兴市边境贸易发展，创造同边境旅游更为有利的耦合环境，稳步带动边境旅游的发展。

（一）加快发展边民互市贸易，充分受益当地居民

做大做强东兴市边民互市贸易，让更多边民参与进来，不仅是优化东兴市边境贸易发展的有利举措，而且有助于带动边境居民致富，使有利的边贸资源更多地惠及当地民众，也有利于社会经济的发展。近些年，东兴市也在加速发展边民互市贸易，取得了让国务院领导赞许的东兴经验，如运用统一结算确保边贸安全、采取边民互助组的形式扩大边贸规模、加强贸工互动促进边境贸易成功转型。但是，经过数据分析、实地调研及笔者个人见解，在加快发展边民互市贸易的过程中，当地居民的受益程度还是相对有限。因而，针对东兴市边民互市贸易的发展，提出以下几点见解：

其一，成立边民互市贸易专业合作社，统一协调边民互助、家庭拼车等

实际工作，采取"合作社＋边民＋企业"的运作模式，将边民互市贸易做大做强，也让边民的参与决策度得以提高，增长其知识与经验的同时获得更多的收益。而且，成立边民互市贸易专业合作社，也有助于调解纠纷，保障普通边民的合法权益。

其二，将边民互市贸易与精准扶贫有机结合，出台更多的政策性福利。当前，东兴市边民互市贸易免税额度已由以往的3000元提高到8000元，边民参与互市贸易的成本大幅缩小。在此基础上，可以将边民互市贸易与精准扶贫进一步有机结合，在做好边民贫困度划分的前提下，给予一些未脱贫边民在开展边境贸易过程中更多的政策性福利，如提高免税额度、边贸产品适当予以补贴等，提高其参与互市贸易进而摆脱贫困的积极性。

其三，在普通边民中普及互联网知识，推行"互联网＋互市贸易"的运作模式，让普通边民学会使用互联网，了解边贸产品的市场行情，在开展边境贸易时做到有的放矢，行情好时加大投入，行情不好时还可以做些其他工作，确保收益的不断增加。

（二）提高边境贸易信息化程度，促进产业转型升级

随着电子信息、网络技术和物流运输业的快速发展，传统边贸的"互联网＋"模式正在进入大众视野并不断普及。从前文的数据分析及东兴市的现实情况考察可以看到，电子商务的发展已经成为促进东兴市边境贸易十分重要的有利因素，2017年全市新增电子商务企业190家，电子商务交易额累计29.1亿元，同比增长30.6%。在此基础上，进一步提高其边境贸易信息化程度，促进产业转型升级已显得很有必要。

其一，加快完善全市边民互市贸易信息化管理系统，系统功能应当包含边民备案、入境审单、数据统计等多项功能，其应当实现东兴市内几个边民互市贸易点入境货物监管的信息化、网络化和数据化，并进一步提升检疫监督水平。从现实来看，东兴市的边民互市贸易信息化管理系统在2014年公开招标并投入建设，迄今基本成形，但相关功能仍有待进一步完善。

其二，进一步发展电子商务，构建完善的边境贸易线上综合信息平台、线下产业平台、物流平台，不断拓展边境贸易电子商务产业圈，让各个环节不断完备，在未来形成便捷、自由、完备的东兴市边境贸易电子商务体系和产品营销体系。

三、打造特色产品，构建耦合发展长效模式

为进一步提高耦合水平，需充分挖掘耦合的核心动力，从而构建耦合发展的长效模式。而要想实现真正的耦合发展，拥有更好的市场前景，产品打造是最为关键的核心环节。本章提出三方面的产品打造思路，以此构建耦合发展的长效模式，提高其整体的耦合水平：

（一）建设特色边贸购物及体验场所

发展边贸旅游，离不开购物这一主题，但仅依靠购物又难以实现边贸旅游的超越性发展。当前，东兴市购物场所众多，但是富有特色且能够获得深刻体验的购物场所十分欠缺，更多的是让游客完成一次购买行为，即使这样，多数商品也不是普通游客所能负担的，诸如价值千元以上的红木产品、玉石产品等。建设特色边贸购物及体验场所，本章提供以下两个思路：

其一，在万众国际批发城或其他大型边贸购物场所的基础上，扩充其休闲娱乐功能，让游客在购物或不购物过程中都可以获得充分的休闲体验。具体而言，可以在边贸批发城的旁边，建设一两个休闲广场，内置休闲长椅、景观树、花池、遮阳伞、儿童娱乐园等。如此一来，让这些边贸批发城的功能得以大大扩充，融入休闲娱乐元素，从而打造成为一座座边贸旅游购物主题公园。

其二，以东兴镇的边贸互市区为基础，打造一个边贸特色小镇。该特色小镇主要以边贸产业为核心，着重表现边贸运作流程、互市区边民生产生活等。让游客在边贸特色小镇游览过程中，不仅可以实现购物的目的，还可以充分领略边贸文化，体验互市区边民的生活状态。

（二）举办大众化的边贸旅游节庆活动

东兴市的边贸旅游活动以每年11月初的中越（东兴一芒街）国际商贸·旅游博览会为主，该盛会的国际化程度也在逐年提升，对于推动中越双方经贸、旅游、技术等方面的合作裨益良多。但是，从博览会举办十余年来

的社会评价来看，其普通民众参与度不够，也未能从中充分获益，且博览会还存在管理机制不健全的弊端。因此，本章提出以中越（东兴—芒街）国际商贸·旅游博览会为基础，举办更多大众化的边贸旅游节庆活动。具体而言：如策划东兴市边贸文化旅游节，突出"两国一城"的核心主题，融入京族文化、侨乡文化、红木文化、长寿文化等，让普通边民充分参与进来，使游客深刻体会东兴—芒街之间边民开展边贸活动表达的是一种唇齿相依的兄弟情怀；此外，还可以策划一些边贸购物节、边贸美食节（2018年东兴市举办首届文化旅游美食节，反响很好，在此基础上进一步扩展）等。

（三）打造富有东兴特色的边贸旅游线路

东兴市的精品旅游线路除了上文介绍的多条出境游线之外，还有由东兴口岸至意景园水世界的市内休闲游、由屏峰雨林公园至交东七彩贝丘湾的"边、海、京"休闲探秘游、由东兴口岸至峒中温泉的沿边公路自驾游、由交东七彩贝丘湾至江那百纳泉山庄的乡村旅游等多条旅游线路。但是，以边贸为主题的特色旅游线路尚未开发出来。因此，打造富有东兴特色的边贸旅游线路，将边贸旅游点串联起来，是实现二者在产品耦合发展环节的关键所在。具体而言，有依托红木文化、京族文化、侨乡文化，串联东兴市内相应的边贸购物场所，打造三条特色边贸旅游线路。

四、建立耦合发展的有力保障机制

（一）完善旅游部门与边贸部门的合作机制

东兴市主管边境旅游和边境贸易的部门分别为原东兴市旅游局和东兴市商务局，两个部门对各自的主管产业均制定了完整的发展规划，但是缺少合作，对二者耦合发展缺乏前瞻性的认识，未提出有效的指导性建议。因此，必须加强两个部门之间的合作，笔者提出如下建议：

其一，理念协同。让两个部门充分认识到两大产业耦合发展对于东兴市社会经济的积极意义，从而在发展理念上不断协同，制定出共赢的长期产业发展战略。

其二，优势共享。两个部门均拥有各自产业内所需的资源、人才、资金，互有优势，如何充分地契合，将优势互补共享，是决定两大产业能否有效耦合发展的重点。

（二）建立统筹合理的资金保障机制

东兴市要想实现边境旅游与边境贸易产业良好的耦合发展，离不开统筹合理的资金保障机制，资金是所有项目得以开展的必备条件。为建立统筹合理的资金保障机制，可从以下两个方面着手：

其一，两大产业的主管部门统一协调，建立耦合发展专项预备资金。原东兴市旅游局和东兴市商务局在制定产业发展规划时，充分考虑资金用途，各自预算出一部分资金用于实现两大产业耦合发展的产品打造、项目建设以及宣传推广，制定出有效的管理办法，让资金库的资金得以永续流动。

其二，由政府出面，发动社会大众，创建专项投融资平台。东兴市边境旅游与边境贸易产业的耦合发展，是一件惠及社会民生的好事，政府应当充分发挥主导作用，将有益之处充分普及给社会大众，并在政府发动下汇集社会资本，创建专项投融资平台，一方面用于产业耦合发展所需的产品打造、项目建设，另一方面用于支持旅游企业和边贸企业的业务合作。

（三）建立有效的复合型人才培训机制

人才是产业发展的核心动力，边境旅游和边境贸易作为边境地区至关重要的服务产业，对人才的要求更为重要，要想实现两大产业之间有效的耦合发展，建立有效的复合型人才培训机制是十分重要的保障措施。具体举措如下：

其一，东兴市应当积极开展边境旅游和边境贸易人才培训互动，提供平台，让两大产业内的骨干人才充分交流，让真正工作在一线的人员真正地明白产业耦合发展所带来的良好效果，也可以保证上层制定的产业耦合发展决策得以很好地实施。

其二，出台优惠政策，实行人才引进计划，大力引进外来高级人才。东兴市通过人才引进，可以满足产业耦合发展过程中对复合型高级人才的需求，有助于从一开始即提高耦合发展的档次水平，也能够用外来高级人才激发当地人才的工作积极性，提高业务水平。

（四）继续推进互联互通基础设施建设

东兴市实现边境旅游与边境贸易长效耦合发展，离不开互联互通基础设施的不断推进。其一，继续提高口岸通关速度，在不断推进商品便利化的进程中实现人员便利化的突破。2018年，东兴口岸出入境人次突破1200万人次大关，巨大的来往客流量需要更为便捷高效的口岸联检，提升口岸边检人员从业素质的同时，扩增自助查验通道，引入并优化"智慧边检"都是十分有利的举措。其二，深化沿边金融综合改革。一直以来，沿边金融综合改革都是东兴对外开放的一块"金字招牌"，在推进边境旅游与边境贸易长效耦合发展的背景下，深化沿边金融综合改革，优化贸易结算，需做到在普通边民中普及互联网知识，使跨境贸易结算与信息网络技术有机结合。其三，优化互联互通交通体系。旅游与边贸的耦合离不开便捷的交通设施的支撑。未来，在"一带一路"西部陆海新通道建设的背景下，东兴市应当继续优化互联互通交通体系。具体而言，应完善中国东兴一越南芒街互市便民临时浮桥和中越北仑河二桥的相关使用功能；尽快建成防城港至东兴的铁路，并实现与芒街至河内铁路的对接。

第六章

跨境旅游与进口水果业态创新培育

第一节 旅游新业态

一、旅游新业态的基础

（一）旅游新业态

随着供给侧改革的深入，通过产业融合培育新业态，解决就业问题成为政策制定者及学术界关注的焦点。近些年，"农业＋旅游""文化＋旅游""体育＋旅游"等一、二、三产业相互融合，创造旅游服务新价值，打造旅游新业态的现象不断涌现，但当前国内外学者对旅游业态创新甚至何谓旅游新业态还没有形成一致的说法。部分学者认为产业融合引起了旅游业态创新。Greenstein（1997）认为为了适应产业增长而引发产业边界的收缩或消失，从而导致产业融合，而不同产业之间的融合必然会引起产业创新体系的转变。在某种程度上，旅游产业融合与旅游新业态的关系就是，旅游新业态伴随着旅游产业融合的过程产生，产业融合的表现特征是旅游新业态的大量出现。张凌云（2011）认为旅游产业融合通常是指旅游产业与其他产业之间融合或旅游产业内不同行业之间的相互渗透、交叉、组合，最终融合为一体，逐步形成一个新产业的动态过程。杨玲玲、魏小安（2009）将传统业态与旅游新业态进行比较后认为这里的"新"是基于本行业与产业、其他行业与产业的创新。张辉，黄雪莹（2011）认为通过旅游产业融合，可提升传统产业、形成核心竞争力、促进产业结构优化升级。鲁延召（2018）在对河南旅游与物流产业融合的案例研究中，认为从一定程度上讲，融合也是一种生产力，是促进旅游业升级换代的重要途径。曾艳芳（2018）在对福建省旅游新业态的研究中提出福建省要推进旅游业与农业、林业、渔业、工业、信息技术、文化创意、康养等产业融合，创新旅游业态，打造差异化的旅游产品体系，满足人们日益多样化的旅游需求。施紫姣（2011）认为新的旅游产品、新型企业管理方式及新型经营模式等都可作为旅游新业态的形式，而这些企业、产品、管理等不同角度的创新都意味着对传统产业的提升，经过稳定生长将培育出新业态。在产业融合培育新业态之外，部分学者站在旅游企业的角度，对旅游业态的创新进行了相关界定。黄燕等（2015）认为几乎所有旅游产业的新型经营方式都可以称之为旅游业态创新；张文建（2011）认为，旅游业态的创新过程要由一个完整的系统构成，这个系统包括市场创新、技术创新、生产经营方式创新、组织创新等共六个方面的重要内容；沈建文（2018）以新疆旅游新业态的创新为研究对象，从需求、互联网、竞争三个维度分析了新疆旅游新业态创新的必要性，认为市场定位、产品形态、经营方式和组织形态是新疆旅游新业态创新的关键要素；李鹏、李柏文、田里（2012）通过构建双层嵌套多元旅游业态概念模型，从市场创新、产品创新、经营创新和管理创新四个方面归纳出旅游业态创新的途径。

（二）新业态培育的动力来源

边境旅游＋进口水果贸易产业新业态的培育，实质上是旅游与贸易两个产业间的组合、产业内部价值链和外部产业链环节的分化、融合、行业跨界整合的过程，两者在培育机制上的动力受到多种因素的影响和作用，总体上来看分成内在驱动力和外在驱动力两大因素（见图6-1）。

1. 内在驱动力

（1）市场需求的发展与趋势。当前全球化发展背景下，旅游动机、贸易指数已成为衡量一个国家或地区旅游市场、贸易市场成熟度的重要指标，与时俱进的市场需求是业态创新的源动力。传统型旅游业态、贸易产业显然无法满足消费者多样化的需求，日益更新的旅游、贸易市场需求是推动产业融合、新业态生成的深层次因素。例如，从旅游市场来看，既有传统的观光、度假旅游，也有新兴的会展旅游、节庆旅游、休闲旅游、养生旅游、农业旅游、宗教旅游、体育旅游等；从出行方式来看，旅游由包价跟团游发展为半包价、小包价、自由行式、定制式等多种旅游形式；从贸易市场来看，边境贸易范围的国际化趋势、贸易结构与贸易领域的扩大调整、贸易方式与服务功能的转变都是业态形式适应需求变化的体现。

（2）旅游一贸易本身的强关联性。旅游与贸易活动自古以来就有着密不可分的联系，商贸旅游、旅游服务贸易仍是边境旅游、边境贸易的重要组成部分。随着旅游业、贸易业进入到新的发展时期，诸多消费者的目的已不再单一，他们希望通过旅游与贸易活动达到自身的双重需求。在参观游览过程中进行商务考察、贸易交流，在商业贸易过程中参加旅游活动、放松身心，或者希望通过旅游或贸易活动获得新的体验，这些都是推动旅游与贸易产业加强关联的内在动力。例如：从旅游方式来看，旅游活动由原来的观光、度假旅游逐渐转变为集商务、会展、考察、购物于一体的复合型旅游；从贸易方式来看，许多商贸活动往往带动了当地旅游产业的飞速发展，商贸旅游已成为某些国家或地区经济发展的强大推动力。在这种双重需求的背景下，陆续催生、衍化、融合出了一批新的业态形式。

（3）企业经营管理与体制创新。社会大环境的发展、市场激烈的竞争，让企业面临更多的风险和挑战，存在更大的不确定性和复杂性，这时需要企业从长远到短期、从高层到基层、从整体到局部，从多个层次和角度寻找企业创新的突破口。企业要想长期生存与发展，必须摒弃旧的经营模式，进行管理体制与方式的创新，这些促使了不同行业内不同业态的出现，反映了企业在经营方式与发展战略上的多元化方向。产业融合的内在推动力来自旅游、贸易企业内部的创新，包括战略、组织、管理、技术、营销、决策及意识等多方面的创新。例如旅游企业营销已由传统的门市、人员销售方式转变为线上+线下相结合的营销形式；电子商务作为水果贸易企业创新的一个重要表现形式，反映了水果贸易企业在以互联网为载体的基础上，由传统的实体贸易经营形式逐渐转变为以货物物流作为依托、电子信息为媒介、电商交易为手段的新型管理模式。

（4）产业内部转型升级。面对资源短缺、环境污染、产能过剩、产业发展滞后等问题，诸多产业内部通过信息技术改革、智能化创造等形式，不断调整优化产业结构，为产业业态创新增加活力。旅游、贸易虽然是传统产业，但在内部产业结构转型升级上仍有巨大潜力，通过对产业内部管理、服务、产品研发等流程进行产业链和产品价值再创新，加速对本产业的改造和升级。例如：从旅游资源、生态环境、消费需求等多个因素考虑，我国相继产生了生态旅游、乡村旅游、养生旅游、疗养旅游等多种旅游新业态形式，创新并推出了丰富多样的旅游产品；在全球经济形势、国内市场经济体制背景下，贸易产业逐渐向本产业链高端附加值升级，从依靠出口、消费、投资等传统型战略转变为以知识产权、科学技术、企业文化等作为驱动力的创新战略，推动了本产业内部的融合发展。

2. 外在驱动力

（1）产业链扩张与产业相互渗透。旅游与贸易两个产业在突破自身的产业链向外延伸与扩张中，相互之间的界限越来越模糊，融合范围也愈加广泛。旅游产业通过餐饮、酒店、旅游服务、休闲娱乐与贸易产业通过会展、商务交易、考察购物等方式实现了无缝对接和渗透。例如，会展旅游作为典型的商贸旅游形式，加强了旅游与贸易之间的产业关联，不仅为当地旅游相关产业包括旅游景区、住宿、餐饮、交通等部门带来收益，而且提升了该地商品贸易、会展服务的影响力，为旅游与贸易产业带来的影响作用是双重的。

（2）科技进步推动业态革新。科学技术的创新促进了新产品、新服务、新技术的广泛应用，将各个产业联系得更加紧密，加速了各个产业间的融合。科技发展给旅游与贸易产业融合带来了强大动力，尤其通过互联网、电子信息技术、大数据、电商平台推动了两个产业的深度融合与创新。例如，跨境电子商务平台让边境旅游与边境贸易能够通过移动数据端、跨境支付等方式实现，它使旅游产品和商品贸易能通过网站平台建立自身的分销系统和代理信息系统，实现旅游与贸易产业的整合和战略联盟，推动了新业态融合创新。

（3）国家政策支持与作用。在产业分工、产业规划、资源配置、产业体制、相关设施建设等方面的融合离不开政府政策的支持，它对产业新业态的创新与培育也有着重要的影响。例如，"一带一路"是我国与其他国家合作的新型国际平台，它加强了国际经济合作、文化交流和政治信任，秉承的共建、共商、共享原则对产业融合有着十分关键的指导意义，而广西作为21世纪丝绸之路与丝绸之路经济带间衔接的重要区位，政府在加强与周边国家边境贸易合作与交流的同时，也提升了广西边境旅游品牌影响力与价值，有力地带动边境旅游与贸易产业的多方位融合（见图6-1）。

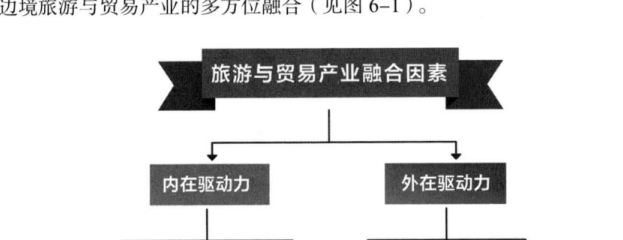

图6-1 新业态培育的动力来源

（三）新业态培育条件分析

1. 区位优势

区位优势是凭祥市边境旅游+进口水果贸易相互发展的基本条件，它为形成新的业态提供基础性优势，使两个产业在相互发展中能利用区位优势更好地培育壮大。凭祥市有着得天独厚的区位优势、便利与多样化的交通方式，这为边境旅游+水果贸易的相互发展创造了良好的条件。凭祥市的交通四通八达，从市区前往越南凉山省只有32公里，前往越南首都河内仅176公里，与南宁相隔160公里，另南友高速、湘桂铁路和322国道穿过了市区，是中国通往东南亚最大、最便捷的陆路交通枢纽，也是中国一中南半岛经济走廊的重要节点城市，有"打开门就是越南，走两步就进东盟"之称。凭借着优越的地理位置，凭祥的铁路、公路、水陆口岸在数量、种类和规模上都占据绝对优势，是广西最大的边境陆地开放口岸，是"中国最具海外影响力县（市、区）"之一。目前辖区内有凭祥和友谊关两个国家一类口岸、平而关国家二类口岸，包括弄尧（含浦寨）、凭祥（叫隘）、平而、油隘在内的四个边民互市点，其中，友谊关口岸作为全国首个节假日通关正常和智能信息化通关的沿边口岸，被列为自治区关检"三个一"试点，通关能力的提升达30%以上，日均通车达1200辆，实现了全区通关效率第一。通过区位优势，能最大限度地带动边境旅游与进口水果贸易相互促进和发展。

2. 市场环境

市场环境是业态创新的关键点，它为产业新业态创造了强大的需求市场，使新业态的发展与培育能根据市场形势与需求的不断变化而适应变化，从而提高新型业态的市场竞争力。稳定与良好的市场环境，是旅游与水果贸易相互发展的必要条件，也是业态转型升级、产业新业态创收的重要支撑。经济的发展和消费水平的提升，使越来越多来到凭祥的商务游客对旅游与水果贸易产品的主题和内容有了更高的要求，这也促进了旅游与贸易的市场需求持续不断增加，为新业态的发展打下了坚实的基础。据海关统计，凭祥口岸在2018全年的进出口水果贸易总量约为117.3万吨，同比增长22.19%，位居广西第一。凭祥在2018年累计接待国内外游客总人数约704.83万人次，同比增长11.71%；旅游总消费63.55亿元，同比增长15.25%。此外，友谊关口岸在落地签证业务的开展上取得了良好的成效，2018年全年实现落地签证超2.4万人次，位列广西第一。由此可见，凭祥为适应市场形势，打开并扩大凭祥国内外市场，积极推进"旅游+水果"产业，挖掘产业内涵，丰富新型业态，以便能更好地满足市场需要，而市场环境的稳定为凭祥边境旅游与进口水果贸易产业进行新的业态培育带来了强有力的动力。

要素流动重塑跨境旅游合作空间的内在机理与演化路径：

以中越边境地区为例

3. 企业战略

企业战略在两者相互发展上的本质就是需要企业根据宏观与微观环境的变化，依据自身具备的资源和实际情况选择适合的市场和产品，通过资源、营销、人才、品牌与开发等战略来打造企业核心竞争力。从业态创新的角度来看，企业战略需要对所在地区与产业整体发展战略有准确的把握并进行细致分析，才能取得长足发展。凭祥旅游与水果企业在发展战略上，不断拓展自身的广度和深度，为自身长远发展创造机会和条件。为了促进企业合作共赢、互利互惠，凭祥多次成功举办了中越边关旅游节，下设不同主题与形式的果品交易会，这为本地、国内与东盟各国的水果企业提供了深入了解与交流的机会和平台，进一步促进了双方的贸易合作。仅2017年举办旅游节与商交会期间，凭祥已注册商标的水果企业就达30多家，并吸引了超300家电商企业加盟，行业从业人员超3000人。此外，凭祥企业利用凭祥作为广西中越跨境劳务合作试点市这一契机，加大人力资源的引进，截至2018年上半年，已有近8万人次越南跨境务工人员来到凭祥，累计有14.4万人次办理了跨境劳务手续，跨境停留时限由原来的"每月一签"变为"半年一签"，效率与人次位居广西第一。与沿海发达地区相比，富足的跨境劳动力资源为凭祥企业发展提供了便利条件，在劳动力成本上占据了较大优势。

4. 产业结构

产业结构中的科技创新、货币资本、管理体制、资源禀赋、市场需求等因素是边境旅游与进口水果贸易相互发展的重要组成部分，它们在不同程度上对新业态的培育产生直接影响。通过技术革命、结构调整、联合重组、劳动力转移等方式进行产业转型与优化升级，是旅游与水果贸易新业态发展的重要方式与途径。凭祥当前在产业结构调整上，立足"全域旅游"的大视角，通过"强龙头、补链条、聚集群"等方式，紧抓"口岸贸易＋边关旅游"这一主线，逐渐形成了完整的旅游与水果产业链，不仅实现了"质"的提升，而且实现了"量"的突破，为边境旅游与进口水果产业新业态的培育提供了强劲支撑，构建了凭祥业态发展新局面。在产业新业态的培育方向上，凭祥积极从"通道经济"向"口岸经济"转变，从"景点旅游"向"全域旅游"

迈进，使产业转变成为支撑力度更强、辐射作用更大、贸易环境更优、融合层次更高的新型业态。目前凭祥全面展开了全域旅游示范区的创建工作，已落实了3800万元发展资金用于示范区的建设，促使旅游产业规模得到进一步扩大。同时，凭祥以"宜商、宜业、宜游、宜居"为建设思路，于2018年年初开始在友谊关工业园区内打造具有边境与地域特色的"中国凭祥东盟水果小镇"，规划用地面积376.51公顷，计划将发展进口水果生态种养和观光旅游结合起来，同时在水果小镇建设中加入水果深加工项目，推动水果落地再加工产业，该项目预计吸引总投资约2亿元人民币，实现年利税约600万元人民币。

5. 政府政策

政府实行的方针政策与行为，可以为旅游与水果产业在扩张、融合机制等方面提供政策引导，可以在人才引进、招商引资、项目规划、建设方案、宣传力度等方面给予强有力的支持和推动，它是政府执政理念、创新意识的表现，是旅游与水果贸易相互发展不可或缺的关键因素和重要外部条件。凭祥政府充分利用国家级平台开发开放优势，在国家"一带一路"政策的倡议下，打通口岸面向东盟陆上和海运新通道建设，使凭祥成为我国陆地边境口岸型物流枢纽和交通承载节点，成为发展边境旅游与进口水果贸易的集散中心和重要边陲城市。凭祥政府将凭祥边合区、凭祥综保区和东盟红木产业园这三大产业园进行集聚式发展，不断吸引知名企业投资与入驻，推动进口水果生产再加工，已促成了广州果美味饮料加工等14个项目签约落地，持续加快了兴荣坚果加工、泰象谷等9个项目的建设进程，最终促成了绿冠食品等16个项目正式投产。此外，凭祥政府在旅游产业创A评星上取得了显著成果，2018年全年已顺利完成了包括大连城景区在内的8家相关旅游景区和饭店的创A和评星，并着手对友谊关景区创建国家5A级旅游景区、中国一东盟（凭祥）水果城创建国家4A级旅游景区进行了总体规划和部署，其中有部分建设项目已投入使用。在旅游公共服务项目上，凭祥政府加大对旅游厕所、旅游咨询服务中心等相关基础设施的升级改造和配套完善，并完成了对大数据和智慧旅游等旅游公共服务平台的建设。

6. 发展机遇

当前新的经济形势需要新的产业形态，新的宏观环境孕育了新的业态形式，而旅游与水果贸易相互发展离不开大环境下的机遇。旅游与水果贸易互动发展的机遇主要表现在政策方针、平台资源、技术创新、建设投资、优势互补等方面，因此应将具备的机会条件与产业链高度对接，充分利用未来各种发展机遇来进行相互借力与发展。边境合作区的平台优势给凭祥的未来带来了诸多契机和机遇。首先，在城市规划与建设上将实现凭祥一宁明一体化发展，并将崇左产业园凭祥片区作为海峡两岸产业合作区的重点建设项目，以中国（凭祥）东盟水果小镇为核心，主要打造以进口水果产品加工为主的产业，并积极引进多家水果加工企业，加速进口水果加工产业链聚集进程；其次，凭祥以"一岸一品，一镇一特色"为设计思路，将建设广西特色小镇和创建国家全域旅游示范区作为重点目标，加快夏石东盟水果小镇、友谊全国边贸小镇的建设进程，推动新业态深度融合发展，打响凭祥边贸与旅游名城品牌形象；最后，作为边关特色旅游名县，凭祥未来可结合中国（凭祥）东盟水果小镇、水果加工产业和边境旅游四张名片的综合优势，重点培育以东盟水果加工食品、边境特色小吃、热带水果饮料等为主的水果旅游产业链，形成东盟特色水果饮食文化，增强自身的影响力。

二、新业态培育的可行性

基于目前凭祥市边境旅游＋进口水果贸易相互发展现状与培育所具备的条件来看，新业态在培育路径上应结合市场形势、产业优势、特色需求、可持续性创新战略等方面考虑，因而可以从以下几个方面进行：

（一）融合原有产业形态，促进业态转型升级

凭祥市当前已有的旅游＋贸易产业业态显然已不能满足日益扩大的市场需求，这就需要将原有的产业链进行整合，尤其是注重产业间的融合发展，积极改变原有业态，形成新的业态。例如：可将凭祥旅游的节会活动与水果贸易展会相结合，或将水果商贸活动与旅游节庆联系起来，改变原有单一的活动形式，创新"旅游＋水果"产品形式，形成新的复合型业态。

（二）加强产业链关联程度，实现地区内部协作共存

对边境旅游＋进口水果贸易进行新业态的培育，已不是单独产业或两个产业间的培育问题，而是关联到凭祥市本地众多产业与大中小企业的发展问题，因而在新业态培育路径上，可以将凭祥本地某个区域作为一个整体，打造一个特色小镇或特色产业城，对涉及边境旅游与进口水果贸易的上下游衔接产业、配套产业加强产业关联，实现凭祥市本地产业协作共存。

（三）创新并延续产品服务，推动产业长远持续效应

现今科学信息技术的推动，加速了产品、服务的更新换代，也推动了新型业态的培育与发展，故在边境旅游＋进口水果贸易新业态的培育路径上，凭祥市应契合不断变化的市场需求与产业规模，充分利用电子商务、网络营销、线上App等平台资源与线下产业业态有效联合起来，发挥线上＋线下资源优势，使新型业态做到长远的、有效的、持续性的影响。

三、跨境旅游产业新业态培育

凭祥市培育边境旅游＋进口水果贸易新业态，实质上是旅游与贸易相互推动的一种具体体现。作为近年来新研究的交叉课题，国内外学者对"旅游与贸易是否存在关系、存在何种关系"这一命题进行了不同程度的研究，探讨了不同国家和地区由于经济发展水平、区域方位和旅游资源类型的差异而导致了旅游与不同类型贸易之间相互作用与关系的差异性。学者们通过对贸易增长总量、贸易依存度、出入境旅游流、旅游偏好等指数进行实证分析与研究，验证了贸易和旅游之间存在协整或推拉关系，即贸易关系促进了旅游活动的发生，旅游活动则推动了更深层次与频繁的贸易互动，两者互为因果关联。

由此看来，旅游＋贸易新业态的培育过程是动态的，它与货币资本、科学技术、市场需求、人才资源、企业创新、发展战略、管理方式、体制改革等产业要素息息相关，这些要素在高流动性要素产业与较低流动性要素产业之间相互转移，寻求适宜的产业发展空间，融入并改变成新的产业形态。边境旅游与进口水果贸易作为凭祥具体存在的两种业态形式，两者的培育过程

是边境旅游＋水果贸易产业融合中各要素显性流动和隐性流动相互作用的结果。故凭祥应当树立进口水果与边境旅游中产业各个要素相结合的理念，将"边境"与"进口"、"旅游"与"水果"联系起来。因而，边境旅游＋进口水果贸易新业态培育的过程就是：边境旅游与进口水果贸易产业要素融合并互相借力、相互推动，再将产业加以延伸、融合、集聚、产业链扩张，从而形成新业态（见图6-2）。

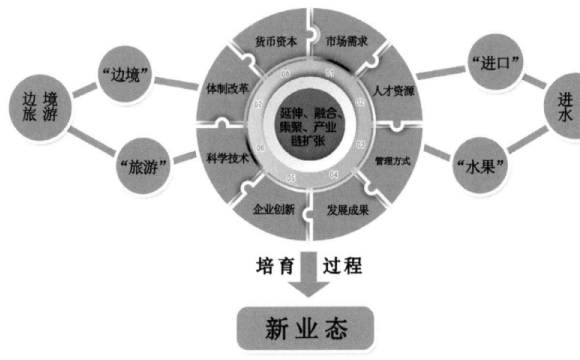

图6-2 跨境旅游＋进口水果贸易新业态

四、新业态培育中存在的问题

（一）市场发展不稳定，相互促进有待加强

1. 贸易年增长波动较大，对发展水平影响大

从近五年凭祥市边境进出口贸易整体形势来看，虽然总进出口额基本上每年有所增长，规模逐年不断扩大，但是增长速度还是不太稳定，存在较大的波动。在2016年外贸进出口总额出现了负增长情况，同期增长为-3.56%，其中边境小额贸易进出口额、进出口水果总量、进口水果总量、进口水果贸易额在当年也存在较大的变动，同期增长分别为-41.62%、-9.7%、-16.95%、-

22.4%（见图6-3）。年增长情况波动较大，说明凭祥市外贸市场发展不稳定，且影响整体边境贸易产业的发展水平，尤其是进口水果贸易，这也可以看出凭祥口岸主要依赖对外贸易，并受政治关系、经济发展、边境政策、国际周边形势等各种外部条件和环境因素影响较大，尤其是与东盟各国的贸易政策关联较深。从长远来看，贸易波动性大会给凭祥边境旅游+进口水果贸易新业态的可持续性发展造成一定的影响，不利于创造一个稳定的市场环境。

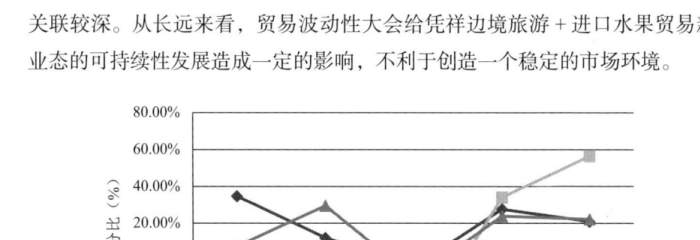

图6-3 2014—2018年凭祥市边境贸易年增长百分比情况

2. 入境旅游市场规模小，带动水果贸易不明显

纵观近些年的凭祥市边境旅游市场情况，从边境旅游人数及旅游收入来看，国内旅游市场人数及旅游收入占了旅游总人数及总收入的绝大部分比重，而入境旅游市场及外汇收入则只占了极少数的比重。2012—2018年，凭祥入境旅游市场所占比重最高值为13.19%、最低值仅为2.3%，旅游外汇收入所占比重最高值为19.67%、最低值为6.53%，其他年份的比重偏小且不稳定（见表6-1）。然而，近年来凭祥市进口水果贸易量及金额均基本保持稳定增长且所占比重较大，这与入境旅游市场规模偏小相比有较大的反差，可以看出通过进口水果贸易而带动凭祥的入境旅游人数不多，以入境旅游带动边境贸易、以进口贸易带动入境旅游的效应不太明显或影响强度不大，说明凭祥入境旅游市场受到中越两国政策与关系的一定影响，且在越南及周边国家的品牌影

响力、市场知名度、产品创新等方面有需要加强的地方，需进一步挖掘入境旅游市场潜力，有待探索一条适合进口水果贸易能强有力带动入境客源市场的新途径。

表6-1 凭祥市2012—2018年入境旅游市场所占百分比情况表

年度	入境旅游人数所占百分比	旅游外汇收入所占百分比
2012	4.20%	13.69%
2013	13.19%	16.73%
2014	3.50%	7.25%
2015	9.75%	19.67%
2016	2.62%	8.90%
2017	2.48%	7.20%
2018	2.30%	6.53%

数据来源：根据凭祥市旅游发展局数据整理所得。

（二）产业结构不均衡，相互影响程度不深

1. 旅游产业发展慢，水果转型升级难度大

近年来凭祥边境旅游总人数、国内旅游消费增长迅猛，但是与边境旅游相关的产业如景区、酒店业、餐饮业等的发展却相对缓慢，从2014—2018年凭祥国家A级旅游景区与星级酒店的创A评星进度可以看出（见图6-4），其发展较慢，跟不上旅游市场的发展进程，说明凭祥市旅游产业结构本身存在不均衡和不合理的现象。此外，凭祥在进出口水果贸易上的主要合作伙伴为越南，虽然每年进出口的水果数量大，但是水果"通道贸易"的局面没有得到根本转变，像进口水果中的龙眼、菠萝、荔枝普遍存在品质较低的问题，且进口水果就地精深再加工的程度不高，水果产品附加值低，水果加工产业规模小，产业结构不够合理，产业转型升级还存在较大的难度。由此，凭祥在边境旅游+进口水果贸易新业态培育的路径上还需要一个完善和健全的过程，两者在相互发展上有待进一步提升动力，加强产业链的延伸和拓展。

第六章

跨境旅游与进口水果业态创新培育

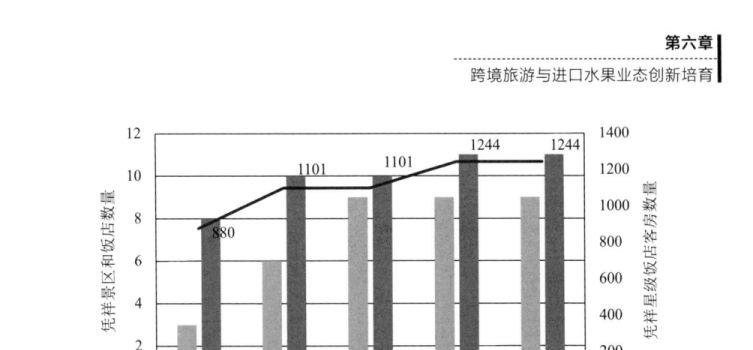

图 6-4 2014—2018 年凭祥市国家 A 级旅游景区和星级饭店数量情况

2. 比重与结构不协调，相互拉动力度小

虽然凭祥在水果进出口贸易量及总额上名列广西乃至全国前茅，究其原因主要是口岸位置的特殊性与便利性所决定的，但是，进口水果贸易整体实力及影响力还有待提升和加强。目前凭祥市的产业结构表现为"三、二、一"型，以进出口水果贸易为主的第三产业比重过大，而以水果、红木、农产品等加工工业为主导的相关产业比重过小，外贸总量大但不强。例如，2017 年凭祥三产结构为 7：29：64，而当年全国三产平均结构是 8：40：52，与之相比，第二产业比重低于全国平均数 11 个百分点，第三产业比重则高于全国平均数 12 个百分点，巨大的贸易量没有真正转化为产品落地加工，水果贸易量的增长没有从实质上对凭祥水果＋旅游效应产生大幅度影响，对通过水果营销拉动凭祥边境旅游的力度较小。

（三）边境关系和政策变动大，对旅游与贸易影响程度深

由于凭祥地处边境口岸，因而边境政策与国际关系等因素对旅游与贸易的影响较大。自 2009 年国家正式恢复凭祥可以办理中越边境旅游异地业务后的五年来，通过办理边境旅游通行证赴凭祥和越南进行旅游的人数呈良好的趋势，但由于 2013 年国家又恢复了东兴全国边境旅游异地办证业务，部分边境旅游游客分流到了东兴口岸办理，造成了凭祥边境旅游异地办证人数的逐年递减（见图6-5）。2015年越南新出台的法规中明文规定边境旅游通行证只能在谅山、下龙湾等周边少数地区进行游览，而不能用来去首都河内旅游，这在一定程度上造成了来凭祥跨境旅游人数的锐减，边境旅游市场受到了一定的影响。此外，2018年3月7日，海关总署办公厅颁发相关文件，明确指出边民互市贸易税收政策不适用非毗邻国家商品，仅适用于毗邻国家商品，也就是说凭祥在互市贸易上仅限于从越南进口的商品，自此海关互市进口商品目录从532种减少到了281种，同比下降了47.2%，从凭祥口岸通过的互市贸易车辆从之前的每天8000车（次）减少到了每天3000车（次），这对凭祥本地的进口水果贸易加工产业产生了较大影响。

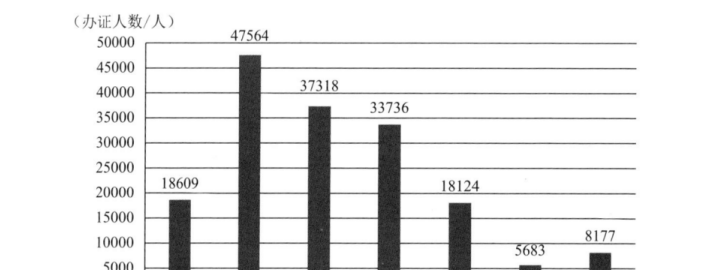

图6-5 2009—2015年凭祥市中越边境旅游异地办证业务情况

（四）基础设施建设滞后，给产业融合发展造成障碍

凭祥市在基础配套设施的建设上相对滞后，各口岸设施、购物街道、商贸城、边贸互市点、交通网络等基础配套设施赶不上日益发展的旅游与贸易需要。以交通为例，目前凭祥市的交通工具已严重老化，交通网络不发达且交通基础设施配备不齐全，如从旅游景区前往商贸城、物流产业园或边贸互市点所消耗时间长且交通不便利，经常在弄怀、浦寨边贸点出现堵车问题；另外凭祥虽有铁路口岸和高速公路，但以现有的铁路运载力和公路运输力来看，难以适应今后市场大开发、产业大发展、人流和物流大流动的需要，故亟须

对交通基础设施进行扩能改造建设。此外，碍于种种因素，凭祥市其他基础设施的建设也不尽人意，如南宁至凭祥段湘桂高铁扩能改造建设项目还未落实、"两国一检"试点工作推动进程缓慢，中越浦寨一新清通道越方进度相对滞后，中越弄怀一谷楠通道项目未能动工等，这些新基础配套设施的建设进度已远远跟不上凭祥市社会经济的发展速度，也严重影响了旅游与贸易产业的深度发展，给旅游＋水果产业的融合和新业态培育路径造成了实质障碍。

第二节 跨境旅游与进口水果产业

一、凭祥市跨境旅游现状

（一）边境旅游资源概况

凭祥市是广西壮族自治区崇左市代管的一个县级市，位于我国南疆边陲，面积为650平方公里，分别有凭祥镇、友谊镇、上石镇、夏石镇四个管辖区域，边境线全长97公里，与越南谅山省接壤，有"祖国南大门之称"。凭祥市人口统计有约11.4万人，有壮、汉、瑶、苗、京、回、侗等24个民族，少数民族人口比例为85.63%，是一个以壮族为主体、多民族杂居的少数民族聚居区。

凭祥有着丰富的自然、历史和人文资源，是一个文化底蕴深厚、风光旖旎的边境国际旅游名城。天然的区位优势、秀丽的自然风光、久远的边关红色文化、独特的边境风貌，形成了凭祥旅游资源的多样性。目前，凭祥有1处全国重点文物保护单位，共有9家国家A级旅游景区。具体的代表性旅游景点有：友谊关（位于中越边境线、中国九大名关之一，已有2000多年的历史，是集对外开放与旅游于一体的边关口岸，既是国家4A级旅游景区、全国重点文物保护单位，又是广西爱国主义教育基地，景点有友谊关关楼、镇关炮台、金鸡山炮台、大清国万人坟、法式楼等古建筑群）、大连城景区（全国重点文物保护单位，是一个兼具自然资源与红色历史人文背景的旅游胜地，它是旧时期广西的军事要塞，是清末广西边境线上规模宏大、布局严谨、工事坚固、军民合居的政治军事中心）、武圣宫（清代留存下来供奉关羽的庙堂，是当时桂西南规模最大的关帝庙之一，也是凭祥老百姓举行"关公出游"大型庆祝活动、祈求平安的地方）、白玉洞（凭祥旧八景之一，因洞内钟乳石光洁晶莹，璀璨如玉，剔透玲珑而得名，是当时名将苏元春养心之处和军机要地）、板小生态旅游区（典型的生态旅游度假区，有两个共1100平方米的天然泉水游泳池，是休闲娱乐、养生度假的绝佳去处）、南山红木文博城（以红木为特色品牌和文化主题的国家4A级旅游景区，有"中国红木之都"的美誉，被列为"广西壮族自治区文化产业示范园区"，是凭祥贸易、文化、旅游于一体的综合性景区）。此外，凭祥还有绿树成荫的大青山石山珍稀树木园、神秘莫测的平岗岭地下长城、波光潋滟的中越界河平而河等。这些丰富多样的边境旅游资源带动了凭祥边境旅游的全面发展。

（二）边境旅游市场情况

近年来，凭祥依托自身的边境旅游资源和沿边开放口岸优势，打开并不断扩大国内外旅游市场。自2011年以来，凭祥每年接待国内外旅游人数呈飞速增长趋势，年接待游客总人数由2011年的273.83万人次上升到2018年的704.83万人次（见表6-2）；国内旅游市场方面，国内旅游人数每年不断增加，由281.31万人次上升到688.64万人次（见表6-3和图6-6）。其中，2015年增长率为44.35%，达到了顶峰状态。不过由于东兴市被国家批准重新恢复边境旅游异地办证业务、越南实行的新出入境管理办法等因素的影响，对凭祥造成了部分边境游客的分流，所以自2016年后游客年增长率有所下降。总体来看，凭祥从2011年之后边境旅游市场发展迅速，每年游客人数均处于上升的状态，游客总人数年增长率虽每年不同，但是整体趋势仍保持稳定增长状态。国内旅游市场是凭祥发展边境旅游的主要保障，此外，入境旅游市场虽然增长缓慢，但也是凭祥边境旅游的重要支撑。

第六章

跨境旅游与进口水果业态创新培育

表 6-2 凭祥市 2011—2018 年年接待游客总人数、增长百分比情况表

年度	接待游客总人数（万人次）	同期增长百分比（%）
2011	273.83	8.79
2012	293.65	7.24
2013	358.06	14.56
2014	389.33	7.99
2015	562.02	44.35
2016	605.40	9.21
2017	630.93	22.34
2018	704.83	11.71

数据来源：凭祥市旅游发展局

表 6-3 凭祥市 2012—2018 年年接待国内游客人数、增长百分比情况表

年度	接待国内游客人数（万人次）	同期增长百分比（%）
2012	281.31	12.16
2013	324.01	15.17
2014	375.71	15.96
2015	507.21	35
2016	589.51	7.9
2017	615.29	22.9
2018	688.64	11.92

数据来源：凭祥市旅游发展局

要素流动重塑跨境旅游合作空间的内在机理与演化路径：

以中越边境地区为例

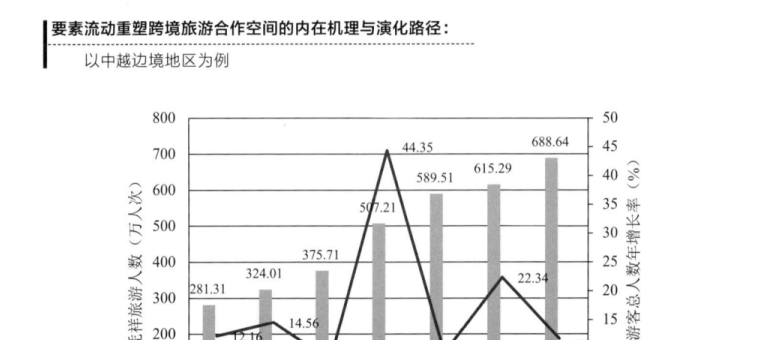

图6-6 凭祥市2012—2018年国内游客、入境游客变化趋势

旅游人数的增加，为凭祥的旅游总收入带来了持续的创收。2012年凭祥旅游总收入17.93亿元，同比增长12.91%，其中国内旅游收入15.47亿元，而到2018年年底，凭祥旅游总收入达到了56.64亿元，同比增长15.03%。其中，国内旅游市场占据主要的比重，国内旅游收入52.94亿元，同比增长15.54%，旅游外汇收入5283.9万美元，同比增长5.03%（见图6-7）。2015—2016年，受凭祥接待游客总人数量变化的影响，旅游总收入年增长率从60%多下降至10%左右，不过其他年份的增长百分比基本保持较稳定的状态。仅2018年"十一"黄金周期间，凭祥全市就接待游客30.91万人次，同比增长23.79%，旅游总收入1.64亿元，同比增长29.13%，其中友谊关景区、红木文博城景区、浦寨文化旅游不夜城等在凭祥具有代表性的景区受到众多旅游者的欢迎，也是接待游客人数最多的几个景区。由此可见凭祥边境旅游市场的火热程度。

第六章

跨境旅游与进口水果业态创新培育

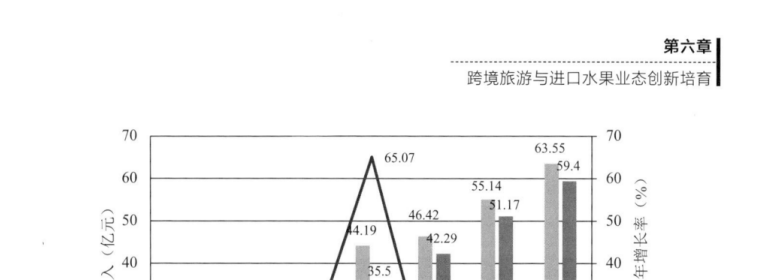

图 6-7 凭祥市 2012—2018 年旅游总收入、国内旅游收入变化趋势

（三）边境旅游产业情况

凭祥市被国务院在 1992 年批为沿边对外开放城市，自此经济取得飞跃式发展，实现了边境旅游产业的新突破。2005 年 3 月，凭祥市荣获"广西优秀旅游城市"称号。2016 年 2 月，广西政府将凭祥市列为第二批"广西特色旅游名县（市）"，并进入国家全域旅游示范区创建行列。在结合军事历史背景、跨境区域交流、边境商贸市场和边关民族文化因素的基础上，凭祥旅游产业发展迅猛，已形成独树一帜的旅游品牌，陆续打出了军事探秘游、东盟跨境游、红木文化游、边关风情游"四张名片"作为发展边境旅游的标签，这些促使了凭祥游客人数持续增多，旅游收入逐年增长，旅游产业不断扩大，城市影响力得到提升，并被称为"最美中国·特色魅力旅游目的地城市"（见图 6-8）。

图 6-8 凭祥市边境旅游"四张名片"

边境旅游产业情况表现为以下几方面：

首先，凭祥深入贯彻国家和广西壮族自治区政府关于推动和发展旅游的文件精神，自 2014 年广西壮族自治区政府支持凭祥在旅游公共服务设施和重点旅游项目上的建设以来，凭祥已陆续出台了多个发展旅游产业的文件。2017 年，《中共崇左市委员会 崇左市人民政府关于印发〈加快县域经济发展的实施方案〉的通知》中提到，凭祥应充分利用口岸经济、文化和旅游两个产业，抓住新的机遇，从"景区旅游"迈向"全域旅游"，结合实际情况，努力把凭祥创建成为国家全域旅游示范区。循着全域旅游的发展思路，凭祥将本市各个区域的旅游产业建设逐渐一体化，实现各个景区内外一体化，让旅游产业朝创新、协调、绿色、开放、共享的方向发展，构建新型旅游产业发展格局。

其次，凭祥凭借中越跨境旅游合作区和重点开放开发试验区建设的平台，在推出边境旅游"四张名片"的基础上，从"边"字着手，做大"边"境旅游，大力推进各个产业间的融合，将旅游业作为三大支柱型产业之一来培育和打造，使之成为多元化、多功能于一体的独具东方特色的国际旅游目的地。凭祥由单一的旅游型产业逐渐向复合型旅游产业转型升级，这样不仅拓展了不同旅游产业间的联合宽度，而且加强了旅游不同产业间的结合深度，给了凭祥旅游产业持续发展的动力，提升了旅游产业的整体水准。例如，针对游客多元化和多层次的旅游需求，凭祥将红木文博城和浦寨文化旅游不夜城打造成以边境贸易、休闲购物为主的多功能社区，街区内设立免税商店，各种特产购物商店、娱乐休闲服务设施一应俱全，成为名副其实的具有浓郁凭祥边关风情旅游的"不夜城"。

最后，凭祥懂得充分利用自然与文化资源优势，把握旅游市场新热点，整合资源、市场、区位和政策优势，对有特色的旅游产业加大扶持力度，通过打造有影响力的品牌，带动整个产业的突破与转型，提高效益与效果，培育旅游产业新业态。近几年来，凭祥市旅游产业的发展质量、规模档次、旅游整体形象和服务水平均得到有效提升，旅游基础设施和配套设施进一步完善，旅游产业焕发勃勃生机。例如，凭祥成功打造了宝岛美人椒现代农业（核心）示范区，并获评4星级乡村农业旅游区，是农业＋旅游产业融合的成功典范；对大清邮局和友谊关游客中心、停车场、游客中心餐厅等相关景点完成了升级改造，使该旅游区设施设备得到改进；扩大了世界珍稀林木园的生态＋休闲＋养生＋绿色等各项功能设施的完善。

（四）边境旅游相关企业的情况

凭祥市的旅游企业在政府不遗余力地推动和支持下，得到了全面发展。

凭祥市人民政府于2018年7月9日印发了《凭祥市人民政府办公室关于印发凭祥市进一步加快全域旅游发展的奖励办法的通知》文件，明确了在创建国家全域旅游示范区的工作要求下，凭祥应促进其他产业与旅游产业的融合和发展，丰富旅游业态。结合市政府的文件精神，凭祥市旅游发展局拟定了《凭祥市关于进一步加快全域旅游发展的奖励办法（2018年修订）》，不仅有针对性地对凭祥当地的直接旅游企业（包括A级旅游景区、星级旅游饭店、旅行社、特色民宿、绿色饭店、特色主题酒店、星级乡村旅游区、星级农家乐、旅游度假区、生态旅游示范区、星级汽车旅游营地、特色餐饮品牌、农（工）业旅游示范点、文化产业示范基地等）采取专项补助资金奖励，还对来到凭祥投资发展的旅游企业予以鼓励，并采用了具体的奖励措施与办法。

旅游企业队伍的壮大，是凭祥边境旅游发展的坚实基础和强大动力。截至2018年，凭祥已有9家A级旅游景区、3家4星级乡村旅游区、11家星级酒店、5家四星级饭店、星级饭店客房1244间、农家乐20家、旅行社约18家，其中吸引了8家国际、国内大型旅行社入驻凭祥，旅游从业单位800多家，旅游从业人员近2万人。近些年，凭祥对旅游企业的投资和建设投入了大量人力、物力和财力，加大提升旅游景区的A级等级，不断提高旅行社的服务质量和水平，持续推动旅游+新型业态企业的项目建设，着重注意高星级酒店的提档升级，尤其对酒店和餐饮企业的项目建设每年都保持一定数量的资金投入（见表6-4）。这些促使凭祥旅游综合实力明显增强，旅游发展质量全面提升，实现了全域旅游大发展及旅游企业转型升级。例如，凭祥友谊关旅游景区已被列为广西5A级旅游景区创建名单；对红木文博城创5A级旅游景区、大连城创4A级旅游景区等旅游企业的项目建设已列入计划；巨龙泉生态旅游度假区及金满地生态旅游休闲农庄、中国东盟（凭祥）自驾车总部基地、平而生态旅游小镇等旅游企业相关工程的前期建设也在陆续进行。

表6-4 2014—2018年凭祥市对住宿、餐饮企业的投资情况表

年度	凭祥市对住宿和餐饮企业500万以上项目的投资额（万元）
2014	22280
2015	23920
2016	29916
2017	5454
2018	14562

数据来源：凭祥市国民经济和社会发展统计公报数据整理所得

凭祥市旅游企业在已成功打造边境旅游"四张名片"作为标签的同时，为巩固边境旅游成果，提升边境旅游等级，积极拓展丰富、多样化的边境旅游特色体验产品。结合当前旅游者的旅游动机和消费心理，迎合旅游市场需求，在原来的异国风情跨境游、独具特色边关风情游等基础上，兼具各种功能与体验的多样化特色旅游产品应运而生。这些边境旅游产品的推出，不仅吸引了来自南宁、柳州、桂林及周边县市自驾游、散客游、家庭游、亲子游的游客，还吸引了来自周边外省乃至全国各地的游客，成功拉动了凭祥边境旅游市场。例如，2018年国庆黄金周期间，友谊关、浦寨、红木文博城、板小生态乡村旅游区、世界珍稀林木生态园等旅游景区成为吸引游客的主要集

中地，其中主要因素来自这些景点推出的中越特色美食、边关风情、乡村旅游特色体验产品（见图6-9）。

图6-9 凭祥市旅游企业打造的边境旅游特色产品

在注重旅游主题和深度的同时，凭祥旅游企业抓住创建旅游名县、全域旅游示范区以及旅游带建设的机遇，尤其是通信服务、交通服务、企业人员服务等方面力争做到让游客满意。例如，目前凭祥已实现城市免费 Wi-Fi 全覆盖，这些给游客的通信联络带来了极大方便；旅游 A 级厕所全覆盖，主要景区的旅游厕所、游客中心、景区停车场等旅游公共服务设施不断完善，这些也为游客的交通出行带来了便利。此外，随着旅游市场的扩大、旅游人数的倍增，在重要的节假日期间，凭祥各个景区、酒店等旅游企业能够保持秩序稳定，无旅游生产事故及投诉事件发生，这给来凭祥旅游的游客留下了良好的印象。舒适的游览购物环境、优质的旅游服务质量、良好的旅游产品包装，使凭祥的旅游影响力不断提升，保持了凭祥的旅游品牌形象。

二、凭祥市进口水果贸易现状

（一）边境贸易概况

凭祥市依托区位、地缘、交通、口岸以及平台等资源优势，为发展边境贸易提供强大支撑。作为拥有"五大开放平台"（凭祥边境经济合作区、广西凭祥综合保税区、广西沿边金融综合改革凭祥试验区、广西凭祥重点开发开放试验区、中国—东盟边境贸易凭祥国检试验区（全国首家）的沿边对外开放口岸，凭祥是目前广西拥有国家级开放平台最多的县域城市。1992年9月，国务院在凭祥设立边境经济合作区，这开启了广西边境经济合作的新篇章，为边境贸易的开发进程提供了经济合作基础。2008年12月，国务院在凭祥建立综合保税区，这是我国设立的第五个综合保税区，也是我国第一个设立在陆路边境线上的综合保税区，保税区的设立在多个方面推动了凭祥边境贸易的发展，成为凭祥打造边境贸易的新亮点。2013年，时任总理李克强出访越南时签署了《关于建设跨境经济合作区的谅解备忘录》，进一步上升到国家层面对凭祥跨境经济合作区的设立给予实质性推动，跨境经济合作区在很大程度上支撑了凭祥边境贸易深度拓展。2013年11月，金融综合改革试验区在广西实行，同年12月，国务院将凭祥设立为重点开发开放试验区，广西壮族自治区政府于2014年6月批复了在凭祥设立沿边金融综合改革试验区，金融综合改革试验区促进了凭祥边境贸易的快速发展（见表6-5）。2016年9月作为全国第一个国检试验区，中国—东盟边境贸易凭祥国检试验区正式启动投入试运营，这将为边境贸易的深度发展创造机会。

表6-5 凭祥市2014—2018年金融货币结算、交易额表

年度	跨境人民币结算金额（亿元）	金融货币服务平台交易额（亿元）
2014	794.39	156.32
2015	850.58	178.49
2016	841.01	316.04
2017	382.84	170.00

续表

年度	跨境人民币结算金额（亿元）	金融货币服务平台交易额（亿元）
2018	465.86	70.23

数据来源：凭祥市统计局

凭祥市在边境贸易的发展上，凭借与越南及东盟国家开展经济合作打下的基础，注重建立双边合作机制，既利用了邻国越南在自然资源、原材料、进口产品等生产要素进入凭祥的地域优势，又充分调动了国内在产品再加工、产业链聚集、生产技术、资金设备等产业资源上的配套条件，来积极推动边贸产业，扩大边境贸易的合作领域，提升边境贸易层次。

其一，在边境贸易的进出口通道建设上，以"互联互通"作为新的抓手，让中越货物贸易实现"无缝对接"。中越友谊关一友谊国际货运专用通道的投入使用，使每天出入境车辆数量由800多辆增加到1200辆，最高值达1600辆，车辆通关时间缩短到原来的1/10，这极大提升了流经凭祥边境货物运输的效率和便利性，使进出口贸易在总量和总值方面上升到一个新的台阶。自2014年以来，凭祥外贸进出口总额每年稳步上升，其中2016—2018年边境小额贸易进出口总值连续3年全国第一，成为名副其实的全国边贸第一大城市（见表6-6）。

表6-6 凭祥市2014—2018年外贸进出口总额、边境小额贸易总额情况表

年度	外贸进出口总额（亿元）	边境小额贸易进出口总额（亿元）
2014	1053.00	673.20
2015	1180.00	679.70
2016	1138.00	396.80
2017	1452.00	531.50
2018	1755.60	832.00

数据来源：凭祥市海关

要素流动重塑跨境旅游合作空间的内在机理与演化路径：
以中越边境地区为例

其二，在边境贸易的进出口贸易结构和规模上，以优势互补为原则，放宽进口限制，扩大出口范围，推动双边贸易进程。凭祥边境出口贸易产业是以电子信息产品组装加工、轻纺、服装、机电产品装配加工等为主的劳动密集型产业，如电子科技产业龙头企业——广西三诺音频的智能终端产品制造与销售已经作为重点打造的出口产业项目引入凭祥；凭祥边境进口贸易产业主要以干鲜水果、电子产品等为主，进口水果贸易总值与交易额持续保持全国领先。近些年凭祥通过发展边境进出口贸易产业，在进出口数量、总额上，保持了较稳定增长的趋势（见表6-7）。

表6-7 2017年凭祥市进出口贸易情况表

2017年	贸易总额（亿元）	同期增长百分比（%）
边境小额贸易进出口	531.50	33.30
一般贸易方式进出口	29.50	39.90
互市贸易进出口	231.30	1.10
对东盟贸易进出口	849.80	9.60
对欧盟贸易进出口	2.90	170.00
电子产品（进口）	50.40	74.10
干鲜水果（进口）	24.10	38.00
机电产品（出口）	184.30	22.70
服装类产品（出口）	135.60	45.30

数据来源：凭祥市海关

（二）进口水果市场情况

凭祥市作为中国大陆最大的运输进出口水果中转站，每天都有超百万吨的东盟水果从口岸进口之后销往全国各地，有"中国一东盟水果之都"的美誉。借助"一带一路"倡议，凭祥与东盟国家的经贸往来日益加深，中越两国对各自本土生产的特色水果需求也不断增加，口岸优越的地理位置及便利的通关环境有效保障了水果进出口量的稳定增长。友谊关口岸货运专用通道

第六章

跨境旅游与进口水果业态创新培育

为了加快进出口水果的通关效率，自2018年6月1日起实施周末及节假日正常通关制，每周通关时间从5天延长至7天，这不仅让凭祥与对应的越南口岸真正实现了全年365天时间无间断的互联互通，还有效提升了进出口水果的运输量。凭祥水果进出口量连续多年保持广西乃至全国第一，从2014年的66.33万吨上升到2018年的117.3万吨，年增长率虽然每年有所不同，但总体上还是保持稳定，尤其近三年，呈现稳步上升趋势（见表6-8）。

表6-8 凭祥市2014—2018年度进出口水果总量、增长百分比情况表

年度	进出口水果总量（万吨）	同期增长（%）
2014	66.33	—
2015	85.90	29.50
2016	77.50	-9.70
2017	96.00	23.87
2018	117.30	22.19

数据来源：凭祥市海关

凭祥市的进口水果凭借国家指定进口水果口岸和中国首家国检实验区首创地这一名号，在建好新的铁路口岸后，进口水果的货运量得到数倍提升，比陆路运输更具效率，平均进入我国的东盟水果约有80%须经过凭祥中转，总的货运量一年最多可达500万吨，进口水果贸易额也大幅增长，这带动了更多的东盟热带水果进入到中国境内。由于国内市场对进口水果需求旺盛，在政策稳定的情况下预计后续水果进口量将继续增长（见表6-9）。

表6-9 凭祥市2014—2018年度进口水果量、贸易额情况表

年度	进口水果量（万吨）	进口水果贸易额（亿元）
2014	35.45	11.76
2015	52.50	21.40
2016	43.60	16.60

续表

年度	进口水果量（万吨）	进口水果贸易额（亿元）
2017	64.80	24.10
2018	93.90	37.5（1~7月数据）

数据来源：凭祥市海关

目前从凭祥市进出口的水果有31种，品类齐全，进口排名前三位为鲜龙眼、鲜火龙果和鲜榴梿，出口排名前三名为柑橘、苹果和梨（见图6-9、图6-10）。进出口水果贸易的主要伙伴是泰国和越南，从泰国主要进口榴梿、山竹，从越南主要进口菠萝蜜、香蕉等热带水果，仅2017年凭祥与越南进出口水果贸易额就达48.3亿元，占新鲜水果进出口贸易总值的84.9%，与泰国进出口水果贸易额为8.6亿元，占比15.1%。

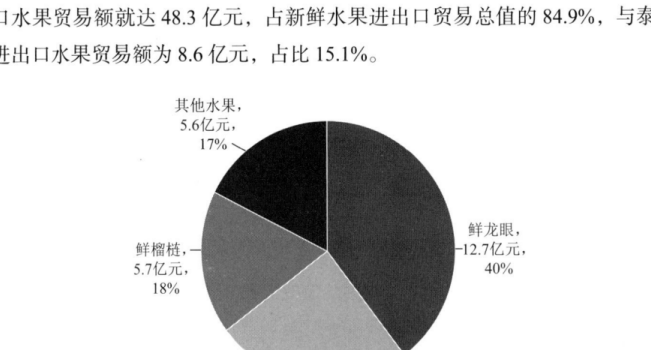

图6-9 2017年凭祥市进口水果情况

第六章

跨境旅游与进口水果业态创新培育

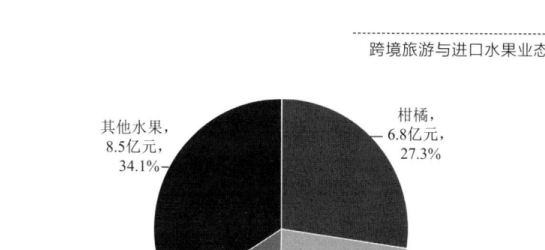

图6-10 2017年凭祥市出口水果情况

总体来看，凭祥市进出口水果市场形势良好，虽然进口水果铁路指定口岸+弄尧新通道+中越浦寨货物专用通道等基础设施项目还在陆续建设与逐步完善，但这些通道建设在未来的落实会更大程度地加大中国与东盟国家的水果贸易往来，使干鲜水果在入境中的效率进一步提升，这是进口水果贸易打造未来市场的重要保障。

（三）进口水果贸易产业情况

作为中国与东盟进口水果贸易的最大口岸，凭祥大力发展进口水果物流集散产业及相关产业链群，充分利用国家政策、口岸优势、产业资源、基础配套设施建设等条件，为进口水果贸易产业发展提供新支撑。

从国家政策和口岸优势方面来看，凭祥市政府在推动进出口水果贸易上，陆续制定与实行了多项适合本地进口水果产业发展的措施。为发挥口岸交通优势，从2013年以来陆续开放了中越公务及货运车辆直通通道、平而河大桥货车零接驳进出口通道、中越货物专用通道等绿色通道，口岸通关效率、承载能力大幅提升，极大节省了水果贸易运输成本，为进口水果贸易提供了便利的交通条件。自2016年后相继出台了《关于印发凭祥市边民互市贸易改革试点管理暂行办法的通知》《凭祥市进一步扶持坚果加工业优惠政策的通知》等文件，使进口水果贸易与进口水果本地加工产业在行政审批、税收上有了更多优惠政策，让边民互市贸易积极推动进口水果贸易。随后，在制定的

《凭祥市口岸经济大发展三年行动计划工作实施方案》中，以2016—2018年作为一个实施阶段，有计划有步骤地将口岸的水果、红木、农副产品等有代表性的边境贸易产业链进行扶持建设，做实口岸、做强产业，让凭祥由"通道经济"变为"口岸经济"，带动进出口水果相关产业的发展。例如，凭祥与清华同方公司就进出口水果检疫问题已达成协议，将建立中国一东盟（凭祥）水果辐照检疫处理中心，通过利用辐照技术处理水果检疫性有害生物，这是中国乃至世界首次采用该检疫办法的示范工程，体现了凭祥进出口水果在健康安全问题上的重视，保障了进口水果贸易产业的正常运行。

从产业资源和配套设施建设方面来看，凭祥进口水果产业以口岸为依托、以通道为保障、以进出口水果为资源、以干鲜水果加工产业为核心、以东盟特色文化为主题，努力打造具有本土边境特色的水果贸易产业，使水果产业从进口贸易到落地加工、从运输组织到仓储加工，形成完整的水果产业链。2015年颁布的《凭祥市人民政府关于加快电子商务发展的实施办法》文件，加快了凭祥进口水果电子商务贸易的发展速度。随后，位于凭祥市南山片区万通物流园的中国一东盟（凭祥）电商产业城正式投入运营，这是以东盟特色进口水果、水果加工品、农副产品交易为主，集跨境电子商务、跨境货市流通、跨境贸易服务于一体的综合性电子商务产业园，它吸引了众多水果贸易电商企业入驻，现已逐渐形成了连接国内、辐射东盟的进口水果跨境电商产业集聚区。在2016—2018年的三年间，凭祥对以水果、红木产业为主体的产业群及基础配套设施建设方面，共实施了60多个项目，累计投资达到540亿元，可见对进口水果产业建设的重视程度。近几年为突出凭祥"边贸"产业的特色和优势，政府对水果产业园区的环境绿化、设施亮化、道路改良等基础设施工程上投入数亿元进行改造，搭配具有本土特色的十字老街、美食街、步行街，完善水果贸易相关产业链基础配套设施。

（四）水果贸易相关企业情况

作为边境进出口水果贸易的一大口岸，凭祥实施了诸多鼓励政策与优惠措施促进水果贸易企业的发展。政府陆续出台了《凭祥市招商引资激励暂行办法》《进一步做大做强边境贸易加工业的若干政策》《关于促进现代物流业发展的实施意见（暂行）》等政策招商引资，加快新的进口水果及边贸加工项目在本地扎根，支持有实力的贸易企业来此投资生产，并积极为进驻企业实行鼓励与优惠方法，为凭祥企业发展提供新动力，增强凭祥水果贸易加工企业的竞争实力。20世纪90年代，在凭祥市政府的指导下，水果贸易企业联合成立了水果协会；为方便进口水果口岸通关、仓储保管和物流运输，2016年3月凭祥市正式启用了投资12多亿元建设的边境贸易货物物流中心，随后中国一东盟凭祥边境贸易货物监管中心、弄怀边境贸易货物监管中心等相关配套项目实施，使进口水果企业在水果物流、仓储等方面得到了有效保障；2017年的中国一东盟（凭祥）水果贸易与加工专场推介会上，凭祥将吸引到的约66.8亿元的资金投入到新鲜水果、农副产品、干鲜食品等加工项目上，为水果贸易企业的正常生产与运行提供了极为关键的保证。

从企业发展战略上来看，凭祥水果企业力争拓展产品与产业链，打造具有特色的水果产品和交易平台。2017年年底，位于边境中越（凭祥一同登）跨境合作区内的中国一东盟（凭祥）水果城正式运营，从建设到完成总投资达35亿元人民币，总用地面积约46.7万平方米，这是集进出口水果贸易、仓储保管与物流配送、产品会展与展览、水果批发与销售等功能于一体的水果贸易专业市场，是连接国内到东盟的进出口水果集散中心，也是中国与东盟进出口水果贸易跨境交易平台，吸引了众多国内外水果贸易与加工企业纷纷前来，目前已有490家水果贸易相关企业签订了入驻经营意向书。此外，位于凭祥边境经济合作区的夏石工业园，对东盟进口的农产品、新鲜水果进行落地再加工，重点培育以水果、坚果为主的休闲食品和农副产品的加工项目，使进口水果产品在附加值上向高精深延伸；友谊关工业园区积极引进水果、坚果、粮油、酸奶等产品加工项目，拓宽水果再加工贸易渠道；盐津铺子、山东沙土、越香园等一批大型企业也陆续进驻凭祥发展。凭祥在边境水果贸易上积极推动企业的转型升级，这标志着凭祥企业进出口水果贸易提升到一个新的台阶。

第三节 凭祥市跨境旅游﹢进口水果贸易业耦合发展

一、凭祥市跨境旅游﹢进口水果贸易相互借力

（一）客源市场重合较高，相互发展潜力较大

凭借地缘优势，凭祥市以独特的魅力吸引了来自四面八方的游客和商家。凭祥市近些年边境旅游与进出口水果贸易的数据显示，在出入境旅游与进出口水果贸易、国内旅游与国内水果贸易市场上，两者存在共同的客源市场，且重合度较高。许多国内与入境旅游者来到凭祥市，不仅参与了不同形式的旅游活动，而且在较大程度上有参与水果贸易或交易的行为。而反观来到凭祥市的水果商务客人，不但有水果商贸方面的活动，同时也存在参与当地旅游线路和游览项目的情况。例如，凭祥市多次举办了中越（凭祥）旅游节暨水果商贸交流会等活动，来参加的客人既有商务客人还有观光游客，诸多客人通过此方式达到了商贸和旅游的双重目的。由此可见，边境旅游与水果贸易客源市场在互动上较明显，双方相互发展有强大的潜力。

（二）产业集聚效应存在，相互发展前景看好

凭祥市以国家政府政策扶持作为支撑、以建设全国旅游强县和重点开放开发试验区作为契机，积极转变旅游与贸易产业结构与业态机制，扶持旅游和水果相关产业的建设与发展。在旅游与水果产业的发展思路与规划上，凭祥市以打造特色优势项目为基点，构建了"吃东盟、玩东盟、购东盟"的发展思路，通过利用当地的资源和地缘条件，逐步打造了红木城、水果城、农产品加工园、轻纺城、跨境电商物流园等建设项目，并将各个项目加以融合发展，产生产业集聚效应，向"一市场一品"的产业发展格局迈进，拓宽边境旅游与贸易领域。例如，作为打响凭祥边境贸易水果品牌的水果商贸城和物流产业园，将水果买卖与旅游购物结合在一起，已在当地逐渐形成了独具

特色的旅游产业链和水果加工集群，让水果产业在推动生产加工、进出口贸易和边境旅游上发挥较大作用，发展前景较好。

（三）企业合作层次加深，相互发展领域较广

凭祥市旅游与水果企业通过政府政策的积极引导，依托口岸产业链的建设规划，拓宽对外交流与合作，开放相互合作层次与领域，积极探索旅游与水果贸易的共同发展方式。在企业合作战略上，通过"吃＋玩＋购"的思路，强力推动旅游与水果加工产品的创新，将旅游的游览线路、购物娱乐与水果的采摘加工、商业贸易等环节连成一体，全方位打造具有东盟特色的进口水果加工产品体验地、东盟水果休闲食品美味之都这些有辨识度的品牌，加深了双方的合作层次。例如，凭祥市旅行社推出了不同形式的旅游产品，其中最具特色的就有水果商贸游、水果美食游和水果采摘休闲游，通过旅游的方式直接将水果体验与水果交易结合在一起，不仅展现了东盟进口水果这一产品优势，也带动了旅行社与水果企业的互动合作，给了双方相互发展更广的发展领域。

二、凭祥边境旅游＋水果贸易产业影响分析

（一）研究目的与模型引入

为了验证凭祥市旅游产业＋水果贸易产业之间相互发展的关联性及程度大小，基于不同的角度来研究旅游＋水果贸易产业的影响因素及影响程度，从而给凭祥市在边境旅游＋进口水果贸易新业态的培育路径上提供新的思路与参考，笔者对凭祥市新业态的培育做一个线性回归的定量实证分析。

由于需要对事物之间内在规律与关联程度进行研究，但碍于某些现象的复杂性及无法直接观察导致实际事件的内在因果关系不能得到有效分析，因此可以采用统计分析方法对搜集的统计数据建立模型，用来确定各种变量或数据间的关联程度，相较其他数据模型来说线性回归应用最为宽泛，它可用函数关系式也就是回归方程来展示各变量之间是否存在一定的规律性。

在模型应用中可以具体表示为，假设因变量为 Y，设对因变量产生影响的 k 个自变量分别为：

$X_1, X_2, \cdots, X_k$

可以假定为各个自变量对因变量 Y 产生的影响都是线性的，因而可以得到，当其他自变量保持不变时，随着自变量 X_i 的变化，Y 的均值也同样产生了相对均匀的变化，因而多元回归模型可以表示为：

$$y = \beta_0 + \beta_1 x_1 + \beta_2 x_2 + \cdots + \beta_k x_k + \varepsilon$$

对于自变量与因变量的选择与分析应做到：自变量与因变量相互间应该有比较明显的作用和影响，并在分析上以较强的线性相关表现出来；两者的线性相关应是实际的，而不是流于表面或形式上的；自变量各因素之间应做到互斥，也就是说各自变量相互之间的关联程度需要低于自变量与因变量相互间的关联程度；在数据的整理和统计上应尽量考虑到自变量各指标的完整性，且对产生的预测值比较容易把握和确定。

通过回归分析，可以利用样本数据对模型参数做出估计、对模型参数进行假设检验、应用回归模型对因变量（被解释变量）做出预测，同时对回归模型进行显著性检验，通过相关系数检验出线性相关程度的大小、残差分析数据及相关指标因素的主次排序，从而得到各指标对于因变量的影响程度及作用大小。

（二）数据来源

定量分析以回归分析作为研究方法，选取 2014—2018 年外贸进出口总额与边境旅游总收入的和为因变量 Y，表示凭祥市外贸与边境旅游的产业发展水平；选取进出口水果总量、边境小额贸易进出口总额、金融货币服务平台交易额、跨境人民币结算金额、边境旅游总人数、国内旅游人数、入境旅游人数、国内旅游收入、旅游外汇收入、国家 A 级旅游景区数量、星级饭店数量、星级饭店客房数量、住宿和餐饮业投资额为自变量，分别设定为 X1–X13。之后，运用 SPSS 软件进行多元回归分析。原始数据如表 6-10 所示。

第六章 跨境旅游与进口水果业态创新培育

表 6-10 精选华联基本数据

年份	不含税进口水果销售额/万元	X1 重量/万元口用采购	X2 联营/联营额口用采购/万元	X3 联营/交号主/专项出/采购委/万元	X4 联营直采/转出通/转出通/Y新额	X5 精/Y联额/额新交	X6 精Y联额/额出国	X7 精Y额/额新Y	X8 Y纳额/额出国	X9 工纳工/额额额	X10 重联/区重联/V案国	X11 重联更/额额重	X12 重联/组更更/额额重	X13 联运群/不冷冻/味甜味
2014	10780.80	66.33	647.20	156.32	794.39	389.33	375.71	13.62	23.93	1.87	3	8	880	22280
2015	12241.19	85.90	679.70	178.49	850.58	596.20	507.12	54.18	35.50	8.69	6	10	1011	23920
2016	11841.42	77.50	396.80	316.04	841.01	600.50	589.51	15.68	42.29	4.13	6	10	1011	29916
2017	15071.14	96.00	531.50	170.00	382.84	630.93	619.52	15.64	51.17	3.97	6	11	1244	5454
2018	18191.15	117.30	832.00	70.23	4965.86	704.83	889.64	16.19	59.40	4.15	6	11	1244	14562

要素流动重塑跨境旅游合作空间的内在机理与演化路径：

以中越边境地区为例

（三）实证分析

通过 SPSS 软件将数据指标导入，进行多元线性回归分析，具体步骤为"分析—回归—线性"。由此可得出方差分析、回归系数与共性诊断表。

表 6-11 方差分析表 $Anova^b$

模型		平方和	df	均方	F	Sig.
	回归	360777.497	4	90194.374	.	.a
1	残差	0.000	0	.		
	总计	360777.497	4			

a. 预测变量：(常量)，X13，X9，X2，X6。

b. 因变量：Y

表 6-12 回归系数表 a

模型		非标准化系数		标准系数	t	Sig.	共线性统计量	
		B	标准误差	试用版			容差	VIF
	(常量)	10.914	0.000		.	.		
	X2	0.787	0.000	0.432	.	.	0.886	1.128
1	X6	1.906	0.000	0.758	.	.	0.766	1.305
	X9	-14.560	0.000	-0.121	.	.	0.878	1.138
	X13	-0.007	0.000	-0.213	.	.	0.693	1.444

a. 因变量：Y

表 6-13 共线性诊断表 a

模型	维数	特征值	条件索引	方差比例				
				(常量)	X2	X6	X9	X13
	1	4.638	1.000	0.00	0.00	0.00	0.01	0.00
	2	0.166	5.288	0.00	0.04	0.02	0.01	0.47
1	3	0.144	5.674	0.00	0.01	0.00	0.94	0.06
	4	0.043	10.327	0.01	0.60	0.27	0.00	0.00
	5	0.008	23.663	0.99	0.35	0.70	0.04	0.46

根据多元线性回归分析，由表6-11、表6-12、表6-13可以看出，因变量 Y 与自变量 $X2$、$X6$、$X9$、$X13$ 具有显著的线性因果关系，具体来说回归方程表示为：

$$Y = 0.787X2 + 1.906X6 - 14.56X9 - 0.07X13$$

说明 $X2$、$X6$ 对因变量 Y 是正向影响，$X2$ 每增加0.787个单位，Y 增加1个单位；$X6$ 每增加1.906个单位，Y 增加1个单位。$X9$、$X13$ 对因变量 Y 是负向影响，$X9$ 每增加14.56个单位，Y 减少1个单位；$X13$ 每增加0.07个单位，Y 减少1个单位。

表6-14 已排除的变量B表

模型		Beta In	t	Sig.	偏相关	共线性统计量		
						容差	VIF	最小容差
	X1	.a	.	.	.	0.000	.	0.000
	X3	.a	.	.	.	0.000	.	0.000
	X4	.a	.	.	.	0.000	.	0.000
	X5	.a	.	.	.	0.000	.	0.000
1	X7	.a	.	.	.	0.000	.	0.000
	X8	.a	.	.	.	0.000	.	0.000
	X10	.a	.	.	.	0.000	.	0.000
	X11	.a	.	.	.	0.000	.	0.000
	X12	.a	.	.	.	0.000	.	0.000

从表6-14可以看出，其他变量（$X1$、$X3$、$X4$、$X5$、$X7$、$X8$、$X10$、$X11$、$X12$）与因变量 Y 的线性关系不明显或影响程度小。

三、研究结果

通过上述定量研究得出以下结论：

（1）边境小额贸易进出口总额和国内旅游人数对外贸与边境旅游的产业发展水平产生正向影响，且国内旅游人数影响程度大；旅游外汇收入、住宿和餐饮业投资额对外贸与边境旅游的产业发展水平产生负向影响，且旅游外汇收入影响程度大。

（2）边境小额贸易因素对凭祥市进出口贸易与边境旅游产业有非常显著的影响，这也在一定程度上说明，作为边境小额贸易主要组成部分的进口水果贸易对凭祥贸易与旅游产业发展的重要影响与深度关联。而国内旅游市场是凭祥市边境旅游的主力军，国内旅游人数的增加，对凭祥市新业态的培育路径有着非常关键的作用且影响层次深。

（3）旅游外汇收入、住宿和餐饮业投资额是体现旅游与外贸产业发展水平的主要指标，由数据看出虽然其产生了关联性和影响力，但其作用性是负向的，究其原因应该是受到外部环境的影响，如边境政策、国家关系、政府投资环境等因素造成了旅游与贸易环境的不稳定，尤其是旅游外汇收入与中越两国政策变化密切相关。

（4）国家A级旅游景区数量、星级饭店数量、星级饭店客房数量虽然是衡量旅游产业发展水平的重要因素，但通过上述分析结果显示，其与外贸和旅游产业的发展水平关联不大或影响弱，这在很大程度上可能受到旅游产业内部结构不均衡和发展缓慢的影响，导致所产生的作用微小，今后可作为提高凭祥市边境旅游发展水平与新业态培育路径的努力方向。

（5）跨境人民币结算金额、金融货币服务平台交易额的变动与旅游和外贸产业发展水平关联度不大，故其对边贸与旅游所产生的作用与新业态培育可以不予考虑。

第四节 凭祥市跨境旅游＋进口水果贸易新业态培育路径

一、新业态培育路径的"关键结合部"

凭祥市在边境旅游＋进口水果贸易的结合上有着十分广阔的空间，今后应重点考量如何利用进口水果贸易的优势为边境旅游增添新的亮点、如何借助边境旅游进一步促进进口水果贸易的深入发展，进而找准其中的"关键结合部"，这是凭祥市边境旅游融合于进口水果产业的新契机，也是新业态培育路径的一项十分重要的课题。

通过对旅游与贸易相互发展与推动的过程可以看出，"旅游动机引发旅游需求"→"旅游需求产生旅游行为"→"边境旅游行为通过影响渠道与进口水果贸易活动关联"←"贸易需求产生贸易活动"←"贸易动机引发贸易需求"，其中的影响渠道包含商务贸易、购物行为、观光游览、会议会展等事件活动，可以视为新业态培育路径的关键部分，因而应着重从这个关键切入点进行综合考虑。

从旅游的角度来看，在当前"全域旅游"背景下，凭祥应充分发挥边境旅游资源的优势，让旅游融合到各行各业之中，发展独特的"旅游+"产业链。以往凭祥重点推广的边境旅游主要依托于军事探秘、边关风情、跨境旅游和红木文化，尤其作为凭祥最为重要的红木产业，在与旅游产业融合方面取得了良好的效果，打造了红木文博城、红木文化创意产业园等特色产业。由此看来，旅游+红木产业融合的成功示例给凭祥边境旅游的突破创新提供了新的启示，可以将边境旅游打造成一个"事件"+"旅游"的活动，其中这里的"事件"包含商贸性质。

从贸易的角度来看，凭祥口岸作为重要的水果集散地、进口水果之都，是"一带一路"倡议建设下的沿边贸易与旅游重镇，应积极发展"水果口岸+"的产业格局。凭借在"硬件"（区位、沿边、交通、产业资源等）上的条件，在"软件"（平台、政策、服务）上的优势，凭祥已多次成功举办了水果电商节、中国—东盟（凭祥）水果之都高峰论坛等活动，吸引了众多国内外客户、嘉宾、游客的参与，通过贸易活动将凭祥的影响力扩散传递到更远，让国内外消费者更好地接触、认识、了解凭祥。可以看出，通过水果贸易活动为凭祥树立了良好的品牌形象，吸引了更多的游客来到凭祥参观、考察，可以将进口水果贸易打造成一个"事件"+"营销"的活动，其中这里的"事件"包含旅游性质。

综合上述分析来看，凭祥市边境旅游+进口水果贸易培育路径实质上表现为两者产业间的相互借力与推动，而相互借力与推动来源于两者之间的"关键结合部"——"事件营销、事件旅游"，即通过打造"事件营销、事件旅游"，培育与发展新的业态形式（见图6-11）。

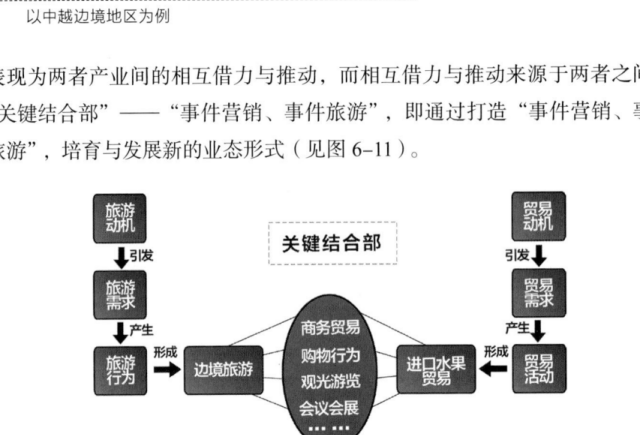

图6-11 边境旅游+进口水果"关键结合部"示意图

围绕凭祥边境旅游+进口水果贸易新业态培育路径，从旅游与水果产业要素关联一流动路径一产业融合这一多维逻辑思路来看，边境旅游+进口水果贸易在"关键结合部"上有着内在的互动路径。

从现实情况来看，作为凭祥旅游产业的名片之一，边境旅游扩大了国内外旅游互动的层面，如边境旅游异地办证业务的恢复，将凭祥变成为集美食购物、文化风情、会展节日、边境体验等元素于一体的边境旅游集散地产业链；作为凭祥边境贸易的一部分，进口水果贸易扩大了与国内外贸易合作层次，如货运车辆直通和便利化协议，将凭祥打造成了集口岸通关、运输组织、仓储加工、信息处理等功能于一体的进口水果集散地产业链。因而，同时作为凭祥集散地产业链的边境旅游+进口水果贸易在"关键结合部"上有诸多关联和互动。

从理论层面来看，边境旅游+进口水果贸易的互动与发展路径是一个动态的过程，以"关键结合部"中的"事件"为核心，具体可以表示为：进口水果产生贸易事件→贸易事件促进事件营销→事件营销引发边境活动→边境活动发展事件旅游→事件旅游推动进口水果（见图6-12）。

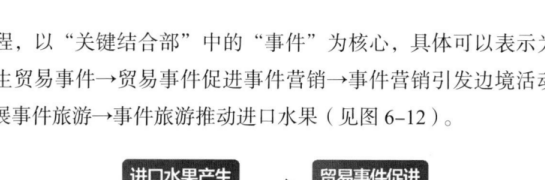

图6-12 边境旅游+进口水果贸易互动与发展路径

二、新业态培育的具体路径

以边境旅游+进口水果贸易新业态的"关键结合部"——"事件营销、事件旅游"作为出发点，可以从发展、创新与保障三个层面对凭祥新业态的具体培育路径提出思考和建议：

第一层面为发展性路径：

（一）办会

会议的举办有临时性、不定期、灵活适用等特点，它可以定期在一个时间段同时吸引到众多专家学者以及商贸人员、游客等前来参加，虽然时间上较短暂，但是会议的影响力和传播范围较为广泛。凭祥可以将会议打造为具有"营销"与"旅游"事件性质的活动，让会议"事件"既促进贸易又推动旅游。2017年凭祥举办了中越边关旅游节暨中越（凭祥）商品交流会，邀请了数百位来自东盟国家和国内的企业家、学者等人员参加，会议以提升凭祥"水果之都"品牌形象为主题、以打造凭祥完整水果产业链为主线、以加强凭祥水果贸易与水果加工产业发展为内容展开了探讨，重点讨论如何利用凭祥在进出口水果贸易上的各种优惠政策与便利条件，将凭祥水果融入国内贸易市场乃至整个东盟经济圈。2018年10月26日，由文化和旅游部与广西壮族自治区区政府在桂林举办的中国一东盟博览会旅游展上，凭祥以边关、跨境、边贸为主题向来自国内外近千家企业、几百名商贸人员、参展商及嘉宾介绍自身独特的边关旅游文化资源和边境特色商贸产品，通过宣传片、视频介绍、会议讲解、歌舞表演等形式让参会者全方面见识了凭祥独有的魅力，提升了凭祥在国内外的旅游与贸易品牌形象。由此可以看出，凭祥通过举办或参加商贸会议、旅游会展等方式向大众推广来自凭祥的东盟水果产品与特色旅游产品，可以带动旅游与贸易双向发展，通过水果商贸会议能带动旅游活动，通过旅游会展能推动水果贸易商机，事实证明，这些能取得良好的效果。

（二）办节

节事活动有可重复性、常态化等特点，它可以吸引更多的游客参与进来，利用节事项目往往可以让水果贸易与旅游活动同时进行，丰富节事活动的内容，推动两个产业共同发展。近些年凭祥已多次举办了"边关旅游节"活动，每年以不同的主题形式向前来参加节会的人员展现凭祥特色品牌（见表6-15），旅游节下设不同形式的交流会，包含特色旅游项目、商贸研讨、水果商品交易、边关文化交流、产业发展、红木产品推广等内容，这在很大程度上不仅丰富了凭祥国内与入境旅游活动项目，带动了边境旅游市场，而且进一步拓宽了凭祥国内外商贸交流与合作平台，带来了良好的产业发展和投资环境。2018年12月12日，凭祥市政府联合越南旅游厅联合举办了以边关文化+丝绸之路+特色水果+电商交流为内容的"水果电商节"，吸引了东盟各国政府工作人员、商贸代表和国内水果经销商、水果加工企业家等人员参加，节会设置了水果展示区、特色水果品鉴区，通过网上竞拍、网络推广等不同形式的活动让线上线下消费者都参与进来，同时也请凭祥星级酒店举行了精致特别的"水果宴"，形成了别具一格的东盟特色水果视觉效应，让参节人员感受到了来自边境"水果之都"的独有魅力。因此，凭祥每年可以定期举办节事活动，开展以"水果"+"旅游"为主题的"事件"活动，丰富节事活动内容，打造具有凭祥特色的高辨识度的节事品牌，拓展节事号召力，让旅游与贸易取得双赢效果。

表6-15 2012—2018年凭祥市中越"边关旅游节"主题表

年份	凭祥市举办中越"边关旅游节"的主题
2012	"魅力边关，友谊凭祥"
2014	"跨境合作，开放共赢"
2015	"聚焦'一带一路'、推动跨境合作"
2016	"一带一路、共荣共赢"
2017	"千年雄关新时代·丝路凭祥果飘香"
2018	"融入陆海新通道，共享合作新机遇"

（三）办园

主要指在凭祥建立边境水果产业园，它可以使进出口水果贸易保持长久、稳定，形成包括水果种植、现场采摘、水果再加工、市场销售等流程的产业链形式，是值得投资并取得长期效益的新业态培育方式。凭祥可将水果加工产业、边境旅游产业资源进行整合，打造一个集聚产品会展、特色营销、餐饮休闲、水果体验、娱乐购物、跨境电商等功能于一体的综合性水果贸易产业园。2018年12月26日，隶属于广州江楠鲜品科技有限公司的江楠鲜品平台正式入驻凭祥万通物流园，它是主要以生鲜水果品类B2B交易为主的连接国内和东盟各国的电商产业园，可以通过利用凭祥口岸优势获取东盟热带水果一手货源，并直接将水果供给买家，降低了水果交易成本。在未来规划上，将产业园建设成以水果资源、电子商务、仓储运输、冷链物流、报关交易等为主的"线上+线下"一体化融合的商务交易平台，并肩负起企业培育孵化和高新人才培养的重任。办园可以融合不同产业间的优势，节能增效，将凭祥本地的产业资源尤其是旅游与贸易产业进行整合，提升水果+旅游产业新业态的核心竞争力，并促进边境旅游+进口贸易+水果加工+电子商务+物流运输+其他特色优势产业的联动发展，形成产业集聚效应，发展新的特色业态，构建新的特色产业体系，为产业经济增添新的活力，使凭祥迈入旅游与水果"口岸新流通"时代。

第二层面为创新性路径：

（四）建设水果小镇

结合当前凭祥优越的区位交通和集聚多样的产业形态，建设具有本土特色的水果小镇，是凭祥未来发展新业态的一条可持续性的创新型路径，是将边境旅游＋进口水果贸易产业融合量身定制的结果。建设水果小镇旨在将旅游＋贸易产业进行功能性拓展，以水果进口、水果商贸、水果加工为主，从而延伸出体验、旅游、休闲、购物、文化等多种功能，提升进口水果的产业附加值，深化产业链。2018年，凭祥重点推动对东盟水果小镇的项目建设，小镇规划占地376.51公顷，目前已有包括盐津铺子食品公司、沙土食品公司等在内的多家企业正式投入生产，其他企业还在陆续签约和洽谈中。水果小镇在建设规划上，以集聚水果商贸、水果加工、特色饮食、旅游休闲、娱乐购物等多种产业为一体；在发展战略上，融入"南向、北联、东融、西拓"这一全新的多方位发展格局，重点发展进口水果加工贸易业，实现水果进口到落地加工的对接转变；在思路方案上，重点打造水果休闲食品、东盟文化、水果再加工、果品体验等品牌形象，突出边境"进口水果之都"的影响力。由此可见，凭祥水果小镇的建设，体现了边境旅游与进口水果贸易两个特色产业的深度融合，是"事件营销"＋"事件旅游"结合的高度体现，是凭祥新业态创新性发展的亮点，预计未来将成为凭祥边境经济发展新的增长极。

（五）建设水果主题乐园

主题乐园主要以特定的主题创意作为核心思路，以相关文化陈列、文化移植等形式作为创作手段，以设置具有高度吸引力的环境和情景来引发消费者的旅游动机为目的，是集旅游休闲、餐饮美食、特色文化、娱乐服务于一体的现代旅游场所。从旅游与贸易产业实际情况来看，建设一个具有明确主题性、巨大吸引力和强烈社会效应的乐园是新业态发展值得探索的新途径，纵观广西乃至国内，目前以进口水果为创意的主题乐园很少甚至几乎为零，因而水果主题乐园在市场上具有强大的核心竞争力和影响力。凭祥可以以突出"水果营销"＋"水果旅游"事件作为出发点，建设一个独具边境风格的以东盟进口水果为主题的乐园，即通过对凭祥区位平台、水果市场、旅游资源、边关文化特色进行定位，挖掘最具价值、最适合、最热门的水果"事件"主题，并以不同的水果主题对乐园中游乐设施、娱乐项目、餐饮场所等地方进行主题包装，精心设计水果节、水果宴、水果餐、水果派对、水果游乐、水果休闲等主题活动，开发一系列以水果为特色的纪念品或特产，并参考其他主题公园实际案例，吸取成功经验，以"水果事件营销"+"水果事件旅游"形式打响凭祥水果与旅游的品牌知名度，创造社会效应，扩大旅游与贸易市场。

第三层面为延续性路径：

凭祥通过办会、办节、办园等系列发展性路径和建设水果小镇、水果主题乐园等系列创新性路径，形成了"事件营销"和"事件旅游"，但是如何进一步跟进"事件"所带来的效应，如何扩大"事件"产生的影响力，则需要综合诸多因素考虑并采取一些延续措施，从而使"事件"取得可持续影响力。具体而言，可以从以下三个方面进行延续拓展：

（1）建立旅游与贸易产品开发体系，延伸产业后续创新路径。通过办节、办会活动在一定时期内将参加的人员聚集到一起，能够取得比较大的社会影响力，但是，如果后续相关的特色水果产品和边境旅游产品跟不上所产生的社会效应，那么办节和办会所取得的品牌效应会不断消退。因而，凭祥在举办如边关旅游节暨水果商品交易会等节庆或会议后，应进一步拓展和开发相关特色水果产品和旅游产品，可以通过产品组合营销策略等方式，延续凭祥品牌影响力，健全旅游与贸易产业链机制。由国内外相关经验得出，后续性产品开发的核心在于当地特色文化的渗透，因而结合凭祥现有情况，建议从两个方面进行思考：其一，凭祥可以结合水果与红木两个特色优势产业，开发出"边关红木+进口水果"的特色旅游产品，并设计一条兼具红木与水果体验式旅游路线，做到将水果贸易与红木两个产业拓展并融合升级；其二，开发会议场所、节庆活动以及产业园区的体验式旅游，让游客充分参与其中并在此过程中领略凭祥特色边关文化。

（2）打造水果+旅游"事件"后续品牌，创建专属"事件"营销平台。现今可以运用电子商务平台、智慧旅游、网络营销等手段，开展事件旅游和事件营销后的活动，通过借助手机App软件及微博等公众平台宣传凭祥水果+旅游事件。首先，结合当前科技手段，建议可以创建一个官方App宣传与营销软件，该App软件专门为凭祥进口水果+边境旅游事件而打造，其受众包括旅游者、商务人群、企业甚至潜在客户，通过App软件可以宣传凭祥进口水果与边境旅游的最新动态、随时更新水果与旅游的最新活动内容、推送用户感兴趣或想了解的旅游与进口水果信息，无间断提供进口水果贸易与边境旅游的咨询服务、有针对性地对潜在客户做好贸易评估及旅游路线宣传工作等。其次，借跨境电商发展的契机，可以打造凭祥的专属进口水果电子商务平台，以此平台连通国内市场及东盟市场，将平台建设成为一个重要的入境水果网络集散中心，通过事件旅游和事件营销最大限度地拓展其进口水果电子商务平台的服务范围，扩大品牌后续影响力。

（3）形成凭祥进口水果外卖市场，取得长远发展经济效应。当前国内的外卖行业处于快速增长阶段，据统计，2017年网上外卖市场用户约3.43亿人，外卖市场交易额高达2000亿元，且近几年都持续保持较高的增长水平，这说明外卖市场具有很大的潜力。对于进口水果的零售而言，其市场需求在不断扩大，但是缺乏一定的营销和推广渠道，因而未来形成固定的水果外卖市场对于凭祥进口水果贸易来说，有其独特的核心竞争力和产业优势。凭祥市可以依托其进口水果的区位优势和平台资源，积极与本地所在的外卖公司达成合作协议，通过外卖形式推销进口水果产品，打造独具凭祥特色的进口水果外卖品牌，逐渐形成凭祥进口水果外卖市场，并提供多样化的水果贸易服务。外卖市场的形成和成熟，对于凭祥发展边境旅游和水果贸易有着不可估量的推动作用，既对凭祥水果客源市场产生了影响力，又提升了公众对凭祥边境旅游的整体认知程度，也为凭祥当地经济发展创造了活力，是新业态培育可以取得长远发展效应的延续路径。

三、新业态培育路径的对策建议

（一）加强中越互联互通，推动陆海新通道建设

结合国家"一带一路"政策与凭祥市实际情况，政府在贸易上应与越南加强互联互通，围绕北部湾区"四个一流"建设目标，强力推动陆海新通道项目的实施。在通道建设上，应放宽水果进出口限制，在进出口水果贸易上实施"简化申报"的通关政策，切实解决当前相关水果进出口企业申报困难和海关监管实际困难的问题，有效促进中越水果贸易通关便利化政策的落实。具体而言，建议可以从四个方面着手：第一，海关部门积极运用新的互联网技术手段，使通关效率从技术层面得到提升；第二，在通关上实行人车分流，使来往的出入境人流与过往货运车辆实现通关分开管理，提高人车通关速度；第三，政府部门进一步修订和完善出入境管理政策，减少相对复杂的通关程序，提升零接驳通关的速度；第四，加强对海关出入境人员业务技能方面的培训，提高其工作效率，提升其对通关业务的办理水平。放宽进出口贸易限制和加强中越贸易往来相互联通，可以极大提高中越边境进出口水果贸易的通关效率，使中越贸易对接能进一步畅通，并加快推动进口水果贸易从"通道贸易"向"口岸贸易"的转变。

（二）提升基础设施水平，优化旅游+贸易发展软环境

基础设施对于凭祥市发展边境旅游+进口水果贸易至关重要，但目前凭祥在口岸交通、通信网络、服务设施等"硬环境"方面存在诸多问题，应从以下途径着手解决：首先，对凭祥市A级旅游景区、星级酒店、水果商贸城、一类和二类口岸、主要购物街道进行定位和布局，重点加强这些地方的基础设施建设；其次，对凭祥市区交通网络、Wi-Fi通信覆盖面、公共厕所和旅游星级厕所等公共服务设施设备进行改造，着重提高其效率、质量和水平；最后，加大推进和落实新基础设施项目的进度和安排，提升总体基础设施水平。此外，凭祥市在发展"硬环境"的基础上，应不断优化"软环境"，做到"软硬兼施"，例如：提高本地居民素质，为到凭祥的客人留下良好印象；加强对旅游服务人员素质的培训，为来凭祥的游客提供优质服务；树立旅游+水果贸易品牌文化，加大文化宣传和传播；改正政府人员的办事态度，实现真正为群众利益服务等。

（三）抓好"事件"营销+旅游，继续做好办节、办会、办园工作

凭祥市新业态在培育上应该抓住事件营销与事件旅游所带来的契机与效

应，在节庆、会议与办园工作上做到可持续发展。"事件"所带来的效果持续时间短，这就要求凭祥在旅游与水果贸易的发展措施上能够持续创新，打造一些具有内在价值与独具特色的"事件"，增加凭祥"事件"的人气+人流，使"事件"效果得到强化。例如，通过举办中越（凭祥）旅游节每年设置不同的节庆主题，主题下设有别具一格的水果展览会、水果品鉴会、水果主题宴等活动吸引参与者，同时可通过水果展现出凭祥不一样的边关旅游文化，带动游客参与不同形式的旅游活动，将凭祥边境旅游四张名片中的产品（军事、边关、红木、跨境）与水果产品结合在一起，让客人拥有不同的体验。

（四）推动产业深度融合，构建全域旅游体系

凭祥市在边境旅游带动进口水果贸易、进口水果贸易促进边境旅游上存在动力不足、效应欠佳等问题，归根结底是由于边境旅游与进口水果在产业深度融合上还存在较大的缺口、旅游+水果产业结构中还存在诸多不合理的问题。笔者认为，要推动旅游+水果产业的深度融合，必须构建全域旅游体系，使产业间资源得到有机整合，实现共建共享，让新业态培育能真正得到落实。建议从几个方面进行着力：其一，在办会、办节、办园、建设水果小镇和水果主题乐园等过程中，建立有"辨识度"的特色形象，树立凭祥在旅游+水果上的双品牌知名度，发挥旅游+水果双产品号召力，创造双重效应；其二，将边境旅游与水果产业实现真正的无缝对接，促使水果贸易由"落地生产再加工"模式转化为"水果+旅游本土化"模式，推动边境旅游将"4张名片"效应转化为"$4+1$（特色水果）$=5$张名片"效应；其三，将凭祥市作为旅游集散中心和水果集散中心两个关联产业链联结起来，形成"商贸、购物、娱乐、休闲、美食"的兼具旅游+水果双重属性的新型业态，扩大旅游与贸易产业规模，构建全新有效的全域旅游发展体系。

（五）培育企业家创新意识，建立地方自我认同感

企业能否创新，不仅体现在产品、体制与人才上的创新，还体现在企业家或企业管理层的创新意识。企业家若具备创新意识，对企业长远发展来说将是一个持续的推力。因而，可以通过定期举办"企业家论坛""企业家交流会"和企业创新培训讲座等方式来加强旅游与水果贸易相关企业家之间的交流，培养其创新思维和意识。同时，建立企业家对凭祥本土的自我认同感也是一个关键点，这需要从企业发展条件、本土社会环境、政府政策实施等方面给本土企业家一个积极和稳定的条件，让其能从长远规划的角度考虑企业发展问题，为新业态未来的培育和发展提供动力。另外，企业家的创新还体现为人才创新，它需要企业人才引进与培养上有政策和资金的支持，并建立专门的边境旅游、跨境电商等人才培养机制，打造一支业务素质优越、后备人才充足的专业队伍；加强对从业人员的培训，重视重要人才的储备；积极投入资本引进人才，提升企业人才的交流与合作水平。而产品创新，应以市场为导向，针对个性化需求，开发有针对性的新型产品；结合科技信息技术，将最新的技术手段如互联网、电子商务、智慧旅游等融入新产品中，满足客人多样化的需求；应树立产品创新意识，与时俱进，提升市场竞争力。

（六）高度重视企业诉求，安排相关优惠政策落实

企业对经营环境、发展战略、优惠政策等方面的诉求，在很大程度上反映了企业要求创新、突破和进步，因而凭祥市政府应充分重视旅游与贸易企业提出的共性诉求，对企业在发展中遇到的难题尤其是优惠与支持政策予以落实解决。针对实际情况，建议从以下途径考虑：第一，建立专门的旅游+水果贸易企业诉求问题处理小组，主要针对旅游+水果企业在新业态培育路径中遇到的重点和突出问题，来集合各个部门资源进行协调解决；第二，创建新业态"专家顾问平台"，对相关企业在管理模式、政策方针、行业交流等方面提供专家咨询服务，借助专家资源，为新业态企业发展中的诉求提供有效的智力支撑；第三，搭建新业态培育专用平台，将资金、项目、人才等资源优先配置给符合条件的企业，实现社会资源、企业资源和政府资源的有机整合；第四，政府应充分发挥旅游和水果行业协会在新业态培育中的作用，加强行业协会在人才引进、招商融资、业务交流、市场开发等方面的引导和交流，为企业创造良好的发展条件。

第七章

兴边富民行动与边境县域旅游竞争力评价

第一节 兴边富民行动与边境旅游发展

一、兴边富民行动产生背景

我国疆域辽阔，陆地边境线长达2.28万公里，沿边分布着45个少数民族、9个边境省域，分别与14个国家接壤。一方面，边境省域地处对外开放最前沿，在积极融入"一带一路"倡议中具有得天独厚的地缘优势，另一方面，受制于地形条件、生产技术、经济发展基础、边民知识技能等因素，导致沿边地区社会发展水平滞后。为了进一步促进边境地区经济与社会的发展，缩短西部地区与东部沿海发达地区的差距，1998年由国家民委倡议，受到国务院、党中央高度重视的边境建设工程——兴边富民行动进入公众视野，为沿边地区改善落后面貌、提高人民生活水平带来了福音。2008年、2013年、2017年国务院先后颁布了《兴边富民"十一五"规划》《兴边富民"十二五"规划》和《兴边富民"十三五"规划》，进一步加快了边疆民族地区县域经济建设，加大了对边境地区的投入和对边民的帮扶。然而，边境地区产业薄弱、交通不便、信息闭塞等导致兴边富民的目标难以真正实现。旅游业具有成本低、见效快、利润大等特点，加之民族边境县域地区远离城市噪声和废气污染，自然和人文旅游资源丰富，发展旅游产业逐渐成为沿边地区实现兴边富民目标的重要途径和手段。当前，旅游产业在助推边境地区脱贫攻坚、加强对外合作、维护边疆稳定和民族团结的作用日益凸显，（跨）边境旅游发展的战略地位也受到重视和强调。边境县域既是国家对外开放的重要门户，也是接待入境旅游、边境旅游发展的主体空间，边境县域旅游的蓬勃发展对少数民族地区实现产业兴边、民生安边、开放睦边、团结稳边具有重要价值和意义。

二、边境旅游竞争力研究进展

边境旅游竞争力是指边境县域开拓、占据旅游市场为入境及国内旅游者提供商品及相关配套服务而获取利润的能力，为当地居民及利益相关者群体提供包括经济、环境和社会文化等方面的可持续发展能力。国内外关于边境旅游竞争力的研究相对较少，较多地关注旅游目的地竞争力、城市旅游竞争力、区域旅游竞争力、旅游服务贸易竞争力、旅游资源竞争力、旅游产业竞争力等，研究多选取"一带一路"沿线、珠三角地区、长三角地区、粤港澳大湾区、中东部地区等地，多以片区、省域、市域等宏观角度进行研究，较少采用中观或微观角度对少数民族地区陆地边境县域旅游竞争力进行研究，而以兴边富民为背景对边境县域旅游竞争力的测度和评价更是寥若晨星。

在总结前人研究的基础上，本章以广西边境8县域为例，提出针对我国兴边富民行动背景下边境县域旅游竞争力的评价研究，不仅能够测度和分析边境县域旅游竞争力水平，了解边境县域旅游业发展的真实现状和发展潜力，而且能帮助边境县域正确认识自身的发展优势和不足，为各县域扬长避短，制定科学的边境旅游发展战略规划，发挥边境县域联动效应，为实现竞争和合作双向发展提供实践路径，同时为我国其他少数民族地区边境旅游竞争力测度及提升提供理论参考，为进一步推动旅游富民、产业兴边的兴边富民政策落地实践做出理论贡献。

三、兴边富民与广西边境县域旅游实施成效

（一）广西边境县域兴边富民实施绩效

广西壮族自治区陆地边境线长达1020公里，沿线自北向南依次分布着那坡、靖西、大新、龙州、凭祥、宁明、东兴、防城8个县（县、县级市及区，以下统称县）与越南毗邻，是我国强基富民固边促发展的重要边境省域。广西境内8边境县域总面积17989平方公里，下辖84个乡镇，1014个行政村，2017年年末常住人口224.24万人，其中少数民族人口数占比超80%，常住城镇人口92.43万人，常住城镇化率为41.20%。2019年，边境8县经济运行总况及产值构成占比如表7-1所示，边境8县地区生产总值共712.08亿元，其中服务业占比48.08%，工业次之占比28.86%，农业占比23.06%，边境县域产业结构呈现"三二一"格局。

表7-1 2019年广西边境8县（市、区）地区生产总值及构成表

	GDP（亿元）	一产（亿元）	占比（%）	二产（亿元）	占比（%）	三产（亿元）	占比（%）
那坡	39.42	2.76	7.00	19.36	49.10	17.30	43.90
靖西	122.40	18.15	14.80	52.94	43.20	51.33	41.90
防城	128.50	37.48	29.20	34.10	26.50	56.93	44.30
东兴	80.73	21.98	27.20	13.79	17.10	44.96	55.70
宁明	91.50	26.59	29.10	23.11	25.30	41.76	45.70
大新	98.70	24.79	25.10	31.44	31.90	42.44	43.00
龙州	87.10	26.42	30.30	15.58	21.30	40.06	48.30
凭祥	63.73	6.04	5.90	15.22	44.20	42.46	49.90

其中，靖西、大新两县依托于储量大、埋藏浅、品位高的铝、锰矿资源及完整的采矿、冶炼、加工产业链，带来了主要的经济增长，东兴、凭祥得益于较早发展旅游，服务业较为发达，那坡、宁明、龙州、防城则农业产值占比较大。8县于2009年均被纳入兴边富民政策惠及重点地区，同时享有在

招商引资、中东部经济帮扶各方面的政策倾斜，生产迈向中高水平，社会经济进入快速发展阶段。

2013—2017年，各县域地区生产总值增幅明显，增速稳定，部分县经济实力显著增强，居民收入不断增加。2017年城镇居民人均可支配收入为29589元，比全区城镇居民人均可支配收入中位数高481元。农村居民人均可支配收入11262元，高于全区农村居民人均可支配收入中位数10414元，8个边境县农村人均可支配收入均处于全区中上等水平。地区产业结构明显优化，相比2013年，2017年一产占比降幅明显，三产占比显著提高。贫困发生率大幅降低，截至2018年2月，龙州县"摘帽"后广西边境县已实现全部脱贫。在道路交通上，边境8个县（市、区）均已实现通行高速公路，且乡内通沥青路、村内通公路，在产业兴边上，矿产、特色蔬菜、茶叶、富硒农业、休闲农业等农林业优势突出，借助边贸互市发展贸易，2017年边民互市贸易额达633.5亿元，占全国边民互市贸易额的74.40%，边境县社会经济发展取得阶段性成果。

（二）边境县域旅游发展现状

"一带一路"倡议为我国边境地区提供了强有力的旅游市场支撑，当前边境旅游已成为我国与周边国家次区域合作的重要内容之一。2017年，《兴边富民行动"十三五"规划》中"产业兴边工程"明确将边境旅游工程包含其中，边境旅游作为重点七大产业兴边工程之一已成为边境地区兴边富民的支柱产业。随着边境旅游产业地位的不断上升，2014年以来广西边境8县（市、区）旅游发展取得长足进步，图7-1展现了2013—2017年广西边境8县（市、区）旅游总接待人次变化趋势。

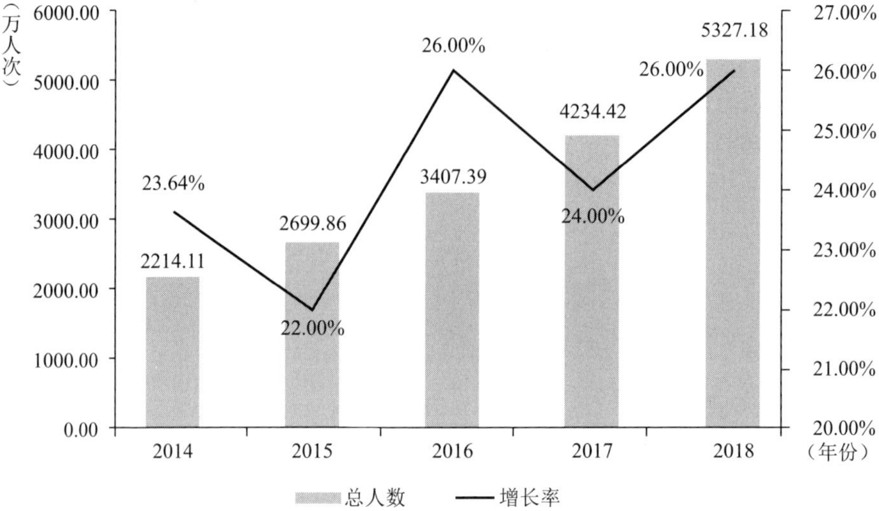

要素流动重塑跨境旅游合作空间的内在机理与演化路径：

以中越边境地区为例

图 7-1 2014—2018 年广西边境 8 县（市、区）旅游人数及增长率

从旅游资源分布来看，8 县（市、区）旅游资源总量大，品质高，类型丰富。截至 2024 年年底，广西边境 8 县（市、区）3A 级及以上旅游景区一览表如表 7-2 所示。

表 7-2 广西边境县域 8 县（市、区）3A 级及以上旅游景区一览表

县名	3A 级	4A 级	5A 级	总计
靖西	龙潭湿地公园 渠洋湖景区 福峒山景区	古龙山大峡谷景区 通灵大峡谷景区 旧州景区 鹅泉景区 小城故事 锦绣古镇	0	9
宁明	子头森林公园	花山景区 派阳山森林公园	花山岩画景区	4
凭祥	浦寨文化旅游不夜城 世界珍稀林木生态园 平岗领地下长城 白云山生态公园	友谊关景区 红木文博城景区 大连城景区	0	7

第七章

兴边富民行动与边境县域旅游竞争力评价

续表

县名	3A 级	4A 级	5A 级	总计
东兴	陈公馆景区 意景园水世界 百业东兴·红木社区	中越界河景区 京岛风景名胜区 国门景区	0	6
龙州	胡志明展馆景区 独山景区 水陇一甫茶红军路景区 跑马洞景区	龙州起义纪念馆 发现弄岗 小连城景区 左江景区 红军古道	0	9
大新	黑水河景区 小玲珑景区 凤凰岭景区	老木棉景区 太阳幽谷景区 明仕田园 安平仙河 龙宫仙境	德天跨国瀑布景区	9
防城区	北仑河源头 九龙潭漂流	白浪滩景区	0	3
那坡	那坡县感驮岩景区 尼的呀田园综合体	镇安公园	0	3
总计	22	26	2	50

资料来源：各县区政府网站统计（截至2024年12月）。

其中，5A 级旅游景区有大新县德天跨国瀑布、花山岩画旅游景区 2 处，4A 级旅游景区包含靖西县古龙山大峡谷、通灵大峡谷、旧州景区、鹅泉景区、小城故事、锦绣古镇 6 处；大新县有明仕田园、龙宫仙境、安平仙河、老木棉及太阳幽谷景区 5 处；龙州县有小连城景区、左江景区、龙州起义纪念园、发现弄岗、红军古道 5 处；东兴市有京岛风景名胜区、中越界河景区、国门景区 3 处；凭祥市有友谊关、红木文博城景区、红木文博城等旅游景区 3 处；宁明县有花山景区、派阳山森林公园 2 处；防城区有江山半岛白浪滩旅游景区 1 处；那坡县有镇安公园 1 处；共有 5A 级旅游景区 2 处，4A 级旅游景区 26 处，3A 级旅游景区 25 处。

同时，中越边境红色旅游资源有龙州县中国工农红军第八军军部旧址、越南革命者在龙州秘密机关旧址、那坡县感驮岩遗址、宁明花山岩画、连城要塞遗址、友谊关等多处全国重点文物保护单位和龙州县红八军纪念馆。另外，还有1处全国爱国主义教育示范基地，中越边境红色旅游资源品级高，具备开发优质红色旅游产品的先天优势。

在人文旅游资源方面，拥有那坡壮族民歌、靖西壮族织锦技艺、东兴市京族哈节、东兴京族独弦琴等一批独具特色国家级非物质文化遗产，沿边境线还遍布着壮、苗、瑶、侗、仫佬、毛南、回等多个少数民族，民族风情浓郁。自然与人文交相辉映，历史与当下交融一体，依托得天独厚的旅游资源与消费者青睐的共同推拉作用，当前中越广西边境县域已发展边关跨国游、边关生态游、边境民俗风情游、边境休闲度假游等多类旅游业态。

截至2018年年底，广西边境8县（市、区）旅游消费共499.99亿元，不仅成为广西社会经济发展的支柱产业，也发展成为我国边境旅游的重要市场（见图7-2）。

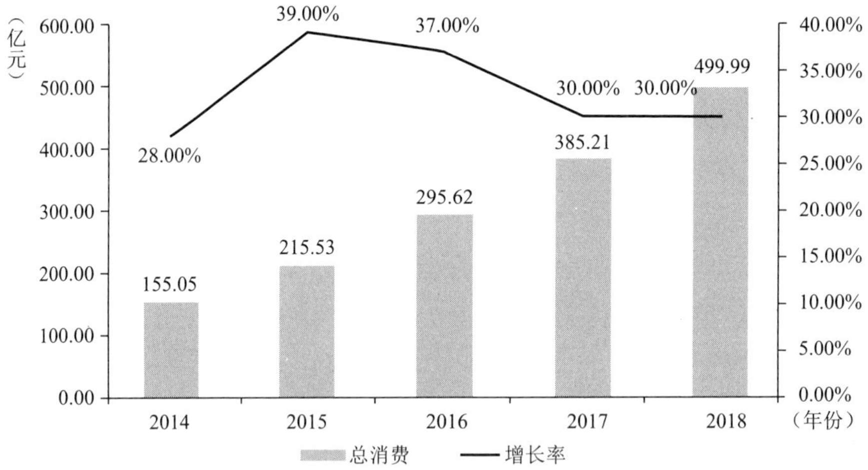

图7-2 2014—2018年广西边境8县（市、区）旅游总消费及增长率

第二节 边境县域旅游竞争力评价体系构建

一、边境县域旅游竞争力的影响因素

多因素共同作用产生边境县域旅游竞争力，同时考虑到影响因素的复杂性和广西边境县域数据的可获性，在确定指标过程中重点选择了对广西边境县域旅游竞争力最具影响、兴边富民评价指标中与旅游发展联系最为相关的那些因素作为指标。在参考葛全胜等人的研究成果和咨询专家的基础上，基于可比性、科学性、实用性和可获取性原则，从旅游基础条件竞争力、旅游现状发展竞争力、旅游富民竞争力、旅游潜力竞争力四个层面9个二级指标33个三级指标构建边境县域旅游竞争力评价体系。具体如表7-3所示。

二、边境县域旅游竞争力评价指标说明

（一）旅游基础条件竞争力

1. 社会经济条件

旅游作为一种产业，与其他产业相同，所依赖的资源主要包括物力、人力、财力三大类资源。旅游业发展对资本需求量巨大，需要大量的投资，当前部分拥有优秀旅游资源的地区因资本的缺乏导致旅游业发展缓慢。旅游业的蓬勃发展对区域经济发达程度有所要求，经济发达地区基础设施、公共服务设施建设完善，聚集了大量的旅游或相关服务与管理人才，同时资本雄厚、市场旺盛可满足旅游发展的财力需求，较容易实现旅游业的迅猛发展，而一般发展比较落后的国家和地区的旅游业发展水平也处于中下游水平。与边境县域旅游业发展联系较为紧密的反映地区社会经济发展状况的数据一般有地区生产总值、第三产增加额、进出口额、居民人均可支配收入、社会消费品零售额、社会总投资额等。

2. 区位交通条件

交通等基础设施建设完善程度是影响区域旅游可进入性和体验性的重要因素，是衡量地区旅游竞争力的标准之一。没有完善的基础设施，再好的旅游资源都将处于潜在状态，不为旅游业所利用。边境县域区位独特，其基础设施尤其是道路交通建设难度更大，道路交通不仅直接影响旅游的可进入性与舒适度，而且影响了边境县域除了道路交通之外的其他基础设施建设，进而影响经济发展进程。因此，在同为广西区内边境县域这一区位条件下，交通等设施建设水平高无疑意味着不仅降低了资源开发难度，而且削弱了旅游客源引进成本，显示出较大的旅游发展潜力。其中主要表现在道路公里数、出租汽车数量、每万人拥有公交车数量以及区别内陆县域的边民互市点个数等。

3. 环境保障条件

良好的自然生态环境不仅是旅游业发展的基础，还是旅游业可持续发展的保障。自然生态环境既是生产旅游产品的一个基本成分，也是维持旅游目的地旅游魅力的关键因素，品质再高的旅游资源一旦处于脏、乱、差的周边环境中，其旅游吸引力也将丧失。全域旅游发展的不断深化即要求管理者、行业组织、企业及当地居民全面关注地区旅游环境，只有区域内处处充满绿色，保持高水平的自然生态环境才能实现景区无边界化。当前随着休闲度假游、疗养养生型旅游越来越受到旅游者青睐，旅游目的地的充满自然情趣、优美、健康的生态环境将作为主要的吸引物呈现给消费者，这意味着需要更多的投入去改善和维持地区自然生态环境，在一个较高的水准才能使地区旅游具有较强的竞争力。边境县域自然生态环境是边境旅游资源的最重要的载体，在旅游资源开发打造过程中合理地分配与保护自然生态环境资源，制定有效的环境保护措施，改善因旅游业发展对环境结构与状态的改变从而带来的环境质量下降的状况对于提升边境县域旅游竞争力至关重要。参考前人指标的选取并结合边境县域实际，本章主要用森林覆盖率、城区绿化覆盖率、污水处理率来表示边境县域自然生态环境。

（二）旅游现状发展竞争力

1. 旅游资源条件

旅游资源既是旅游业发展的基础与前提，也在一定程度决定了旅游业发展的高度。边境县域旅游资源主要包括具有边境特色的国门、界碑、界线、界河、口岸，具有邻国风情的服饰、食品，自然风光、民族景观等。高品质的旅游资源在同类型旅游资源中可替代性弱，知名度高，发展潜力大，能为区域提供一定的差异化旅游竞争力，因此本章用旅游资源知名度作为衡量边境县域旅游潜在竞争力的一个因素。旅游目的地旅游资源类型多样，组合度高便意味着可提供较为丰富的旅游产品满足旅游者多层次、多维度的旅游需求，延长旅游停留时间，增强旅游目的地竞争力，本章用旅游资源丰富度作为另一个测量旅游资源发展条件的关键因素。

2. 旅游市场条件

旅游市场条件反映了一地旅游发展的成熟程度，旅游市场竞争力强即代表市场份额占比大，旅游发展速度快则表示该地旅游业具有较强的发展实力。旅游市场竞争条件一般由一地的旅游市场规模和旅游市场整体增长速率决定。其中，旅游市场规模也即旅游市场容量，既反映一地旅游业指定时间内的产量与产值，也代表着市场中需求方的数量和资金流的大小，具体表现为入境旅游总人次、国内旅游人次、旅游总消费、旅游人均消费等。针对边境旅游市场发展阶段特征，本书增加口岸入境过夜旅游人数、旅游总收入占第三产业增加值比指标等表示口岸旅游市场发展水平。

（三）旅游富民竞争力

1. 稳定就业条件

旅游稳定服务就业竞争力是指旅游服务提供者在就业市场中的竞争能力。它包括满足旅游者核心需求的以景区、酒店等空间为载体提供的产品及服务质量与数量。其中，旅行社、星级酒店作为旅游产业链中的核心生产部门，为旅游者提供导游、交通、预订、餐饮、住宿等大部分旅游服务，其数量与质量也将在很大程度上影响旅游者的旅游体验，进而决定了旅游者在该旅游目的地的再消费与忠诚度，是反映一地旅游竞争力不可或缺的因素。本章采用国家三星级及以上酒店、广西四星级及以上农家乐的数量，旅行社总数等对边境县域旅游稳定就业竞争力进行评估。

2. 政府支持条件

旅游管理能力一般包含政府对旅游业的宏观调控以及旅游企业自身内部管理，其中政府管理决定了一地旅游业的发展水平与成熟程度，特别是县域行政单位基层政府对旅游业的重视程度基本决定了当地旅游业的发展活力和发展潜力。当前边境县域旅游业发展仍不成熟，主要景点缺乏核心吸引力打造，旅游交通、集散中心等配套设施建设滞后，实力强、有创新能力的旅游企业引进难等影响旅游业发展的关键问题的解决都依赖于政府的帮扶与支持。

在各边境省的"十二五""十三五"兴边富民行动规划中都强调重视旅游业发展，优化对旅游业资源的配置与统筹，充分发挥政府的调控能力促进边境旅游业蓬勃发展。政府对地方旅游业发展越重视，出台政策越多、专项或涉旅投资越大。对于投资者来说，该地旅游市场进入壁垒降低，营商环境显示出优势，当前及潜在投资者信心增强，当地的旅游发展潜力也得到进一步激发。本章主要采取政府涉旅总投资、直接旅游政策作为体现边境县域政府旅游管理力度的主要指标。

3. 改善民生条件

近年来，我国旅游业蓬勃发展，取得了显著成就。从旅游惠民政策的推进，到旅游业的带动作用；从文旅深度融合，到国际交流的促进，旅游业在改善民生、增进民众福祉、娱悦身心方面发挥了日益显著的作用，已成为幸福产业的重要代表。边境地区通过大力发展边境旅游，改善了当地百姓的生活，促进了边关地区的稳定和经济发展。其中农村居民人均可支配收入及旅游总收入占GDP比重两大因素是旅游业改善民生的衡量指标。

（四）旅游潜在竞争力

旅游市场竞争力反映了一地旅游发展成熟程度，旅游市场竞争力强即代表市场份额占比大，旅游发展速度快，该地旅游业具有较强的发展实力。旅游市场竞争力一般由一地的旅游市场规模和旅游市场整体增长速率决定。其中，旅游市场规模也即旅游市场容量，既反映了一地旅游业指定时间内的产量与产值，也代表着市场中需求方的数量和资金流的大小，具体表现为入境旅游总人次、国内旅游人次、旅游总消费、旅游人均消费等，针对边境旅游市场，本章增添了口岸出入境旅客流量。一地的旅游竞争力与旅游发展速度之间并非存在严格的线性关系，一般来说竞争力较大的地域增速较低。但一地旅游竞争力需要一定的旅游发展速度来支撑，尤其是对于旅游竞争力处于培育、强化阶段的边境县域，更需要中高速的旅游发展速度进行支撑。本章主要用旅游总人次增长速率、旅游总消费增长速率等指标具体表现。

三、广西边境县域旅游竞争力评价指标体系构建

吴建丽、明庆忠、蔡瀚廑（2017）等学者在对云南边境地市州旅游竞争力进行研究时认为基础条件竞争力、现状竞争力、未来发展潜力是影响边境县级行政区划旅游竞争力最重要的因素，本章基于兴边富民行动实践，认为基础条件竞争力中道路交通建设至关重要，是否具备完善的道路交通体系对边境县域旅游未来发展具有决定性作用，因此本章以交通等设施建设水平来反映广西边境县域基础条件竞争力，并认为其对潜在竞争力起主要作用。同时以兴边富民行动推动广西边境县域全面发展，进而优化旅游发展环境为依据，本章创造性地将旅游富民竞争力纳入边境县域旅游竞争力评价指标体系，契合兴边富民行动背景下旅游作为推动县域经济发展的战略性支柱产业所发挥的旅游兴边、旅游富民、旅游旺县的作用和价值，具体体现为旅游业为边民提供就业岗位、改善边民生活条件以及当地政府对旅游业发展的支持力度。在刻画旅游现状发展竞争力中，主要参考时雨晴、李经龙等学者的成果，选取旅游资源知名度和旅游资源丰富度表征边境县域旅游资源的品质和特色条件，具体如表7-3所示。

要素流动重塑跨境旅游合作空间的内在机理与演化路径：

以中越边境地区为例

表 7-3 边境县域旅游竞争力评价指标体系表

一级指标	二级指标	三级指标	单位	指标性质
		地区生产总值 GDP（X_1）	亿元	+
		人均地区生产总值（X_2）	元	+
		城镇居民人均可支配收入（X_3）	元	+
	社会经济条件	第三产业增加值占 GDP 比重（X_4）	%	+
		社会福利收养性单位床位数（X_5）	张	+
旅游基础条件		失业保险参保人数（X_6）	人	+
竞争力		互联网宽带接入用户（X_7）	户	+
		公路网络密度（X_8）	km/km^2	+
		边民互市贸易点（X_9）	个	+
	区位交通条件	距离省会城市距离（X_{10}）	km	-
		每万人拥有公交车数量（X_{11}）	辆	+
		年末实有出租车汽车数（X_{12}）	辆	+
		森林覆盖率（X_{13}）	%	+
旅游基础条件	环境保障条件	城市绿化覆盖率（X_{14}）	%	+
竞争力		污水处理厂（X_{15}）	座	+
		垃圾处理站数（X_{16}）	个	+
		4A 级及以上旅游景区数（X_{17}）	家	+
	旅游资源条件	旅游资源知名度（X_{18}）	无	+
		旅游资源丰富度（X_{19}）	无	+
		全国重点文物保护单位数（X_{20}）	处	+
旅游现状发展		入境过夜旅游人次（X_{21}）	万人次	+
竞争力		国内旅游人次（X_{22}）	万人次	+
	旅游市场条件	旅游总消费（X_{23}）	亿元	+
		人均旅游消费（X_{24}）	元	+
		旅游总收入占第三产业增加值比重（X_{25}）	%	+

续表

一级指标	二级指标	三级指标	单位	指标性质
旅游富民竞争力	稳定就业条件	星级饭店数（X_{26}）	家	+
		旅行社数（X_{27}）	家	+
	政府支持条件	涉旅社会总投资（X_{28}）	亿元	+
		直接旅游政策（X_{29}）	个	+
	改善民生条件	农村居民人均可支配收入（X_{30}）	元	+
		旅游总收入占GDP比重（X_{31}）	%	+
旅游潜在竞争力	市场发展速度	近5年旅游总消费年均增长率（X_{32}）	%	+
		近5年旅游总人次年均增长率（X_{33}）	%	+

第三节 广西边境8县（市、区）域旅游竞争力测度实证分析

一、广西边境县域旅游竞争力评价方法

（一）因子分析法

因子分析法（Factor Analysis），是在具有错综复杂关系的众多变量中提取出少数能够反映主体信息的共性因子，即用少数重要性因子描述众多变量或指标间的相互关系，是一种将数据进行降维和简化的研究方法。聚类分析法（Hierarchical Cluster Analysis）是指根据研究对象的特征，将其分为相对同质类别，减少研究对象数量的统计分析方法。具体做法是首先将待聚类的n个变量看作n类，然后对每两类变量的距离进行测算，关系密切的归为同类，反之生成一个新类，如此反复，直到所有变量都进行合并或归为一类为止。

（二）数据来源

研究数据主要来源于广西边境8县（市、区），包括那坡县、靖西市、大新县、龙州县、凭祥市、宁明县、防城区、东兴市，以及2020年《国民经济

与社会发展统计公报》《政府工作报告》、各县地方统计年鉴、2020年《广西统计年鉴》等。除此之外，部分数据来源于2020年5月至7月的实地调研，自制并分发《广西边境县域旅游发展情况调查表》问卷获得。

二、广西边境8县域旅游综合竞争力因子实证分析

首先，利用SPSS 25.0统计软件将原始数据进行标准化处理，由于被测评指标数大于样本容量数，所以无法采用KMO检验和巴洛特球体检验判断数据是否可以做因子分析，此时应利用效度分析进行判断。效度分析主要依据因子提取的方差累积贡献率，如果因子提取较少且方差累积率不低（一般认为如果2个因子达到40%以上的方差累积贡献率），就认为因子分析的效度较好。表7-3中的检验结果表明，成分1和成分2因子的方差累积贡献率达到45.508%，所以被测数据适合做因子分析。

其次，进行主成分分析，根据得到的初始特征值和旋转载荷平方和，按照特征值大于1的原则提取公因子。由表7-4可得出前6个因子（F_1、F_2、F_3、F_4、F_5、F_6）的特征值依次为11.129、9.141、5.319、4.178、2.360、1.906，且对总方差的累积贡献率已达到97.248%，说明6个公因子能够有效解释和反映被测评33个指标原始数据的全部信息。因此，将6个公因子（F_1、F_2、F_3、F_4、F_5、F_6）作为边境县域旅游竞争力的评价主因子。

表7-4 主因子特征值、方差贡献率及累计方差贡献率表

成分	初始特征值			提取载荷平方和			旋转载荷平方和		
	总计(%)	方差百分比(%)	累积(%)	总计(%)	方差百分比(%)	累积(%)	总计(%)	方差百分比(%)	累积(%)
1	11.129	31.798	31.798	11.129	31.798	31.798	9.740	27.830	27.830
2	9.141	26.117	57.914	9.141	26.117	57.914	6.187	17.678	45.508
3	5.319	15.197	73.112	5.319	15.197	73.112	5.721	16.347	61.855
4	4.178	11.938	85.049	4.178	11.938	85.049	5.298	15.139	76.994
5	2.360	6.742	91.792	2.360	6.742	91.792	4.813	13.751	90.745
6	1.906	5.446	97.238	1.906	5.446	97.238	2.273	6.493	97.238

利用主成分分析法，采用凯撒正太化最大方差法进行旋转，得到旋转后的因子载荷矩阵，如表 7-5 所示。

表 7-5 旋转后的因子载荷矩阵表

	F_1	F_2	F_3	F_4	F_5	F_6
地区生产总值 GDP（X_1）	-0.017	0.045	0.151	-0.002	-0.021	-0.073
人均地区生产总值（X_2）	0.009	0.004	0.057	0.025	-0.154	0.103
城镇居民人均可支配收入（X_3）	0.066	-0.061	0.049	0.025	0.010	-0.025
第三产业增加值占 GDP 比重（X_4）	-0.023	-0.104	-0.068	0.000	0.014	0.284
社会福利收养性单位床位数（X_5）	0.025	0.008	-0.125	0.071	0.239	0.067
失业保险参保人数（X_6）	-0.003	-0.002	0.048	-0.033	0.167	0.056
互联网宽带接入用户（X_7）	0.024	-0.059	-0.039	0.061	0.238	0.050
公路网络密度（X_8）	0.113	0.022	-0.062	-0.029	-0.015	-0.36
边民互市贸易点（X_9）	-0.045	0.073	0.039	-0.048	0.013	0.365
距离省会城市距离（X_{10}）	0.020	0.005	-0.217	0.044	0.112	0.057
每万人拥有公交车数量（X_{11}）	0.065	-0.045	-0.064	-0.001	0.032	0.195
年末实有出租车汽车数（X_{12}）	0.046	-0.048	0.094	-0.090	0.045	0.049
森林覆盖率（X_{13}）	0.004	-0.141	-0.140	0.059	0.126	0.094
城市绿化覆盖率（X_{14}）	-0.009	-0.059	-0.046	0.214	-0.013	-0.084
污水处理厂（X_{15}）	0.052	0.155	-0.066	0.041	0.019	-0.073
垃圾处理站数（X_{16}）	-0.030	-0.040	0.013	0.154	-0.059	0.046
4A 级及以上级别景区数（X_{17}）	0.024	-0.040	-0.132	0.240	0.142	0.067
旅游资源知名度（X_{18}）	0.002	0.037	-0.032	0.171	0.010	-0.029
旅游资源丰富度（X_{19}）	-0.015	0.032	0.039	0.121	0.006	-0.208
全国重点文物保护单位数（X_{20}）	-0.081	0.037	-0.010	0.007	-0.060	0.098
入境过夜旅游人次（X_{21}）	0.033	-0.002	-0.012	0.074	-0.085	0.113
国内旅游人次（X_{22}）	0.087	0.002	0.019	0.032	0.056	-0.009
旅游总消费（X_{23}）	0.094	0.069	0.002	-0.001	0.037	0.037
人均旅游消费（X_{24}）	0.002	0.181	-0.016	-0.126	-0.081	0.083

续表

	F_1	F_2	F_3	F_4	F_5	F_6
旅游总收入占第三产业增加值比重（X_{25}）	-0.034	-0.032	0.146	-0.002	-0.007	0.156
星级饭店数（X_{26}）	0.099	0.115	-0.037	0.021	-0.071	-0.012
旅行社数（X_{27}）	0.121	0.024	-0.036	-0.003	-0.008	-0.094
涉旅社会总投资（X_{28}）	-0.048	-0.051	0.197	-0.142	0.047	-0.006
直接旅游政策（X_{29}）	0.133	0.047	-0.050	0.004	-0.015	-0.184
农村居民人均可支配收入（X_{30}）	0.072	-0.025	0.102	-0.023	-0.035	-0.148
旅游总收入占GDP比重（X_{31}）	0.114	0.035	-0.104	-0.005	0.033	0.073
近5年旅游总消费年均增长率（X_{32}）	0.004	0.166	-0.016	-0.042	0.001	0.076
近5年旅游总人次年均增长率（X_{33}）	0.005	0.145	-0.027	-0.005	0.029	0.067

如表7-5所示，第一个公因子F1在公路网络密度（X8）、国内旅游人次（X22）、旅游总消费（X23）、星级饭店数（X26）、旅行社数（X27）、直接旅游政策（X29）、旅游总收入占GDP比重（X31）七个指标上有较大的因子载荷。这些指标主要体现了边境县域旅游业发展现状和保障旅游业发展的外部条件，因此将F1命名为边境县域旅游业发展政策扶持力因子。

第三产业增加值占GDP比重（X4）、污水处理厂（X15）、人均旅游消费（X24）、星级酒店或饭店数（X26）、近5年旅游总消费年均增长率（X32）、近5年旅游总人次年均增长率（X33）在第二个公因子F2上的因子载荷较高。这些指标综合体现了边境县域旅游经济增长潜力和环境支撑条件，因此将F2命名为边境县域旅游经济发展潜力因子。

第三个公因子F3在地区生产总值GDP（X1）、距离省会城市距离（X10）、4A级及以上旅游景区数（X17）、旅游总收入占第三产业增加值比重（X25）、涉旅社会总投资（X28）等指标上的因子载荷较大。上述指标体现了边境县域区位条件和产业规模水平，F3被命名为边境县域旅游规模扩张交通支撑力因子。

城市绿化覆盖率（X14）、垃圾处理站数（X16）、4A级及以上旅游景区数（X17）、人均旅游消费（X24）、涉旅社会总投资（X28）等指标在第四个公因子F4上的因子载荷较高，这些指标集中体现了环境保护和生态质量对边境县域旅游业发展的影响，所以F4被命名为边境县域旅游业发展生态活力因子。

第五个公因子F5在人均地区生产总值（X2）、社会福利收养性单位床位数（X5）、失业保险参保人数（X6）、互联网宽带接入用户（X7）上具有较高的因子载荷数。这些指标综合刻画了边境县域社会经济整体风貌，所以将F5命名为边境县域社会经济发展水平因子。

第三产业增加值占GDP比重（X4）、边民互市贸易点（X9）、旅游资源丰富度（X19）、每万人拥有公交车数量（X11）、直接旅游政策（X29）、旅游总收入占第三产业增加值比重（X25）在第六个公因子F6上集中且因子载荷较高，这些指标集中反映了边境县域内部的交通运输条件、政策支持力度、旅游资源禀赋和发展旅游业带来的经济增长效应，所以将F6命名为边境县域旅游经济增长内部环境支撑因子。

最后，对广西边境8县域旅游综合竞争力指数进行测度。首先，根据标准化后的矩阵对6个公因子（边境县域旅游业发展政策扶持力因子F1、边境县域旅游经济发展潜力因子F2、边境县域旅游规模扩张交通支撑力因子F3、边境县域旅游业发展生态活力因子F4、边境县域社会经济发展水平因子F5、边境县域旅游经济增长内部环境支撑因子F6）的载荷系数矩阵（表7-5），得到6个公因子得分表达式。另外，以6个公因子的方差贡献率占累积方差贡献率的权重比值作为公因子得分系数，利用加权汇总得到边境县域旅游综合竞争力得分表达式。其中F1、F2、F3、F4、F5、F6为公因子得分表达式，F为边境县域旅游竞争力评价指数表达式。

要素流动重塑跨境旅游合作空间的内在机理与演化路径：

以中越边境地区为例

$F_1 = (-0.017) X_1 + 0.009X_2 + 0.066X_3 + \cdots + 0.114X_{31} + 0.004X_{32} + 0.005X_{33}$

$F_2 = 0.045X_1 + 0.004X_2 + (-0.061) X_3 + \cdots + 0.035X_{31} + 0.166X_{32} + 0.145X_{33}$

$F_3 = 0.151X_1 + 0.057X_2 + 0.049X_3 + \cdots + (-0.104) X_{31} + (-0.016) X_{32} + (-0.027) X_{33}$

$F_4 = (-0.002) X_1 + 0.025X_2 + 0.025X_3 + \cdots + (-0.005) X_{31} + (-0.042) X_{32} + (-0.005) X_{33}$

$F_5 = (-0.021) X_1 + (-0.154) X_2 + 0.01X_3 + \cdots + 0.033X_{31} + 0.001X_{32} + 0.029X_{33}$

$F_6 = (-0.073) X_1 + 0.103X_2 + (-0.025) X_3 + \cdots + 0.073X_{31} + 0.076X_{32} + 0.067X_{33}$

$F = 0.286F_1 + 0.182F_2 + 0.168F_3 + 0.156F_4 + 0.141F_5 + 0.067F_6$

将广西边境8个县域标准化后的基础数据值带入上述7个表达式，得到8个县域的各项公因子得分以及旅游综合竞争力指数值，具体如表7-6所示。

表7-6 广西8县域公因子得分和综合评价值表

名称	F_1	F_2	F_3	F_4	F_5	F_6	F 综合得分	排名
那坡县	-0.855	-0.758	-1.522	-0.883	-0.167	-0.200	-0.813	8
靖西市	0.131	1.086	-0.644	-0.169	1.954	0.616	0.335	3
大新县	-0.239	-0.407	-0.154	2.027	0.089	-1.097	0.087	5
龙州县	-0.570	1.205	0.187	0.632	-0.801	0.480	0.105	4
凭祥市	0.176	0.908	0.145	-0.270	0.721	1.801	0.420	2
宁明县	-0.494	1.074	0.966	-0.919	-0.832	-0.513	-0.079	7
防城区	-0.350	-1.296	1.532	-0.591	0.827	-0.213	-0.068	6
东兴市	2.201	0.003	-0.219	-0.367	-0.349	-0.875	0.428	1

（一）边境县域旅游竞争力比较分析

由表7-6的综合得分排序可知，东兴市（0.428）综合评价得分最高，其次是凭祥市（0.420）和靖西市（0.335），那坡县（-0.813）得分最低，表明东兴市的边境旅游综合竞争力居县域之首，凭祥市得分与东兴市接近，其边境旅游综合竞争力位居第二，那坡县边境旅游综合竞争力最弱。广西边境8县域中评价指数值F大于0的共有5个县市，具体包括靖西市、大新县、龙州县、凭祥市、东兴市，说明这些县市的边境旅游竞争力高于广西边境8县域同期平均水平，在边境旅游产业发展中具有显著优势，而那坡县、宁明县、防城区低于平均水平，表明这些县在边境旅游产业发展中处于相对劣势，在边境旅游竞争力中地位不突出，后续有较大的提升和改进空间。

1. 评价6公因子影响力分析

根据边境县域旅游竞争力评价指数F表达式可知，边境县域旅游业发展政策扶持力因子 F_1 在六个公因子中的影响效应最大，对边境县域旅游竞争力指数贡献率达28.6%，说明政府主导和支持边境县域旅游业发展对提升边境县域旅游竞争力有显著作用。而边境县域旅游经济发展潜力因子 F_2、边境县域旅游规模扩张交通支撑力因子 F_3、边境县域旅游业发展生态活力因子 F_4、边境县域社会经济发展水平因子 F_5 分别对边境旅游竞争力评价指数贡献率达18.2%、16.8%、15.6%、14.1%，说明这些因素对边境县域旅游竞争力的提升有较大且较为同等的影响。边境县域旅游经济增长内部环境支撑因子 F_6 在所有公因子中的权重最小，仅为6.7%，说明内部环境改善对边境县域旅游竞争力提升有较小影响，边境县域旅游经济发展需要靠外部条件的优化，包括交通运输道路的改善、地区旅游形象树立和宣传，等等。

2. 公因子 F_i 的县域得分比较分析

从广西边境8县域公因子 F_i 的得分结果来看，首先东兴在边境县域旅游业发展政策扶持 F_1 方面得分最高（2.201），其次是凭祥市（0.176）和靖西市（0.131），依次排名第二、第三。剩下的5县域公因子 F_1 的得分均小于0，表明这些县域在政府支持和出台相关的涉旅政策方面和东兴市、凭祥市、靖西市有较大的差距，均显著低于8县域整体平均水平。公因子 F_2 表征边境县域旅游经济发展潜力，龙州县（1.205）得分最高，表明其在边境旅游产业发展方面有显著的潜力优势，靖西市、凭祥市、宁明县、东兴市边境旅游发展潜力均高于同期均值水平，表明这些县域都能跟进市场需求，及时优化和创新旅游产品，有效激活旅游市场消费潜力。相比之下，防城区、大新县、那坡县在扩充旅游市场消费规模和技术创新潜力方面处于劣势。从边境县域旅游规模扩张交通支撑力因子 F_3 得分结果来看，防城区的区位优势和交通运输条件最好（1.532），那坡县、靖西市交通基础设施建设和内部通达性方面排名靠后，这在一定程度上降低了游客可进入性，造成了客源市场的流失，导致边境旅游市场竞争力减弱。大新县在边境县域旅游业发展生态活力 F_4 得分最高（2.027），其次是龙州县（0.632），表明这些县域在发展边境旅游业时注重生态环境保护和绿色旅游倡导，较少出现盲目追求旅游经济效应而破坏当地自然生态系统。而其他6个边境县域 $F4$ 公因子得分值均小于0，处于同期整体均值水平下，说明这些县域今后在发展边境旅游业时，都需要注重对环境的保护和资源的合理开采。靖西市、凭祥市、防城区、大新县边境县域社会经济发展水平 $F5$ 得分值大于0，其他这些县域的社会经济发展水平位于整体平均水平之上。公因子 $F6$ 表征边境县域旅游经济增长内部环境支撑，凭祥市（1.801）得分最高，其次是龙州县（0.48），表明这些县域十分重视边境旅游的发展，积极出台相关的政策、挖掘旅游资源禀赋，优化域内环境以全方位配合旅游业发展。而其他县域在完善内部环境支撑要素以更好促进边境旅游竞争力提升方面做功不足。

三、聚类分析

（一）广西边境8县域旅游竞争力聚类分析

笔者从旅游基础条件竞争力、旅游现况发展竞争力、旅游富民竞争力、旅游潜力竞争力4个方面33个指标对广西边境8县域旅游竞争力进行定量评价，获得各县市边境旅游竞争力综合得分。在此基础上，借助 SPSS 25.0 软件中的 Classify 功能，使用分层聚类法对广西边境8县域边境旅游竞争力进行等级划分，图7-3为聚类变量分析结果。由图可知，广西边境8县域旅游竞争力可划分为四等。东兴市、凭祥市的距离均为3.473，类间距离为0，表明两者属性相似，归属第一聚类层级；大新县、靖西市、防城区类间距离程度较小，属于第二聚类层级；龙州县、宁明县属于第三类层级；那坡县距离与其他县域类间距离较大，独属于第四类层级。

第七章

兴边富民行动与边境县域旅游竞争力评价

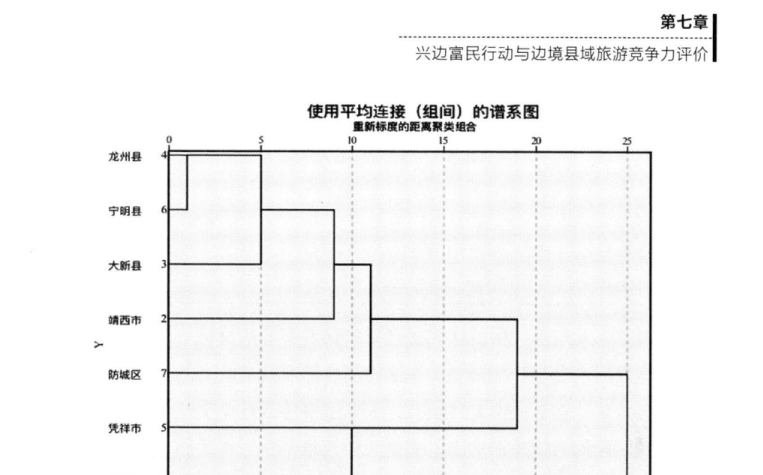

图 7-3 广西边境 8 县域旅游竞争力聚类分析谱系图

按照聚类结果将广西边境 8 县域边境旅游竞争力划分为四种类型，分别是强竞争力、较强竞争力、一般竞争力和弱竞争力（见表 7-7）。东兴市、凭祥市属于边境旅游强竞争力县域。究其原因，在于东兴是 1958 年开放的国家一类口岸，也是中越两国边民经贸往来和游客开展跨境旅游活动的重要口岸；东兴作为广西面向越南，甚至东盟的重要边贸城市，在开展边境旅游业方面有独特的地理位置和资源优势。目前，东兴已成功举办中越边关旅游节、中越边境商贸旅游博览会、金滩·京族美食民俗展、"三月三"边关骑行等大型旅游节庆活动，吸引了众多海内外游客，为东兴发展边境旅游业积累了足够的人气和实力。凭祥市与越南谅山接壤，是中国最靠近东盟的地区，素有"祖国南大门"之美誉，是拥有广西口岸数量最多的地区。近年来，凭祥借助优越的边境优势，大力发展进口水果贸易产业，积极做好口岸旅游经济，成功打造了红木文化游、军事探秘游、东盟跨境游和边关风情游等多条黄金旅游线路，积极开通中国广西一越南谅山跨国自驾车旅游线路运营，多方面、深层次提升凭祥市边境旅游特色化、魅力化发展。

要素流动重塑跨境旅游合作空间的内在机理与演化路径：
以中越边境地区为例

表 7-7 广西边境 8 县域旅游综合竞争力聚类分布表

竞争力等级	聚类结果	县域数量	县域名称
强竞争力	I	2	东兴市、凭祥市
较强竞争力	II	3	靖西市、大新县、防城区
一般竞争力	III	2	龙州县、宁明县
弱竞争力	IV	1	那坡县

靖西市、大新县、防城区属于具有较强竞争力的县域，这些县域在广西边境旅游发展中处于中等地位，未来发展中需要认清自身的优势和劣势，扬长处、补短板，创新旅游发展模式，探索适合县域社会文化、地方风情和旅游资源相匹配的边境旅游业态，刺激旅游市场消费，扩大边境县域旅游影响力。例如，虽然大新县 5A 级旅游景区有 1 家，4A 级旅游景区有 5 家，但 2019 年大新县旅游总消费只有 53.35 亿元、东兴位居榜首，旅游总消费达 104.97 亿元，同时就拥有旅行社数量而言，大新县只有 11 家，而东兴有 74 家。造成此种现象的背后是大新县没有妥善利用自身的旅游资源优势，政府不够重视该县域的旅游经济发展，没有及时招商引资、出台相关企业入驻域内的财政补贴政策，导致该县边境旅游产业基础设施和相关配套服务建设滞后，影响边境旅游产业的迅猛发展。

龙州县、宁明县相比于大新县和凭祥市，属于一般竞争力县域，龙州县于 2018 年成为广西首个脱贫摘帽的国家级贫困县。2020 年以后大力发展红色旅游、边境旅游，开展与越南高平北坡自驾游线和龙州一高平北坡"胡志明足迹之旅"等特色旅游项目，旅游产业和旅游品牌进一步提升。宁明县凭借花山岩画文化景观申遗成功，为宁明文化旅游大发展大繁荣创造了千载难逢的机遇和条件。2023 年以后，推动口岸扩大开放，完善口岸基础设施及周边交通路网建设，以世界文化遗产左江花山岩画文化景观等为核心，开发民族村寨游览、风情体验等特色旅游产品。

那坡县属于弱竞争力县域，在广西边境旅游发展中有较大的进步和提升空间。相比其他 7 个县域，那坡县各方面发展都相对落后。2019 年的 GDP 为

26.6亿元，旅游总消费为13.23亿元，都位于最末位且4A级及以上旅游景区的数量为零，域内仅有2家星级酒店和3家旅行社，旅游产业规模和发展环境都亟待改善和优化。虽然那坡县公路网络密度（公路与铁路总里程与区域面积的比值）达0.55，位列第三，但与外部环境的通达性没有改变县域内部旅游产业的发展状态。未来，那坡县政府部门要重视引导旅游产业发展，抓住成功申报广西全域旅游示范区创建县的机遇，着力培育发展旅游产业，加强旅游基础设施建设，推进申报A级旅游景区工作，积极开展旅游节庆、相关民俗风情和赛事活动，多举措地提升那坡边境旅游的知名度，吸引更多的海内外游客知那坡、游那坡、赏那坡。

将8县域旅游竞争力综合得分和归属边境旅游竞争力等级进行空间类别划分，利用Arc GIS 10.8的可视化功能探究8县域的空间分异特征。由图7-4可知，广西边境8县域空间格局呈现"倒骆驼"形状，居于尾部的那坡县边境旅游竞争力最弱，处于躯干部分的靖西市、大新县、龙州县、宁明县、防城区边境旅游竞争力较强，位于形体下半部分的东兴市和凭祥市县市面积最小，但边境旅游竞争力最强。总体而言，广西边境县域旅游竞争力空间格局主要呈现东南高西北低态势，且崇左市的边境旅游竞争力明显高于防城港市高于百色市。未来，在重点开发开放试验区、自由贸易试验区、边境旅游试验区"三区"战略建设背景下，以东兴市、凭祥市为边境旅游发展核心基地，辐射带动周边6县域边境旅游经济发展，实现客源互通、市场共建、资源共享、利益共赢的边境旅游发展大格局。同时，8县域要充分挖掘和开采自身的产业优势、资源优势和政策优势，加强彼此间的协调互动，发挥边境旅游整体优势，增进县域间的旅游互补融合，实现既竞争又合作，亦朋友亦敌人，培育良好的旅游竞合关系。

（二）评价

具体来看，对于具有强竞争力的县市——东兴市和凭祥市而言，其边境旅游的核心竞争优势体现在不同方面。东兴市主要归因于有良好的旅游接待服务设施规模、政府有力的支持以及良好的区位条件，在一定程度上保障和促进了东兴边境旅游业的迅猛发展势头。然而东兴的旅游经济发展潜力、交通基础设施、旅游生态环境、内部环境条件支持等方面表现都不尽如人意，尤其是内部环境条件因素位于最末尾，属于较弱地区，这些方面是未来东兴需要着重改进和提升的地方。与之相反，凭祥市支持旅游经济增长的内部环境条件优越，包括内部交通基础设施建设、旅游资源禀赋、涉旅相关政策、旅游业促进产业转型升级等方面都处于领先地位，但在旅游规模扩张、旅游经济发展潜力、政府政策执行力、自身社会经济发展等都稍显逊色，被排除在最强地位，归属于较强地区。

图7-4 广西边境8县（市、区）旅游竞争力空间差异情况

对于具有较强竞争力的县市，包括靖西市、大新县、防城区，其在边境旅游核心竞争优势方面各有千秋。靖西市在旅游经济发展潜力方面居于最强地区范畴，说明该县域发展边境旅游业后劲足、潜质大，在其他5个因子方面都处于较强地区范畴，表征靖西市未来有较大的进步和提升空间。大新县在县域环境绿化保护和生态质量方面都能给予游客清新、环保和绿色的旅游活动环境，具有显著的优势，但在内部相关的涉旅政策下发、交通网络优化以及旅游产业规模，包括拥有星级饭店数和旅行社数都实力欠缺，是大新县边境旅游竞争力提升的重要桎梏。防城区在社会经济发展水平和交通设施完

备程度位居八县域前列，但旅游经济发展潜力却处于末位，可见该县虽然有着良好的外部条件和经济发展水平，但该地在发展边境旅游方面，不能良好地借助和使用自身的优势条件，导致其边境旅游核心竞争力提升缓慢。

一般竞争力县包括龙州和宁明县，其中，龙州县在支持旅游业发展的生态环境保护和旅游发展潜力方面优势最明显，说明当地对生态环境保护、县域环境绿化等十分重视，旅游发展势头强劲，然而在旅游政策支持、社会经济发展水平等方面能力不足，处于较弱地区范畴。宁明县在旅游经济发展潜力和旅游规模扩张的交通支撑条件等方面有显著优势，但在社会经济发展水平、涉旅政策支持和旅游生态环境保护等方面相对落后，与其他7县域有较大的层级落差。

对于弱竞争力县域那坡县，在边境旅游竞争力六力因子得分方面都处于较强或较弱状态，能够引领或者赶超其他7县域的核心竞争优势尚未表现出来。就那坡县而言，在实现旅游经济增长的内部环境和社会经济发展水平方面有较强的优势，但在旅游发展潜力、旅游生态环境绿化和保护、交通设施修建和涉旅政策执行等方面实力较弱，归属于较弱地区层级范畴。

第四节 边境县域旅游兴边富民竞争力提升策略

一、第一层级：强化跨境优势塑造旅游品牌，打造国际旅游目的地

东兴市、凭祥市处于广西边境县域旅游竞争力第一层级，旅游竞争力最强，但旅游竞争力评分与第二层级差距并不显著，作为广西边境县域旅游龙头优势需持续强化。东兴市旅游市场拓展依赖于边境贸易的蓬勃发展，其为县域旅游带来的巨大人口红利、庞大的出入境人流有效增加了东兴市的潜在旅游者数量，从而实现了旅游的高速发展。因此，东兴市要实现由旅游通道向国际旅游目的地的转变，一方面要依托"两区"（跨境旅游合作区、边境旅

游试验区）建设稳步推进，强化跨境、边境区位及资源优势，打造县域旅游产业集群，保障旅游经济高质快速增长，实现旅游跨越发展。另一方面要加大旅游优质供给，深化文旅融合，推动旅游业态创新、服务创新、产品创新凝聚核心吸引力，塑造县域旅游品牌，同时加快社会人文软实力建设。凭祥市一方面可出台文件对县域内成功创建国家4A、5A级旅游景区、少数民族特色村寨等以及对年游客接待量达一定人次的旅行社给予奖励，或印发促进全域旅游、边境旅游发展的文件并落实增强旅游发展的政策。另一方面，政府应适当加大涉旅投资，在增加旅游投资总量的同时建立多元化投资体系，强化政府对旅游业管理。

借助兴边富民行动在深入推进沿边开放，进一步提升同周边国家合作层次上的政策优势，东兴市需充分发挥自身区位优势和跨境旅游合作区、边境旅游试验区平台优势，进一步深入与越南广宁省芒街市进行定期旅游合作交流，进一步深入与越南广宁省芒街市进行定期旅游合作交流，共同开发打造跨境旅游项目，构建中越联合市场管理长效机制。促进跨境区域旅游同盟的形成。逐步推进"两国四地"桂林—东兴—芒街—下龙湾跨国自驾黄金旅游线路纵向延伸，定期就持续推进中越跨境旅游合作区建设项目如共建共享北仑河口旅游景区、国门旅游景区、中国东盟自驾车总部基地等交流意见，完善共建共管共享体系。在加强宣传推广上，深化中国东兴、越南芒街双边跨境旅游联合宣传推广机制，将跨境旅游联合宣传推广到东南亚其他国家，以构建中国东盟跨境无障碍旅游圈的统一旅游形象。持续深入举办中越国际商贸旅游博览会，以中越美食大赛、东盟国际水果节、中越民族风情演艺、中越传统服装秀、中越青年联欢会、免税购物狂欢节等多主题活动不断增添中越国际商贸旅游博览会亮点，同时逐步结合使用二维码、电子导游、虚拟现实等高新技术，通过内容与形式并重不断扩大中越国际商贸旅游博览会的传播力和国际影响力，联合打造国际知名的跨边境旅游目的地。在旅游业态、服务、产品创新上，以兴边富民行动为政策保障引导社会经济组织、民营企业和私营经济实体等共同参与到跨境旅游项目的开发与管理中来，引导对东兴市旅游资源、产品进行开发整合。一方面，突出东兴市边境商贸、边境探秘、边关京族民俗等资源特色，在边境自驾探秘游中增加寻宝环节，在民族风俗体验中注入休闲元素，在国门、界碑、界河等独具边境特色的景区中编排歌舞实景演艺等，以多种形式增强旅游者的趣味、休闲、全感官体验，打造系列主题鲜明、吸引力强的边关风情旅游精品，增添高品质旅游景区的数量；另一方面，重点对京岛风景名胜区、屏峰雨林公园进行提质升级，加速打造5A级旅游景区，塑造县域旅游品牌。

以消费者为根本，为旅游者提供全方位、专业、便捷、舒适的服务是东兴市旅游经济面向国际高质量转型发展的关键，而消费者便捷、舒适、愉快的旅游体验一方面需要完善的基础设施硬实力给予保障，另一方面县域内形成讲文明、热情有礼、开放包容的人文氛围则直接影响旅游者产生愉悦、舒适的心理感受。应注重旅游经济发展软环境建设，营造县域内积极热情、有礼好客的旅游发展人文环境。社会人文环境主要指县域内人们日常生活的外显行为，主要包括个体行为与群体人文精神环境，东兴市可以通过加强初级及以上学校建设，注重个体学校教育，完善公共图书馆、文化馆、博物馆等文化场馆功能，丰富馆藏内容，满足公民精神文化需求，倡导良好家风，以社区为基本空间，以社会主义核心价值体系为内核营造文明有礼的社会风气，逐渐提升县域内公民的整体素质，打造面向国际的旅游发展软实力。

二、第二层级：增强优势，弥补短板，进一步激发县域旅游发展潜力

处于第二层级的靖西市、大新县及防城区旅游竞争力较强，县域内旅游发展已具备一定基础，各县域旅游发展优劣势并存，需在增强优势的同时加快弥补短板，进一步激发县域旅游发展潜力。

靖西市、大新县、防城区虽处于广西边境县域旅游竞争力第二层级，但各县旅游发展短板也较为突出，需针对性进行弥补。靖西市需注重发展旅游，不能以破坏环境为代价，在县域内加强爱护自然生态环境教育，使人们树立热爱自然、节约资源、保护生态、植绿护绿理念。开发旅游资源、打造景区时，依照法律规定保护环境，以《森林法》《水污防治法》为依据，防止对森

林乱砍滥伐，提高污水处理率，保护江、河、湖、海水体免受污染，切忌对旅游环境进行破坏性建设。对已受破坏的环境，加大投入力度进行治理和抢救，使之尽快恢复。大新县基础设施建设不足严重制约着县域经济社会的发展，因此，一方面，政府要清楚认识县域基础设施建设落后的现状并予以高度重视，通过出台政策文件和加大投入力度保障加快改善县域基础设施服务体系。积极推进高速公路、高等级沿边公路、边民互市点、通关口岸建设，不断改善基础设施水平使之更好地为县域经济社会及旅游发展服务。防城区由于旅游产品及服务要素的缺乏，旅游市场占有率低且增速较慢。另一方面，政府应加快县域内的旅游资源开发，利用边境县域浓郁的民族风情特色，开发民族节庆、独特的民俗体验、歌舞表演等旅游活动项目，增加4A级及以上旅游景区的数量，丰富县域产品种类，以满足消费者多样化的旅游需求。同时，加大招商引资力度，吸引信誉高、口碑好的星级酒店、旅行社等企业进入防城区内，加大对旅游餐饮住宿、导游预订等配套产品的供给，满足当前旅游者自由行、自助游的各类需求。

三、第三层级：着力将资源优势转化为产业优势，提升旅游发展速度

综合比较发现，龙州、宁明两县的旅游竞争力一般主要受制于相关支撑产业的缺乏、旅游投资力度不够以及自然生态环境竞争力较低。龙州、宁明两县旅游资源禀赋较高，但当前旅游业发展仍处于较低水平，基于此，两县政府应以兴边富民行动为抓手加大旅游投入，完善产业配套，同时加强自然生态环境保护力度，着力强化宁明、龙州两县旅游产品的质量，化资源优势为产业优势，提升龙州、宁明两县旅游发展的速度。

在兴边富民行动实施中，进一步开放县域旅游市场，以政策落实保障旅游业招商引资成效，做实旅游产业链。龙州、宁明两县应进一步关注旅游业发展，将旅游业作为振兴县域经济、提高边民生活水平的支柱产业，提升旅游业在国民经济发展中的地位。加大政策倾斜力度，出台刺激县域旅游经济增长的政策和相关法规，协调旅游与边防、工商、环保、交通等多部门办公

合作，确保相关政策得以落地实施。加大对两县旅游行业相关组织协会的规范与管理，以政府部门管理和社会组织帮扶共同促进旅游企业健康可持续发展，扩大县域旅游产业的规模。

加大对旅游业的资金投入，尤其是完善核心景区建设，增强县域旅游吸引力。宁明、龙州两县旅游资源禀赋较高，但旅游产品亟待提质升级。为助力两县旅游业发展，政府应增加旅游资金投入，可设立旅游发展专项资金，以政府为主导，市场为主体，开发高品质旅游项目，加强对宁明花山、龙州起义纪念园等旅游景区的管理和维护资金投入，完善旅游景区建设，提升消费者体验感，打造县域旅游增长极。

良好的自然生态环境是旅游业可持续发展的重要基础和保障，兴边富民行动的实施也要求在保护的前提下合理开发利用自然生态环境。因此要加大龙州、宁明两县生态环境治理力度，深入推进污水排放集中处理及县域内河流水质整治，提升污水处理率，贯彻全域旅游理念逐年增加造林绿化水平，提升森林覆盖率，加强县域城区绿化建设，改善人居环境，加快推进环境优美、生态安全边境县域建设。

四、第四层级：强化政府主导，以兴边富民行动为契机助力县域旅游发展

那坡县旅游竞争力最弱，处于第四层级。重视政府在旅游发展各阶段尤其是初期的主导作用对推动那坡县旅游成长具有重要作用。那坡县一方面经济社会发展相对落后，同时旅游资源禀赋不高，造成了旅游业发展所依赖的物力、财力、人力基础均较为薄弱的现状，从而在广西边境县域中旅游发展成本居高，县域旅游发展困难。因此，政府应充分认识到新时代随着兴边富民行动实施重点的转移，边境县域旅游发展有着难得的机遇，要大力发挥政府在旅游发展中的主导作用，优化县域旅游发展环境，推动旅游业成为那坡县经济社会发展新的增长极。

各级政府要强化机遇意识，抓住兴边富民行动在新时代推进边境地区高质量转型发展的重大机遇，着力构建那坡县旅游经济增长机制，深化县域经

济社会环境对旅游业的支持力度。那坡县要继续加大兴边富民行动实施力度，以党中央、自治区对边境地区兴边富民的重要指示为抓手，充分意识到新时期边境地区战略地位的转变，总结以往工作经验，充实兴边富民行动实施领导小组，建立助推兴边富民行动精准实施工作机制。在政策实施上，一方面，注重与国家全面深化改革开放战略及边境地区沿边开放政策相衔接，加强与越南同行政区划单位的旅游合作与发展沟通，搭建交流平台，建立长久合作机制，重点落实开放政策。另一方面，充分认识那坡县过去兴边富民行动开展的不足，找准差距，以更明确的思路和更精准的举措，补齐短板，不断提高政策实施效率和资金利用水平，提高县域社会经济环境的竞争力。

那坡县政府需进一步强化对旅游业的主导作用，以兴边富民行动为抓手，引导、帮扶县域旅游发展，创造有利于旅游发展的环境。旅游发展需要完整的产业链作为支撑，而营造宽松的旅游投资环境和有利的旅游发展环境则是引导旅游企业进入增强县域旅游市场竞争力的关键方式。那坡县政府应不断强化旅游发展的主导作用，以促进县域经济社会发展及市场利益为纽带，整合交通、环保、文化、边贸等行业管理资源，并融入旅游发展理念，增添旅游功能，通过整合县域资源延伸产业链，降低旅游企业进入门槛。以兴边富民行动为抓手，建立合理的旅游招商引资机制，并给予适当的政策倾斜，吸引资本雄厚的企业进入那坡县，开发打造高品质旅游产品，提高那坡县的旅游投资总量，逐渐完善县域旅游产业链。

在广西边境8县（市、区）中，那坡县基础设施及旅游服务体系建设最为薄弱，严重制约了边境旅游的发展。旅游活动涵盖范围广泛，需要完备的基础设施来满足旅游者的各种需求。那坡县应将建设齐全的基础设施作为政府工作及兴边富民行动实施的重要内容，加大对交通客运、道路、口岸通道等基础设施的投入力度，不断提高县域交通承载力及快速通关能力，以健全的基础设施推动县域社会经济发展，同时增强县域旅游的基础服务功能，才能实现那坡县旅游健康良好的发展。

那坡县受制于相对落后的社会经济发展，旅游投资水平有限，通过大量的资金投入打造独具特色的高品质产品并增强县域旅游吸引力不太现实。因此可充分挖掘那坡县黑衣壮民族特色，在保护的基础上重点开发相对景区而言投资较少的以展现黑衣壮特色为内容的民俗产品，如以体现黑衣壮民俗为主的节庆活动、餐饮住宿、旅游体验项目等，以黑衣壮民俗文化为内核打造旅游品牌，扩大旅游影响力。同时加强同周边县市旅游合作，联合进行旅游资源开发、旅游产品营销宣传等，扩大那坡县的旅游知名度，推动那坡县旅游进入发展快车道。

结束语

空间正义与中越跨境旅游合作

空间生产观念之于区域旅游空间结构研究，其价值在于打开了一扇思想的窗户。在对空间本体的追溯中，它重新书写了人文地理学对于旅游研究的意义，促使我们重新审视长期以来旅游产业发展中人的主体性地位，并把研究的重心牢牢置于空间的流动性和再生性。空间是由各种各样的社会关系架构而成的，如今我们谈论区域旅游合作"空间"，在很大程度上已是在谈论空间关系的生产与再生产。正是空间的"关系"属性决定了在旅游空间生产研究中引入空间正义的必要性。列斐伏尔等人认为唯有通过空间方能证明作为主体的人的存在的洞见，极大程度上动摇了长期以来时间之于空间的优越感。在列斐伏尔的语境中，纯粹的自然空间是不存在的，空间生产统合自然空间与社会空间，并在二者之间灵活穿越。在资本主义生产过程中，资本攻城略地，无所不能，一方面，其势力所及之处，自然空间即被纳入空间生产，同时也促使其完成社会化的蜕变；另一方面，社会空间也由一个容器或一种资源转化为资本自我增殖的中介。爱德华·苏贾通过对空间正义的阐释发展了空间生产理论，这也是他最为引人注目的学术贡献。他把空间区分为三个层次，而他最为看重的则是物质性与精神性有机综合的"第三空间"。空间的这一层面包含了物质与精神的相互交融、主体与客体的互为参照，其复杂性正是社会生活之复杂性的客观投射。在此基础上，苏贾具体推演了他的空间正义思想——以公正的空间权力为核心，拒绝空间隔离，反对空间权力、利益、资源的不公平分配。老实说，苏贾的空间正义和旅游空间生产并无直接联系，

结束语

空间正义与中越跨境旅游合作

其空间正义的某些方面甚至不乏乌托邦色彩。旅游空间建构当然需要遵循某些伦理原则，基本原则首先是科学，其次才是政治，它必须以尊重经济运行的客观规律为前提。对苏贾而言，空间正义的投射领域在逻辑上是具有无限性的，也正是在此，他为我们将空间正义思想引入区域旅游空间结构研究理下了伏笔。

从空间的内在结构看，旅游地、旅游经营者与旅游消费者共同构成了旅游空间的基础三维。但是旅游空间的平衡实际上是一种动态平衡，作为旅游空间的基础维度，旅游经营者与旅游消费者处于不断裂变的过程中，因此旅游空间的基础三维是理想状态，而现实情形则是四维、五维乃至更多维的理想状态。从空间的要素流动看，旅游空间的活跃要素应包括资本、市场、技术、人才、行业规范度，等等。旅游空间的生产与再生产是各种产业发展要素自由流动的结果，而人力资源则是其中最活跃的角色。旅游空间的运行、多维主体的参与必须在有序的状态下进行，空间要素的无序流动必然导致整个空间的崩溃。为旅游产业空间运行确立一种要素流动规范是必要的，这里涉及的其实就是旅游空间生产的正义性问题。

以中越边境旅游合作而论，广西东兴市沿海沿边，与越南北部最大最开放的经济特区——芒街市仅一河之隔。2024年年底，东兴口岸年出入境人数已达858.1万人次，同比增长54.6%，创2019年以来新高。特别是恢复边境旅游异地办证业务后，从海上或陆上跨境前往越南的国内游客呈成倍增长的势头。目前，中国东兴—越南芒街跨境旅游合作区的建设已提上议事日程，但是一条国境线成为旅游产业发展的人为羁绊，旅游产业要素的自由流动凭空增添了许多阻力，所谓区位差异被赋予了更为深刻的内涵。跨境使中国东兴—越南芒街旅游合作的复杂性具备了某种典型特征，跨境旅游合作的可持续发展在此转化成了空间生产问题。主要表征为：在中越两国边境线上，如何推进边境商贸的往来与合作；如何建立重点旅游景区的合作开发机制，共同开发运营旅游景区、旅游节庆及国际体育赛事等；如何共同开发跨国海上线路，同时实现对北仑河口红树林资源、海洋资源以及民族文化资源的保护；如何融合两国政府、行业管理部门、行业协会、旅游企业、社区居民、媒介等各方力量，构建旅游联合营销组织体系进行旅游宣传；如何制定和实施统一的景区、饭店、餐饮、交通、卫生等设施的服务标准并推进实施；如何加强旅游市场监管合作，形成包含协调委员会、旅游巡回法庭、旅游警察、其他执法机构的旅游综合执法模式，并明确旅游综合执法责任分工；如何共建旅游配套基础设施。理顺这些空间关系乃是深化当地跨境旅游合作亟待解决的现实问题，正因为如此，基于空间逻辑去思考旅游产业发展的要素流动、优化配置等，也就显示出了不同寻常的重要意义。以"跨境"为核心，中越边境旅游合作空间生产可谓千头万绪，问题丛生，跨境旅游合作能否顺利推进，归根结底还是要落实到空间组织、空间运行，特别是如何进行行之有效的空间管理。

探讨空间正义，尤其是所谓"正义"的科学属性是必要的，其主旨在"定义一种能够把各种各样异质性联系起来，而不是压制差异的政治学"（大卫·哈维语）。从空间生产的角度看，中国东兴一越南芒街跨境旅游合作区建设的目标在于推动旅游产业发展要素合理流动并在流动中实施空间重构，空间正义所提供的是对跨境旅游合作产业要素进行空间编码与解码的一般准则。它首先是一种科学理性，是对旅游产业空间运行节奏、结构、组织整合旅游合作时间链的客观规律的揭示，包括构建不同层面的定期会晤机制，明确跨境合作的区域范围、功能定位、运作模式及政策取向，在信息交流、合作区管理机制、法律法规、配套政策等方面积极沟通并给予有效落实。建立旅游合作跨境协调机制，加强旅游合作中的跨境协调与磋商，稳步推进解决旅游合作中存在的其他相关问题。组织两国旅游产业人才交流互访，通过相互学习达成共识，为跨境旅游合作提供智力支持。它同时也是一种价值判断或情感判断，是一种基于科学理性的人文追思。中国东兴一越南芒街跨境旅游合作空间当然不只是自然地理区位，因跨境因素的介入，集合于其中的社会关系反而更为盘根错节。寻求空间正义就是要求旅游产业要素流动自由而平等，所有利益相关者的权利诉求都应得到有力保障。这同时也是一个尊重差异的空间，其中包含着两个国度物质结构的多样性与多个跨境民族精神文化的多样性。唯其如此才能满足种种差异化的需求与体验。

参考文献

（以下按章节引用顺序排列）

参考文献（一）

[1] 阿尔文·托夫勒.未来的冲击 [M].蔡伸章，译.北京：中信出版社，2006.

[2] 约瑟夫·派恩，詹姆斯·吉尔摩.体验经济（原书更新版）[M].毕崇毅，译.北京：机械工业出版社，2012.

[3] 张广斌.情境与情境理解方式研究：多学科视角 [J].山东师范大学学报（人文社会科学版），2008，53（5）：50-55.

[4] Belk R.Situational variables and consumer behaviour [J]. Journal of Consumer Research, 1975, 3 (2): 157-164.

[5] Lutz R, Kakkar P. The Psychological Situations as a Determinant of Consumer Behavior [J]. Advances in Consumer Research, 1975, 2 (1): 439-454.

[6] Assael H. Consumer Behavior and Marketing Action [M]. OH: South-Western College Publishing, 1995.

[7] 谷传华，张文新.情境的心理学内涵探微 [J].山东师范大学学报（人文社会科学版），2003，48（5）：99-102.

[8] 邱章乐.情境命题研究 [J].淮南师范学院学报，2005，7（1）：

105-112.

[9] 程乐华，卢嘉辉. 论情境的构成及其动力关系——情境观理论的建立 [J]. 心理科学，2013（5）：452.

[10] 胡娟，叶忠元. 新巴比伦：基于日常生活的情境空间建构 [J]. 国际城市规划，2010，25（1）：77-81.

[11] 李锐，王柱，李茜铭，等. 城市情境化空间设计：时代赋予的价值取向 [A]. 城市时代，协同规划——2013 中国城市规划年会论文集 [C]. 2013.

[12] 蔡晓梅，朱竑，刘晨. 顾客对情境主题餐厅表演的感知研究：以广州味道云南食府为例 [J]. 人文地理，2012（1）：119-126.

[13] 郝汗青，唐鸣放，李鹏飞. 传统空间情境营造对城市休闲空间设计的启示 [J]. 建筑与文化，2015（9）：194-195.

[14] 朱江勇. "舞台互动"：旅游表演学视域下的旅游展演空间 [J]. 旅游论坛，2014，7（2）：87-93.

[15] 王宁，刘丹萍，马凌，等. 旅游社会学 [M]. 天津：南开大学出版社，2008.

[16] 王静. 人类学视野中的"仪式"与"文化展演" [J]. 盐城师范学院学报（人文社会科学版），2009（6）：32-37.

[17] 欧文·戈夫曼. 日常生活中的自我呈现 [M]. 冯钢，译. 北京：北京大学出版社，2008.

[18] Dean MacCannell. 旅游者休闲阶层新论 [M]. 张晓萍，等，译. 桂林：广西师范大学出版社，2008.

[19] Cohen E.Rethinking the sociology of tourism [J]. Annals of Tourism Research，1979，6（1）：18-35.

[20] Perkins H，Thorns D.Gazing or performing? Reflections on Urry's tourist gaze in the context of contemporary experiences in the Antipodes [J]. International Sociology，2001，16（2）：185-204.

[21] Adler J. Travel as performed art [J]. The American Journal of

Sociology, 1989, 94 (6): 1366-1391.

[22] Edensor T.Staging tourism: Tourists as performers [J] .Annals of Tourism Research, 2000, 27 (2): 322-344.

[23] Baerenholdt J, Haldrup M, Larsen J, et al.Performing Tourist Places [M] .Aldershot: Ashgate, 2004.

[24] Edensor T.Performing tourism, staging tourism: (Re) producing tourist space and practice [J] .Tourist Studies, 2001, 1 (1): 59-81.

[25] Crouch D.Tourist practices and performances [A] .In A.A.Lew, C.M.Hall, A.M. Williams (Eds.) . A Companion to Tourism [C] . Malden: Blackwell, 2004.

[26] Chronis A.Moving bodies and the staging of the tourist experience [J] . Annals of Tourism Research, 2015 (55): 124-140.

[27] Haldrup M, Larsen J.Material cultures of tourism [J] .Leisure Studies, 2006, 25 (3): 275-289.

[28] Chronis A.Between place and story: Gettysburg as tourism imaginary [J] .Annals of Tourism Research, 2012, 39 (4): 1797-1816.

[29] Sheller M, Urry J. Tourism Mobilities: Places to Play, Places in Play [M] .Routledge, 2004.

[30] Edensor T.Mundane mobilities, performances and spaces of tourism [J] . Social & Cultural Geography, 2007, 8 (2): 199-215.

[31] Vasiliki G. M.Rural space (re) produced——Practices, performances and visions: A case study from an Aegean island [J] .Journal of Rural Studies, 2013 (32): 103-113.

[32] 谢彦君 . 旅游体验的情境模型：旅游场 [J] . 财经问题研究，2005 (12)：64-69.

[33] 赵男 . 旅游情境中的日常理性研究 [D] . 大连：东北财经大学，2010.

[34] 周广鹏，余志远 . 旅游体验：从视觉凝视到精神升华 [J] . 商业研

究，2011（12）：175-180.

[35] 李广宏，王连明. 旅游演艺场中旅游者行为发生机制研究[J]. 齐齐哈尔大学学报（哲学社会科学版），2015（3）：44-46.

[36] 屈册，马天. 旅游情境：在想象与地方之间[J]. 北京第二外国语学院学报，2015（3）：14-21.

[37] 王艳平. 温泉泉源场所旅游情景构建研究[J]. 旅游论坛，2012，5（5）：30-33，51.

[38] 李恒云，龙江智，程双双. 基于博物馆情境下的旅游涉入对游客游后行为意向的影响——旅游体验质量的中介作用研究[J]. 北京第二外国语学院学报，2012（3）：53-63.

[39] 谢彦君，屈册. 平遥古城旅游情境感知及其对旅游体验质量的影响研究[J]. 旅游论坛，2014，7（4）：27-33.

[40] 王志文，樊友猛，卫银栋. 休闲时代背景下乡村养生旅游情境的感知研究[J]. 中南林业科技大学学报（社会科学版），2015，9（5）：54-61.

[41] 白凯. 旅行者行为学[M]. 北京：科学出版社，2013.

[42] 谢彦君. 旅游体验研究：一种现象学的视角[M]. 天津：南开大学出版社，2005.

[43] 彭丹. 旅游体验研究新视角：旅游者互动的社会关系研究[J]. 旅游学刊，28（10）：89-96.

[44] 陈焕炯. 东北乡村旅游体验情境中符号性元素的识别[D]. 大连：东北财经大学，2008.

[45] 徐婵. 浅谈符号性元素对旅游行为情境构建的影响[J]. 工会博览（理论研究），2011（4）：272-273.

[46] 屈册. 基于社会网络分析法的客栈情境研究——以平遥古城为例[J]. 旅游研究，2014，6（2）：27-32.

[47] 吕宁. 旅游体验中的地方感研究[D]. 大连：东北财经大学，2010.

[48] 孙九霞，苏静. 旅游影响下传统社区空间变迁的理论探讨：基于空间生产理论的反思[J]. 旅游学刊，2014，29（5）：78-86.

参考文献

[49] 黄剑锋，陆林．空间生产视角下的旅游地空间研究范式转型：基于空间涌现性的空间研究新范式 [J]．地理科学，2015，35（1）：47-55.

[50] 郭文．旅游空间生产：理论探索与古镇实践 [M]．北京：科学出版社，2015.

[51] 桂榕，吕宛青．民族文化旅游空间生产气论 [J]．人文地理，2013（3）：154-160.

[52] Ilbery B, Saxena G, Kneafsey M.Exploring tourists and gatekeepers' attitudes towards integrated rural tourism in the England-Wales border region [J]. Tourism Geographies, 2007, 9 (4): 441-468.

[53] Canally C, Timothy D. J.Perceived constraints to travel across the US-Mexico border among American university students [J] .International Journal of Tourism Research, 2007, 9 (6): 423-437.

[54] Lord K. R. L, Putrevu S, Shi Y. Z.Cultural influences on cross-border vacationing [J]. Journal of Business Research, 2008 (61): 183-190.

[55] Gelbman A, Maoz D. Island of peace or island of war: tourist guiding [J] .Annals of Tourism Research, 2011, 39 (1): 108-133.

[56] Spierings B, Velde M. V. D.Cross-Border Mobility, Unfamiliarity and Development Policy in Europe [J] .European Planning Studies, 2013, 21 (1): 1-4.

[57] Woosnam K. M, Shafer C. S, Scott D, et al.Tourists' perceived safety through emotional solidarity with residents in two Mexico-United States border regions [J] .Tourism Management, 2015 (46): 263-273.

[58] 谢婷，钟林生．边境旅游目的地的国内游客特征及感知研究：以广西壮族自治区崇左市为例 [J]．资源与产业，2009，11（6）：139-142.

[59] 黄爱莲．基于游客感知的国家边界旅游障碍研究 [J]．商业研究，2011（2）：180-184.

[60] 孙美玉，崔哲浩．图们江区域边境旅游客源结构与游客行为研究：以赴俄中国游客为例 [J]．延边大学学报（社会科学版），2013，46（3）：

19-25.

[61] 罗云艳. 边境地区旅游环境与旅游体验质量研究：以丹东为例[J]. 辽东学院学报（社会科学版），2015，17（4）：37-42.

[62] 徐佳，由亚男，李东. 感知差异下边境购物旅游满意度实证研究：以霍尔果斯口岸为例[J]. 新疆财经大学学报，2015（2）：43-49，70.

[63] 武虹剑，龙江智. 旅游体验生成途径的理论模型[J]. 社会科学辑刊，2009（3）：46-49.

[64] 刘敏，孙延旭. 旅游艳遇：一种超越世俗的体验——基于旅游者建构的旅游艳遇情境的初步研究[J]. 保山学院学报，2015，34（1）：59-66.

[65] 任思北. 旅游纪念品的社会功能和情感影响因素探究[D]. 大连：东北财经大学，2010.

[66] 屈册. 旅游情境感知及其对旅游体验质量的影响研究：以平遥古城为例[D]. 大连：东北财经大学，2013.

[67] 李双双. 外国游客对中国京剧的旅游体验[D]. 大连：东北财经大学，2008.

[68] 邹统钎. 旅游景区开发与经营经典案例[M]. 北京：旅游教育出版社，2004.

[69] 黄鹏. 旅游体验与景区开发模式[J]. 兰州大学学报（社会科学版），2004，32（6）：104-108.

[70] 凌常荣. 边城凭祥旅游发展的路径研究[J]. 山西财经大学学报，2011，33（1）：108-112.

[71] 张广瑞. 中国边境旅游发展的战略选择[M]. 北京：经济管理出版社，1997.

[72] 罗明义. 国际旅游发展导论[M]. 天津：南开大学出版社，112-115.

[73] 祝招玲，谢维光. 佳木斯市边境旅游发展模式研究[J]. 赤峰学院学报（自然科学版），2010，26（1）：154-155.

[74] 王灵恩，王芳，葛全胜，等. 从欧盟经验看跨境合作背景下中国边

境旅游发展 [J]. 开放研究, 2013 (4): 51-55.

[75] Healey P. The treatment of space and place in the new strategic spatial planning in Europe [J]. International Journal of Urban and Regional Research, 2004, 28 (1): 45-67.

[76] 埃米尔·涂尔干. 宗教生活的基本形式 [M]. 上海: 上海人民出版社, 1999.

[77] 格奥尔格·齐美尔. 社会学关于社会化形式的研究 [M]. 北京: 华夏出版社, 2002.

[78] Lefebvre H.Translated by Donald Nicholson-Smith.The Production of Space [M]. Malden: Blackwell, 1991.

[79] Wegner P E. "Spatial Criticism: Critical Geography, Space, Place and Textuality" In Julian Wolfreys [M]. Edinburgh: Edinburgh University Press, 2002.

[80] Stokowski, P. A. Languages of place and discourses of power: Constructing new senses of place [J]. Journal of Leisure Research, 2002 (34): 368-382.

[81] Timothy D. J.Tourism and Political Boundaries [M] .New York: Taylor & Frsncis Group, 2001.

[82] Timothy D. J.Relationships between Tourism and International Boundaries.In Wachowiak H.Tourism and Borders: Contemporary Issues, Policies and International Research [M] .Aldershot: Ashgate, 2006.

[83] 张广瑞. 边境旅游: 国际的实践与经验 [J]. 旅游研究与实践, 1996 (4): 24-30.

[84] Timothy D J.Political boundaries and tourism: Borders as tourist attractions [J]. Tourism Management, 1995, 16 (7): 525-532.

[85] Wieckowski M.Development of the new tourist space in the polish borderlands [J] .Centre of regional studies, 2009: 89-97.

[86] 李伟山, 孙大英. 论中越边境跨境民族文化旅游带的开发 [J]. 广

西民族大学学报（哲学社会科学版），2012，34（2）：117-121.

[87] Mossberg Lena. A marketing approach to the tourst experience [J]. Scandinavian Journal of Hospitality, 2007, 7 (1): 59-74.

[88] Timothy D.J, Tosun C.Tourists' perceptions of the Canada: USA border as a barrier to tourism at the International Peace Garden [J] .Tourism Management, 2003 (24): 411-421.

[89] 厉新建. 旅游体验研究：进展与思考 [J]. 旅游学刊，2008，23（6）：90-95.

[90] 魏小安，魏诗华. 旅游情景规划与项目体验设计 [J].2004，19(4)：38-44.

参考文献（二）

[1] Dallen J T. Political boundaries and tourism: borders as tourist attraction [J]. Tourism Management. 1995, 16 (7): 525-532.

[2] Dallen J T. Tourism and international borders: themes and issues [J]. Visions in Leisure and Business. 1998, 17 (3): 3-7.

[3] Martinez, Oscar. The dynamics of border interaction: new approaches to border analysis [M]. London: Routledge, 1994: 1-22.

[4] Matteo L D, Matteo R D. An analysis of Canadian cross-border travel [J]. Annals of Tourism Research. 1996, 23 (1): 103-122.

[5] Dallen J T, Tosun C. Tourists' perceptions of the Canada-USA border as a barrier to tourism at the International Peace Garden [J]. Tourism Management. 2003, 24 (4): 411-421.

[6] Dallen J T. Cross-border partnership in tourism resource management: inter-national parks along the US-Canada border [J]. Journal of Sustainable

Tourism. 1999, 7 (3-4): 182-205.

[7] Hachowiak H. Tourism and Borders: Contemporary Issues, Policies and International Research [M]. Burlington: Ashgate Publishing Company, 2006: 9-10.

[8] Lovelock B, Boyd S. Impediments to a cross-border collaborative model of destination management in the Catlins, New Zealand [J]. Tourism Geographies. 2006, 8 (2): 143-161.

[9] Gelbman A. Border tourism in Israel: conflict, peace, fear and hope [J]. Tourism Geographies. 2008, 10 (2): 193-213.

[10] Gelbman A, Dallen J T. From hostile boundaries to tourist attractions [J]. Current Issues in Tourism. 2010, 13 (3): 239-259.

[11] Canally C, Dallen J T. Perceived constraints to travel across the US-Mexico border among American university students [J]. International Journal of Tourism Research. 2007, 9 (6): 423-437.

[12] 何战, 张磊. 中越两国边境旅游开发合作研究 [J]. 东南亚南亚研究. 2016 (1): 53-57.

[13] 张广瑞. 中国边境旅游发展的战略与政策选择 [J]. 财贸经济. 1997 (3): 55-58.

[14] 李飞. 跨境旅游合作区: 探索中的边境旅游发展新模式 [J]. 旅游科学. 2013 (5): 10-21.

[15] 袁珈玲. 构建中越跨境旅游合作区浅探 [J]. 东南亚纵横. 2014(4): 45-48.

[16] 夏友照. 关于建立中俄朝跨境旅游合作区的战略思考 [J]. 社会科学战线. 2011 (11): 237-239.

[17] 王继庆. 论东北亚跨国旅游业发展与合作 [J]. 学术交流. 2011 (12): 123-126.

[18] 黄爱莲, 魏小安. 中越国际旅游合作区跨界管理研究 [C]. 中国旅游评论. 北京: 旅游教育出版社, 2011: 225-231.

[19] 张金山，曾博伟，孙梦阳．跨境游客往来便利化的制度分析及对策研究 [J]．旅游学刊．2016（2）：23-32.

[20] 陈俊安．边境国际旅游合作区建设与旅游产业发展创新策略 [J]．学术交流．2014（6）：131-134.

[21] 赵明龙．建立中越国际旅游合作区的探讨 [J]．学术论坛．2011（3）：106-110.

[22] 石美玉．联合营销：经济全球化背景下边境旅游发展的必然选择 [J]．旅游学刊．2009（7）：9-10.

[23] Mead G H. Mind, self and society [M]. Chicago: The University of Chicago Press, 1967: 16-18.

[24] 曼纽尔·卡斯特．认同的力量 [M]．北京：社会科学文献出版社，2003.

[25] 闫国疆．问题与反思：近30年中国身份认同研究析评 [J]．西南民族大学学报（人文社会科学版）．2013（4）：30-38.

[26] Cheek J M, Tropp L R, Chen L C. Identity orientations: Personal, social and collective aspects of identity [C]. Los Angeles: 1994.

[27] Gonzalez M V. Intangible heritage tourism and identity [J]. Tourism Management. 2008 (29): 807-810.

[28] Palmer C. An ethnography of Englishness experiencing identity through tourism [J]. Annals of Tourism Research. 2005, 32 (1): 7-27.

[29] Wang S S, Joseph S. The influence of place identity on perceived tourism impacts [J]. Annals of Tourism Research. 2015 (52): 16-28.

[30] Nunkoo R, Gursoy D. Residents support for tourism: An identity perspective [J]. Annals of Tourism Research. 2012, 39 (1): 243-268.

[31] 孙九霞．旅游对目的地社区族群认同的影响——基于不同旅游作用的案例分析 [N]．中山大学学报（社会科学版）．2010（1）：170-177.

[32] 杜芳娟，陈晓亮，朱竑．民族文化重构实践中的身份与地方认同——仡佬族祭祖活动案例 [J]．地理科学．2011（12）：1512-1517.

参考文献

[33] 朱竑，钱俊希，吕旭萍．城市空间变迁背景下的地方感知与身份认同研究——以广州小洲村为例 [J]．地理科学．2012（1）：18-24.

[34] 陈奕滨．旅游发展与少数民族职业女性的身份认同——以云南昆明、丽江高尔夫女球童为例 [N]．广西民族大学学报（哲学社会科学版）．2012（2）：127-130.

[35] 陈志钢，吴玉琴．建构与表征：旅游语境下阳朔客栈主身份认同研究 [J]．旅游论坛．2016（1）：71-79.

[36] Lefebvre. The production of space [M]. Oxford: Blackwell, 1991: 38-42.

[37] 郭文．空间的生产与分析：旅游空间实践和研究的新视角 [J]．旅游学刊．2016（8）：29-39.

[38] Harvey D. A Brief History of Neoliberalism [M]. London: Oxford Press, 2005: 1-39, 120-151.

[39] Castells M. The city and Grassroots [M]. London: Edward Arnold, 1983: 45-60.

[40] Smith N, O' Keefe P. Geography, Marx and the Concept of Nature [J]. Antipode. 1989 (12): 30-39.

[41] Stuart E. Politics, Philosophy, Geography: Henri Lefebvre in Recent Anglo-American Scholarship [J]. Antipode. 2002 (5): 16-21.

[42] Brenner N, Theodore N. Cities and the geographies of actually existing neoliberalism [J]. Antipode. 2001, 3 (34): 349-379.

[43] Soja E W. Thirdspace: Journeys to Los Angeles and Other Real-and-Imagined Places [M]. Oxford (UK), Cambridge, Massachusetts (USA): Blackwell, 1996: 88-104.

[44] 庄友刚．何谓空间生产？——关于空间生产问题的历史唯物主义分析 [J]．南京社会科学．2012，23（5）：36-42.

[45] 赵叶，柴彦威，张小林．"空间的生产"理论、研究进展及其对中国城市研究的启示 [J]．经济地理．2011，31（3）：409-413.

[46] 刘怀玉. 现代性的平庸与神奇——列斐伏尔日常生活批判学的文本学解读[M].北京：中央编译出版社，2006：399-418.

[47] 陈忠，爱德华·索亚. 空间与城市正义：理论张力和现实可能[J]. 苏州大学学报（哲学社会科学版）.2012（1）：1-6.

[48] 钱玉英，钱振明. 走向空间正义：中国城镇化的价值取向及其实现机制[J]. 自然辩证法研究.2012（2）：61-64.

[49] 王志刚. 民生幸福：社会主义城市空间生产的价值旨归[J]. 社会主义研究.2012（1）：33-37.

[50] Milne S, Ateljevic I. Tourism, economic development and the global-local nexus: theory embracing complexity [J]. Tourism Geographies. 2001, 33 (4): 369-393.

[51] Agarwal S. Relational spatiality and resort restructuring [J]. Annals of Tourism Research. 2012, 39 (1): 134-154.

[52] 孙九霞，苏静. 旅游影响下传统社区空间变迁的理论探讨——基于空间生产理论的反思[J]. 旅游学刊.2014（5）：78-86.

[53] 黄剑锋，林陆. 空间生产视角下的旅游地空间研究范式转型——基于空间涌现性的空间研究新范式[J]. 地理科学.2015，35（1）：47-55.

[54] 桂榕，吕宛青. 民族文化旅游空间生产刍论[J]. 人文地理.2013（3）：154-160.

[55] 孙九霞，张士琴. 民族旅游社区的社会空间生产研究——以海南三亚回族旅游社区为例[J]. 民族研究.2015（2）：68-77.

[56] 郭文，王丽，黄震方. 旅游空间生产及社区居民体验研究——江南水乡周庄古镇案例[J]. 旅游学刊.2012（4）：28-38.

[57] 郭文. 旅游空间生产—理论探索与古镇实践[M]. 北京：科学出版社，2015：30-32.

[58] 郭文，王丽. 文化遗产旅游地的空间生产与认同研究——以无锡惠山古镇为例[J]. 地理科学.2015（6）：708-716.

[59] 姜辽. 旅游发展背景下周庄古镇社会空间变迁研究[D]. 安徽师

范大学，2014.

[60] 明庆忠，段超. 基于空间生产理论的古镇旅游景观空间重构 [N]. 云南师范大学学报（哲学社会科学版）. 2014（1）：42-48.

[61] 孙根紧，凌郭. 文化景观、非物质文化遗产与旅游空间生产——基于都江堰放水节的景观生产路径分析 [J]. 贵州民族研究. 2015，36（172）：157-161.

[62] 景秀艳，Timothy J. Tyrrell. 权力关系、社区空间与乡村旅游利益获取——基于福建省泰宁县五个乡村社区的实证研究 [J]. 旅游科学. 2012（5）：20-29.

[63] 孙九霞，周一. 日常生活视野中的旅游社区空间再生产研究——基于列斐伏尔与德塞图的理论视角 [J]. 地理学报. 2014，69（10）：1575-1589.

[64] 孙九霞，苏静. 多重逻辑下民族旅游村寨的空间生产——以岜沙社区为例 [J]. 广西民族大学学报（哲学社会科学版）. 2013（6）：96-102.

[65] 李琼. 政治经济学视角下的旅游空间生产——消费模式 [N]. 湖北经济学院学报（人文社会科学版）. 2009（1）：39-40.

[66] 樊友猛，谢彦君，王志文. 地方旅游发展决策中的权力呈现——对上九山村新闻报道的批评话语分析 [J]. 旅游学刊. 2016（1）：22-36.

[67] Deaux K. Reconstructing social identity [J]. Personality and Social Psychology Bulletin. 1993（19）：4-12.

[68] 邹英. 新生代农民工自我身份认同困境的社会学分析 [D]. 吉林大学，2007.

[69] 张淑华，李海莹，刘芳. 身份认同研究综述 [J]. 心理研究. 2012（1）：21-27.

[70] 张伟，吴必虎. 利益主体（Stakeholder）理论在区域旅游规划中的应用——以四川省乐山市为例 [J]. 旅游学刊. 2002（4）：63-68.

[71] 黄昆. 利益相关者理论在旅游地可持续发展中的应用研究 [D]. 武汉大学，2004.

[72] 贾生华，陈宏辉. 利益相关者的界定方法述评 [J]. 外国经济与管理. 2002 (5): 13-18.

[73] Walle A. Business ethics and tourism: from micro to macro perspectives [J]. Tourism Management. 1995, 4 (18): 263-268.

[74] 黄爱莲. 社区和谐与旅游发展利益相关主体的权力配置 [J]. 江西社会科学. 2007 (8): 164-166.

[75] 王成兵. 当代认同危机的人学探索 [D]. 北京师范大学, 2003.

[76] 林耿. 地方认同与规划中的权力建构——基于规划选址的案例分析 [J]. 城市规划. 2013 (5): 35-41.

[77] Raveh A. Co-plot: A graphic display method for geometrical representations of MCDM [J]. European Journal of Operational Research. 2000, 125 (3): 670-678.

参考文献（三）

[1] 包亚明. 现代性与空间的生产 [M]. 上海: 上海教育出版社, 2003.

[2] 肖燕飞. 基于空间理论的我国区域资本流动及其对区域经济发展的影响研究 [D]. 湖南大学, 2012.

[3] 李庆雷. 对跨境旅游合作区建设的思考 [N]. 中国旅游报, 2015-12-14 (C02).

[4] 陈玉琛. 列斐伏尔空间生产理论的演绎路径与政治经济学批判 [J]. 清华社会学评论, 2017 (2): 136-160.

[5] 范钦. 西藏昌都地区旅游村落整合规划设计研究 [D]. 昆明理工大学, 2014.

[6] 叶超, 柴彦威, 张小林. "空间的生产" 理论研究进展及其对中国城市研究的启示 [J]. 经济地理, 2011, 31 (3): 409-413.

参考文献

[7] 郭文，黄震方. 基于场域理论的文化遗产旅游地多维空间生产研究——以江南水乡周庄古镇为例 [J] 人文地理. 2013 (2): 117-120.

[8] 张子凯. 列斐伏尔《空间的生产》述评 [J]. 江苏大学学报（社会科学版），2007 (5): 10-14.

[9] 舒晓. 武汉市中心城区的旅游空间生产研究 [D]. 华中师范大学，2015.

[10] 郭环. 广州民间金融街空间生产效应及其影响因素研究 [J]. 广东行政学院学报，2015，27 (3): 66-72.

[11] 孙健，董亚楠. 高校学科群建设评价体系的研究 [J]. 科技资讯，2013 (19): 165+167.

[12] 刘起运. 正确认识和使用投入产出乘数 [J]. 中国人民大学学报，2003 (6): 89-95.

[13] 张鹏，唐善茂，丘萍. 广西贺州市生态旅游的投入—产出分析 [J]. 林业经济问题，2007 (6): 530-534+540.

[14] 李景华. 基于投入产出局部闭模型的中国房地产业经济增长结构分解分析 [J]. 系统工程理论与实践，2012，32 (4): 784-789.

[15] Loretta Less. Super-gentrification: The Case of Brooklyn Heights, New York City [J] .Urban Study, 2003, (40): 24-87.

[16] Richard Dennis. Cites in Modernity: Representations and productions of Metro-politan Space 1840-1930 [M]. Cambridge and New York: Cambridge University press, 2008.

[17] McGee, T.G.Interrogating the production of urban space in China and Vietnam under market socialism [J]. Asia Pacific Viewpoint, 2009, 50 (2): 228-246.

[18] 王苑，邓峰. 历史街区更新中的社会结构变迁与孔家生产——以苏州山塘历史街区为例 [J]. 现代城市研究，2009 (11): 60-64.

[19] 马学广. 城中村空间的社会生产与治理机制研究——以广州市海珠区为例 [J]. 城市发展研究，2010 (2): 126-133.

[20] 马学广，王爱民，闫小培．广州市城市居住空间的社会生产研究 [J]．中山大学学报（自然科学版），2010（5）：122-126.

[21] 姜文锦，陈可石，马学广．我国旧城改造的空间生产研究——上海新天地为例．城市发展研究，2011，18（10）：84-89.

[22] Nasongkhla, S. and S.Sintusingha. Social Production of Space in Johor Bahru [J]. Urban Studies, 2012, 50 (9): 1836-1853.

[23] Michael Buser. The production of space in metropolitan regions: A Lefebvrian analysis of governance and spatial change [J]. Planning Theory, 2012, 11 (3): 279-298.

[24] 殷洁，罗小龙．资本、权力与空间："空间的生产"解析 [J]．人文地理，2012.

[25] 刘珊，吕拉昌，黄茹，林康子．城市空间生产的嬗变——从空间生产到关系生产 [J]．城市发展研究，2013，20（9）：42-47.

[26] 王勇，李广斌，施雯．苏州城市空间生产特征与机制——兼论苏州城市空间结构演化 [J]．现代城市研究，2015（11）：125-130.

[27] 孙全胜．城市空间生产批判及其对中国城市化的启示 [J]．上海财经大学学报，2016，18（6）：79-92.

[28] 孙全胜．城市空间生产批判对中国城镇化的现实意义 [J]．城市发展研究，2017，24（2）：33-39.

[29] 游海鱼，杨桂红．旅游空间商品化过程中的政府职能研究——以云南省为例 [J]．云南财经大学学报（社会科学版）.2009（2）：46-49.

[30] 戴翔．空间生产理论视域下传统聚落的转型研究——以大理喜洲古镇为例 [A]．中国城市规划学会、重庆市人民政府．规划创新：2010 中国城市规划年会论文集 [C]．中国城市规划学会、重庆市人民政府：2010：8.

[31] 阮梦乔．空间生产视角下风景名胜地区城乡空间发展特征与机制研究 [D]．南京大学，2012.

[32] 郭文，王丽，黄震方．旅游空间生产及社区居民体验研究——江南水乡周庄古镇案例 [J]．旅游学刊，2012（4）：28-38.

参考文献

[33] 桂榕，吕宛青. 民族文化旅游空间生产邹论 [J]. 人文地理.2013 (3).

[34] 刘姝萍. 基于空间生产视角的旅游小城镇空间形态演变研究 [D]. 昆明理工大学，2014.

[35] 明庆忠，段超. 基于空间生产理论的古镇旅游景观空间重构 [J]. 云南师范大学学报（哲学社会科学版）.2014（1）.

[36] 孙九霞，苏静. 旅游影响下传统社区空间变迁的理论探讨——基于空间生产理论的反思，旅游学刊.2014（5）.

[37] 杨宇振. 权力，资本与空间：中国城市化 1908—2008 年——写在《城镇乡地方自治章程》颁布百年 [J]. 城市规划学刊，2009（1）：62-73.

[38] 梁晶，罗小龙，殷洁. 空间生产中的权力与资本——以南京高新区转型为例 [J]. 现代城市研究，2014（5）：84-89.

[39] 陈映芳. 城市与中国社会研究 [J]. 社会科学，2012（10）：70-76.

[40] 胡毅，张京祥，孙东琪，付清松. 资本的空间不平衡发展：城中村的空间生产 [J]. 城市发展研究，2014，21（5）：32-38.

[41] 付清松. 大卫·哈维不平衡地理发展思想的理论化进程 [J]. 学习与探索，2012（5）：25-29.

[42] Harvey.D.The Urbanization of Capital [M].Baltimore: The Johns Hopkins University Press.

[43] 李光辉. 中越跨境经济合作区：背景、意义与构想 [J]. 国际经济合作，2009（4）：46-48.

[44] 刘顺娜. 论资本逻辑在空间生产中的功能品质 [J]. 求实，2013（10）：42-46.

[45] 郝戈. 从资本逻辑看"全球现代性"的内在矛盾 [J]. 教学与研究，2011，（7）.

[46] 李重. 从资本逻辑到生命逻辑：重新解读马克思的人类解放理论 [J]. 云南社会科学，2011，（3）.

[47] 鲁品越，王珊．论资本逻辑的基本内涵 [J]．上海财经大学学报，2013，15（5）：3-9.

[48] 崔翔．论城镇化进程的资本逻辑与空间生产 [J]．人民论坛，2014（14）：81-83.

[49] 李瑞．资本运动与权力干预下的空间生产——以北京大山子文化创意产业功能区为例 [A]．中国城市规划学会．城乡治理与规划改革——2014中国城市规划年会论文集（06城市设计与详细规划）[C]．中国城市规划学会：2014：10.

[50] Smith Neil.Uneven Development: Nature, Capital, and the Production of Space [M] .Georgia: University of Georgia Press, 2008.

[51] 孙全胜．论列斐伏尔"空间生产"的资本批判 [J]．武汉科技大学学报（社会科学版），2016，18（3）：274-280.

[52] 李彪．古镇旅游空间生产的动力及其在旅游资本循环中的博弈 [J]．财经理论研究，2015（6）：91-99.

[53] 熊小果，李建强．空间生产的资本化与"加速"资本化——基于资本逻辑的历史演绎 [J]．当代经济研究，2015（6）：53-58.

[54] 韩淑梅．资本逻辑的空间化批判——大卫·哈维空间生产理论实质评析 [J]．山西师大学报（社会科学版），2015，42（3）：99-103.

[55] 白永平，时保国．空间生产、资本逻辑与城市研究 [J]．宁夏社会科学，2012（6）：25-30.

[56] 刘顺娜．论资本逻辑在空间生产中的功能品质 [J]．求实，2013（10）：42-46.

[57] 宋宪萍，孙茂竹．资本逻辑视阈中的全球性空间生产研究 [J]．马克思主义研究，2012（6）：59-66.

[58] 张凤超，于尚艳．资本逻辑与空间化秩序——新马克思主义空间理论解析 [J]．外国经济学说与中国研究报告，2011（00）：76-80.

[59] 邵雪莹．新马克思主义视角下的空间生产：资本、阶层和制度 [D]．山东建筑大学，2014.

[60] 庄友刚，仇善章. 资本空间化与空间资本化：关于空间生产的现代性和后现代性话语 [J]. 山东社会科学，2013（2）：33-37.

[61] 陈品宇. 资本、权力与空间：不平衡地理研究进展 [J]. 热带地理，2017，37（1）：120-129.

[62] 刘云亚，韩文超，闫永涛，李亚洲. 资本、权力与空间的生产——珠三角战略地区发展路径及展望 [J]. 城市规划学刊，2016（5）：46-53.

[63] 刘润. 资本、权力与地方：成都市文化空间生产研究 [D]. 兰州大学，2015.

[64] 王军锋. 区域资本流动对甘肃经济增长影响的研究 [D]. 西北师范大学，2012.

[65] 陈曾静. 资本流动对我国区域经济发展差距的影响 [D]. 浙江理工大学，2012.

[66] 肖灿夫. 我国区域资本流动与区域经济协调发展 [J]. 财务与金融，2010（4）：17-20.

[67] 彭文斌. 资本流动对区域经济差距的影响研究 [D]. 复旦大学，2008.

[68] 郭金龙，王宏伟. 中国区域间资本流动与区域经济差距研究 [J]. 管理世界，2003（7）：45-58.

[69] 许周港，柳江. 中国区域资本流动与经济发展研究综述 [J]. 辽宁教育行政学院学报，2015，32（3）：8-13.

[70] 张洪石，曹丽. 加快推进中（广西）越跨境旅游合作区建设 [J]. 广西经济，2016（6）：48-50.

[71] 袁珈玲. 构建中越跨境旅游合作区浅探 [J]. 东南亚纵横，2014（4）：45-48.

[72] 黄爱莲. 中越国际旅游合作区跨界管理研究 [A]. 中国旅游评论 2011 [C].

[73] 鄢慧丽. 基于投入产出视角的中国旅游业经济效应研究 [D]. 华中师范大学，2012.

[74] 马仪亮，张宝军．进一步认识投入产出投资乘数 [J]．山西财经大学学报，2007（12）：5-10.

[75] 宋增文．基于投入产出模型的中国旅游业产业关联度研究 [J]．旅游科学，2007（2）：7-12+78.

[76] 乔玮．用投入产出模型分析旅游对上海经济的影响 [J]．经济地理，2006（S2）：63-66+86.

[77] 张凌云．旅游业乘数效应的几个问题 [J]．南开经济研究，1988（3）：41-44.

[78] 黎洁，连传鹏，黄芳．江苏旅游业固定资产投资对地区经济的贡献 [J]．统计与决策，2008（18）：85-87.

[79] 王如东，诸大建．基于投入产出分析的旅游投资对城市经济贡献的研究——以苏州市为例 [J]．旅游学刊，2009，24（11）：20-24.

[80] 温新秀．2000年以来武汉市主城区空间生产特征及其空间结构模式 [D]．华中师范大学，2014.

[81] 吕飞艳．2000年以来武汉市洪山区空间生产机制研究 [D]．华中师范大学，2014.

[82] 王丹．基于空间生产理论的古村落文化景观研究 [D]．西安建筑科技大学，2016.

[83] 张凤超．资本逻辑与空间化秩序——新马克思主义空间理论解析 [J]．马克思主义研究，2010（7）：37-45+159-160.

[84] 陈品宇，朱春聪．"一带一路"战略的资本流动及其空间格局——基于不平衡地理发展理论视角 [J]．地域研究与开发，2017，36（3）：1-6.

[85] 马克思恩格斯全集（第30卷）[M]．北京：人民出版社，1995.

参考文献（四）

[1] MacCannell D. Staged Authenticity: Arrangements of Social Space in Tourist Settings [J]. American Journal of Sociology, 1973, 79 (3): 589-603.

[2] Cohen E. A Phenomenology of Tourist Experiences [J]. Sociology, 1979, 13 (2): 179-201.

[3] 谢彦君. 旅游体验研究：走向实证科学 [M]. 北京：中国旅游出版社，2010：11-20.

[4] 谢彦君. 旅游体验——旅游世界的硬核 [J]. 桂林旅游高等专科学校学报，2005，16（6）：5-9.

[5] 马天，谢彦君. 旅游体验的社会建构：一个系统论的分析 [J]. 旅游学刊，2015，30（8）：96-106.

[6] 杨效忠，彭敏. 边境旅游研究综述及展望 [J]. 人文地理，2012（4）：19-24.

[7] 李飞. 跨境旅游合作区：探索中的边境旅游发展新模式 [J]. 旅游科学，2013（5）：10-21.

[8] Jean D G, Mary F. Market sensitivity of U.S. and Mexican Border Travel [J]. Journal of Travel Research, 1987 (26): 2-6.

[9] Neil L. Tourism and gambling [J]. GeoJournal, 1989, 19 (3): 269-275.

[10] Livio D M, Rosanna D M (1996) .An analysis of Canadian Cross-border Travel [J] .Annals of Tourism Research, 1996, 23 (1): 103-122.

[11] Dallen J T. Political Boundaries and Tourism: Borders as Tourist Attractions [J]. Tourism Management, 1995, 16 (7): 525-532.

[12] Dallen J T. Cross-border partnership in Tourism Resource Management:

要素流动重塑跨境旅游合作空间的内在机理与演化路径：

以中越边境地区为例

International Parks along the US-Canada Border [J]. Journal of Sustainable Tourism, 1999, 7 (3-4): 182-205.

[13] Harald P, Dagmar A, R Frieda. Cross-border Destination Management Systems in the Alpine Region-the Role of Knowledge Networks on the Example of AlpNet [J]. Journal of Quality Assurance in Hospitality & Tourism, 2002, 3 (3-4): 89-107.

[14] Dallen J Timonthy, T Cevat. Tourists' Perceptions of the Canada-USA Border as A Barrier to Tourism at the International Peace Garden [J]. Tourism Management, 2003, 24 (4): 411-421.

[15] Sanette F. Problems Associated with Tourism Development in Southern Africa: The Case of Transfrontier Conservation Areas [J]. GeoJournal, 2004, 60 (3): 301-310.

[16] Wang, D. Hong Kongers' Cross-border Consumption and Shopping in Shenzhen Patterns and Motivations [J]. Journal of Retailing and Consumer Services, 2004, 11 (3): 149-159.

[17] Sofield T H B. Border Tourism and Border Communities: An overview [J]. Tourism Geographies, 2006, 8 (2): 102-121.

[18] Tomasz S, Tomasz M. How to Promote a Cross-border Region as a Tourism Destination-the Case Study of the Bug Euroregion [J]. Tourism Review, 2007, 62 (1): 34-38.

[19] Jan H N, Lena E, Richard E. Creating Cross-border Destinations: Interreg Programmes and Regionalisation in the Baltic Sea Area [J]. Scandinavian Journal of Hospitality & Tourism, 2010, 10 (2): 153-172.

[20] Yeung, R.M.W. and W.M.S. Yee. A profile of the Mainland Chinese Cross-border Shoppers Cluster and Discriminant Analysis [J]. Tourism Management Perspectives, 2012 (4): 106-112.

[21] Weidenfeld A. Tourism and cross border regional innovation systems [J]. Annals of Tourism Research, 2013, 42 (4): 191-213.

[22] D. Blasco, J. Guia and L. Prats. Emergence of governance in Cross-border Destinations [J]. Annals of Tourism Research, 2014, 49: 159-173.

[23] Dibb, S., et al. Taking Responsibility for Border Security Commercial Interests in the Face of e-Borders [J]. Tourism Management, 2014, 42: 50-61.

[24] I Rowen. Tourism as a territorial strategy: The Case of China and Taiwan [J]. Annals of Tourism Research, 2014, 46: 62-74.

[25] Ji, M.J., M.M. Li and K. Brian. The impacts of China's New Free-trade Zones on Hong Kong Tourism [J]. Journal of Destination Marketing & Management, 2015, 4: 203-205

[26] Sener I N, Lorenzini K M, Aldrete R M. A synthesis on cross-border travel: Focus on El Paso, Texas, retail sales, and pedestrian travel [J]. Research in Transportation Business & Management, 2015, 16: 102-111.

[27] Studzieniecki, T., T. Palmowski and V. Korneevets. The System of Cross-border Tourism in the Polish-Russian Borderland [J]. Procedia Economics and Finance, 2016, 39: 545-552

[28] Arie Stoffelen, Dominique Vanneste. The Role of History and Identity Discourses in Cross-border Tourism Destination Development: A Vogtland Case Study [J]. Journal of Destination Marketing & Management, 2017.

[29] Stoffelen A, Ioannides D, Vanneste D. Obstacles to achieving cross-border tourism governance: A multi-scalar approach focusing on the German-Czech borderlands [J]. Annals of Tourism Research, 2017, 64: 126-138.

[30] 王新歌, 孔钦钦, 席建超. 边境旅游研究进展及其启示 [J]. 资源科学, 2014, 36 (6): 1107-1116.

[31] 杨效忠, 彭敏. 边境旅游研究综述及展望 [J]. 人文地理, 2012 (4): 19-24.

[32] 姜太芹. 我国边境旅游研究综述 [J]. 旅游研究, 2012, 4 (3): 79-84.

[33] 纪光萌. 国内边境旅游文献综述 [J]. 武汉商学院学报, 2014 (6):

11-14.

[34] 潘航，王峰，明庆忠. 国内边境旅游研究现状及展望[J]. 红河学院学报，2014，12（3）：100-104.

[35] 刘建民. 文化权力视角下的中越边境旅游商品变迁——以广西东兴红木制品为例[J]. 云南民族大学学报（哲学社会科学版），2012（6）：41-45.

[36] 孙美玉，崔哲浩. 图们江区域边境旅游客源结构与游客行为研究——以赴俄中国游客为例[J]. 延边大学学报（社会科学版），2013（3）：19-25.

[37] 贺传阅，等. 黑龙江省中俄边境旅游发展战略研究[J]. 生态经济，2014（2）：180-183.

[38] 熊远光. 广西边境旅游发展现状及对策研究[J]. 农业经济，2015（11）：53-55.

[39] 唐承财，等. 基于实验人文地理学的北京居民边境旅游城市选择行为及其营销路径分析[J]. 资源科学，2016（7）：1297-1307.

[40] 梁茂林，等. 云南边境旅游走廊构建研究[J]. 资源开发与市场，2016（10）：1249-1252.

[41] 罗奎，等. 丝绸之路经济带中国—哈萨克斯坦国际合作示范区边境旅游发展与自由旅游区建设[J]. 干旱区地理，2016（5）：959-966.

[42] 徐宁，图登克珠. "一带一路"背景下西藏边境旅游发展的战略选择[J]. 西藏大学学报（社会科学版），2016（2）：147-152.

[43] 刘民坤，蒋丽玲，陈湘满. "一带一路"背景下中越跨境旅游合作区开发路径研究[J]. 经济研究参考，2015（53）：94-96.

[44] 王英，原帼力. 构建中哈跨境旅游合作区的战略思路和对策[J]. 对外经贸实务，2016（6）：83-85.

[45] 胡抚生. "一带一路"倡议背景下跨境旅游合作区建设的思考[J]. 旅游学刊，2017（5）：1-3.

[46] 杜钟，贝小为. "一带一路"背景下中越跨境旅游合作区开发策略

探析 [J]. 中国市场, 2017 (11): 158.

[47] 钱学礼. "一带一路" 背景下中越跨境民族文化旅游合作开发问题研究 [J]. 贵州民族研究, 2017 (3): 173-177.

[48] 耿桂红, 张丽君, 西南边境地区旅游业发展成效、问题与对策——以云南德宏、广西崇左为例 [J]. 湖北民族学院学报 (哲学社会科学版), 2017 (2): 96-100.

[49] 黄爱莲. 社会网络对跨境旅游合作者的行为影响研究 [J]. 生态经济, 2014 (4): 127-131.

[50] 黄爱莲. 空间正义与中越跨境旅游合作 [J]. 旅游学刊, 2017, (4): 5-6.

[51] 刘名俭, 唐静. 中国旅游企业 "走出去" 的路径与模式分析. 经济地理, 2012 (3): 153-156.

[52] 夏友照. 关于建立中俄朝跨境旅游合作区的战略思考 [J]. 社会科学战线, 2011 (11): 237-239.

[53] 靖学青. 沿边地区开放开发的形式转换——兼论中国沿边地区开放开发的问题与对策 [J]. 云南地理环境研究, 1997 (1): 18-22.

[54] 王之光. 沿边开放的新内涵: 语义、要素和前瞻 [J]. 俄罗斯中亚东欧市场, 2008 (5): 6-9.

[55] 刘爽. 国家沿边开放政策与黑龙江对俄开放战略升级 [J]. 黑龙江社会科学, 2011 (3): 41-45.

[56] 张丽君, 吴凡. 民族地区沿边开放效果及政策研究——以云南省为例 [J]. 黑龙江民族丛刊, 2014 (1): 83-91.

[57] OECD (2002). Trade Facilitation, TD/TC/WP (2002) 17/FINAL.

[58] Wilson J S, Mann C L. Trade Facilitation and Economic Development: A New Approach to Quantifying the Impact [J]. World Bank Economic Review, 2003, 17 (3): 367-389.

[59] Bin Chen, Ling Lin. On the strategy of trade arrangements of China [J]. Front Law China, 2009 (2): 293-309.

[60] Shepherd B, Wilson J S. Trade facilitation in ASEAN member countries: Measuring progress and assessing priorities [J]. Journal of Asian Economics, 2009, 20 (4): 367-383.

[61] Tasud, Muang, Chiang, Rai. Investment Promotion Policy in Potential Border Zone [J], Procedia Economics and Finance, 2014 (14): 615-623.

[62] 中华人民共和国国务院, 国务院关于支持沿边重点地区开发开放若干政策措施的意见, https://www.gov.cn/zhengce/content/2016-01/07/content_10561.htm, 2017/06/26.

[63] 和讯网, 边境旅游异地办证, https://stock.hexun.com/2009-04-27/117098433.html, 2017/06/26.

[64] 东兴市人民政府, 东兴市边境旅游管理暂行办法（修订）, https://www.dxzf.gov.cn/zwgk/gfxwj/bjwj/201410/t20141009_19393.html, 2017/06/26.

[65] Zing. 免税的边境居民, 谁受益? https://news.zing.vn/mien-thue-cho-cu-dan-bien-gioi-ai-duoc-loi-post571262.html, 2017/06/26. 越南国家税务局电子新闻网. 边民优惠政策多被利用, https://tapchithue.com.vn/dantoc/201-dantoc/5500-chinh-sach-uu-dai-cu-dan-bien-gioi.html, 2017/06/26.

参考文献（五）

[1] IGU Working Group. Tourism and Borders: Proceedings of the Meeting of the IGU Working Group– Geography of Tourism and Recreation [M]. Frankfurt/Main: Institut für Wirtschafts– und Sozialgeographie der Johann Wolfgang Goethe– Universität Frankfurt/Main, 1979.

[2] Martinez, Oscar. The dynamics of border interaction: new approaches to border analysis [M] //Schofield C H. Global Boundaries: World Boundaries Volume 1. London: Routledge, 1994: 1–22.

[3] Timothy D J. Political boundaries and tourism: borders as tourist attraction [J]. Tourism Management, 1995, 16 (7): 525–532.

[4] Timonthy D J. Tourism and Political Boundaries [M]. New York: the Taylor & Frsncis Group, 2001: 9–11.

[5] Lord K R, Putrevu S, Shi Y Z. Cultural influences on cross–border vacationing [J]. Journal of Business Research, 2008, 61 (3): 183–190

[6] Gibbons J D, Fish M. Market sensitivity of U.S. and Mexican border travel [J]. Journal of Travel Research July, 1987, 26 (1): 2–6

[7] Barrera E, Trejo M. Pancho Villa raids again: Representations of aliens in heterotopia [J]. International Journal of Intercultural Relations, 2000, 24 (5): 707–722.

[8] Saxena G, Ilbery B. Developing integrated rural tourism: Actor practices in the English/Welsh border [J]. Journal of Rural Studies, 2010, 26 (3): 260–271.

[9] Sullivan P, Bonn M A, Bhardwaj V, et al. Mexican national crossborder shopping: Exploration of retail tourism [J]. Journal of Retailing and

Consumer Services, 2012, 19 (6): 596-604.

[10] 王新歌, 孔钦钦, 席建超. 边境旅游研究进展及其启示 [J]. 资源科学, 2014, 36 (6): 1107-1116.

[11] Lovelock B, Boyd S. Impediments to a cross-border collaborative model of destination management in the Catlins, New Zealand [J]. Tourism Geographies, 2006, 8 (2): 143-161.

[12] Schindler S, Curado N, Nikolov S C, et al. From research to implementation: Nature conservation in the Eastern Rhodopes mountains (Greece and Bulgaria), European Green Belt [J]. Journal for Nature Conservation, 2011, 19 (4): 193-201.

[13] Arrington A L. Competing for tourists at Victoria Falls: A historical consideration of the effects of government involvement [J]. Development Southern Africa, 2010, 27 (5): 773-787.

[14] 关于云南省瑞丽、畹町边境旅游情况的考察报告 [J]. 旅游学刊, 1994, (4): 26-29+63.

[15] 陈永涛. 边境与旅游的关系及边境旅游概念分析 [J]. 昆明冶金高等专科学校学报, 2013, 29 (4): 61-65.

[16] 李飞. 跨境旅游合作区: 探索中的边境旅游发展新模式 [J]. 旅游科学, 2013, 27 (5): 10-21+41.

[17] 韩璐, 明庆忠. 边境民族文化旅游: 内涵、特征与驱动机制 [J]. 广西民族研究, 2016 (5): 139-148.

[18] 时雨晴, 钟林生, 陈田. 中国陆地边境县域旅游竞争力评价 [J]. 资源科学, 2014, 36 (6): 1133-1141.

[19] 钟林生, 张生瑞, 时雨晴, 张爱平. 中国陆地边境县域旅游资源特征评价及其开发策略 [J]. 资源科学, 2014, 36 (6): 1117-1124.

[20] 郭向阳, 明庆忠, 穆学青, 等. 云南省边境地区州市旅游竞争力差异与整合研究 [J]. 世界地理研究, 2017, 26 (5): 147-156.

[21] 田里, 唐夕汐, 王桀. 游客感知视角下边境旅游吸引物的吸引力测

评[J].资源开发与市场，2018，34（1）：128-132.

[22] 幸岭.区域旅游发展创新模式：跨境旅游合作区[J].学术探索，2015（9）：70-75.

[23] 胡抚生."一带一路"倡议背景下跨境旅游合作区建设的思考[J].旅游学刊，2017，32（5）：1-3.

[24] 刘宏芳，明庆忠，娄思元.边境旅游试验区建设的战略思维[J].云南社会科学，2017（6）：135-140.

[25] 黄爱莲.空间正义与中越跨境旅游合作[J].旅游学刊，2017，32（4）：5-6.

[26] 陈琪."一带一路"视域下中国新疆边境游消费者权益保护研究[J].新疆师范大学学报（哲学社会科学版），2015，36（4）：120-125.

[27] 徐宁，图登克珠."一带一路"背景下西藏边境旅游发展的战略选择[J].西藏大学学报（社会科学版），2016，31（2）：147-152.

[28] 杨艳."一带一路"语境下滇西北边境少数民族旅游扶贫研究[J].中央民族大学学报（哲学社会科学版），2018，45（2）：65-74.

[29] 陈俊安.边境国际旅游合作区建设与旅游产业发展创新策略[J].学术交流，2014（6）：131-134.

[30] 刘佳劲，徐淑梅，王茗萱，等.东北地区边境口岸旅游业发展研究[J].世界地理研究，2015，24（4）：163-170.

[31] 王公为，乌铁红.内蒙古入境旅游与进出口贸易关系的区域差异——基于12个盟市面板数据的实证检验[J].干旱区资源与环境，2017，31（2）：203-208.

[32] 黄爱莲，罗平雨.跨境旅游与边境口岸地区产业发展的影响研究——以云南瑞丽口岸为例[J].东南亚纵横，2018（1）：91-96.

[33] S Aradhyula，R Tronstad（2003），Does Tourism Promote Cross-Border Trade&qu-est[J]. American Journal of Agricultural Economics，2003，85（3）：569-579.

[34] Y Gorodnichenko，LL Tesar（2005），border effect or country effect？

Seattle may not be so far from Vancouver affter all [J]. American Economic Journal Macroeconmics, 2005, 1 (1): 219-41

[35] JB Anderson (2010), Effects of increased trade and investment on human development in the U.S.And Mexican border communities [J]. Journal of Developing Areas, 2010, 43 (2): 341-362.

[36] T Kudo (2008, 2009), Myanmar's border trade with China: Situarion, challenge and prospects [J]. Econiomic Relations of China.

[37] 杨清震. 中国边境贸易概论 [M]. 北京: 中国商务出版社, 2005.

[38] 范宏贵, 刘志强. 中越边境贸易研究 [M]. 北京: 民族出版社, 2006.

[39] 周英虎. 区域经济一体化、中国——东盟自由贸易区与广西边境贸易研究 [J]. 广西财经学院学报. 2006 (6).

[40] 叶荣聪, 肖淑芬. 基于博弈论的视角的中越边境贸易的研究 [J]. 中国商界 (下半月), 2010 (12): 151-152.

[41] 外贸部. 边境小额贸易暂行管理方法 [Z] .1984.12.20

[42] 国务院. 关于边境贸易有关问题的通知 [Z] .1996.04.01

[43] Weick K.E.Educational Organizations as Lossely Coupled Systems [J]. Administrative Science Quarterly, 1976, 21 (1): 1-19.

[44] Vefier L.The penguin directionary of physics [M]. Beijing.Foreign Language Press, 1996: 92-93.

[45] John Hagel, John Seely Brown [J]. A lossely coupled approach to business process and IT makes it much more possible for companies to innovate, both within and across enterpries [C]. CIO.Framingham, 2005, Sep (22): 1-16.

[46] 唐为彩, 尤红芳, 卞光浩. 论农村股份合作经济发展与金融部门耦合方略 [J]. 福建金融管理干部学院学报, 1995 (4): 71-74.

[47] 杨生斌. 职业教育与区域经济的耦合——神木县职教发展历程报告 [J]. 职教论坛, 2000 (5): 23-26.

[48] 张妍, 尚金城, 于相毅. 城市经济与环境发展耦合机制的研究 [J].

环境科学学报，2003（1）：107-112.

[49] 蔡则祥，孙国锋. 江苏省县域经济与县域金融发展的耦合研究 [J]. 审计与经济研究，2004（5）：44-47+56.

[50] 朱彦恒，张明玉，曾维良. 开发区产业发展的耦合机理 [J]. 科学与科学技术管理，2006（10）：67-70.

[51] 杨红，蒲勇健. 不发达地区可持续发展的新路径——生态农业、生态旅游业耦合产业研究 [J]. 管理世界，2009（4）：169-170.

[52] 熊勇清，李世才. 战略性新兴产业与传统产业耦合发展的过程及作用机制探讨 [J]. 科学学与科学技术管理，2010，31（11）：84-87+109.

[53] 丁玲华. 现代信息服务业与文化产业的融合发展研究——基于广东省数据的实证分析 [J]. 现代情报，2014，34（12）：64-68+73.

[54] 任文龙，杨子溪. 江苏省文化产业与旅游产业融合发展的耦合协调度研究 [J]. 文化产业研究，2017（3）：253-269.

[55] 张百菊. 吉林省旅游业与休闲农业耦合关系研究 [J]. 中国农业资源与区划，2018，39（10）：236-240.

[56] 迟庆林. 中俄旅游购销贸易发展和双边贸易平衡 [J]. 东欧中亚市场研究，2001（5）：35-40.

[57] 朱仁友，张国宏. 凭祥市加快由边贸旅游城市向现代商贸旅游城市转型探讨 [J]. 广西大学学报（哲学社会科学版），2006（6）：25-30.

[58] 何晓薇. 打造丹东特色边贸旅游产业的思考 [J]. 民族论坛，2011（12）：18-20.

[59] 李斌. 关于繁荣黑河边贸旅游明星城的思考 [J]. 黑河学刊，2012（8）：1-4.

[60] 李怀清，迟松. 满洲里口岸边贸旅游卢布现钞兑换情况的调查 [J]. 北方金融，2015（11）：43-45.

[61] 金首文，李怀清. 对当前满洲里口岸外贸进出口及边境旅游情况调查 [J]. 北方金融，2016（7）：40-42.

[62] 杨亚萍. 云南省旅游与边境商贸活动融合发展研究 [J]. 旅游纵览

(下半月），2017（7）：164.

[63] 金首文，李怀清，袁欣喆．对当前满洲里口岸边境对俄贸易旅游发展状况的调查 [J]．北方金融，2017（4）：49-52.

[64] 国务院．关于支持沿边重点地区开发开放若干政策措施的意见 [Z]．2015.12.24

[65] 文化和旅游部．关于印发内蒙古满洲里、广西防城港边境旅游试验区建设实施方案的通知 [Z]．2018.04.11

[66] Timothy D J, Butler R W.Cross-border shopping: A North American perspective [J]. Annals of Tourism Research, 1995, 22 (1): 16-34.

[67] Timothy D J.Tourism and international borders: Themes and issues [J]. Visions in Leisure and Business, 1998, 17 (3): 3-7.

[68] 国家旅游局．边境旅游暂行管理办法 [Z]．1974

[69] 钱鹏．新疆地区边境贸易发展研究 [D]．天津财经大学，2016.

[70] 刘晓勤．广西东兴市边境贸易研究 [D]．广西民族大学，2018.

[71] 黄睿婵．磷化工行业产业耦合循环经济研究 [D]．昆明理工大学，2007.

[72] 周叶．基于灰色理论的江西文化与旅游产业耦合发展 [J]．江西社会科学．2014：41-45.

附 录

一、德天瀑布边境旅游者旅游感知调查问卷

尊敬的先生/女士：

欢迎您来到德天瀑布及边境，同时感谢您协助参与此次重要调查。本次调查的实施旨在使游客能够为当地旅游规划部门提供反馈信息，以改善游客来德天瀑布的旅游体验。您对于本次调查的参与完全取决于您的意愿，同时调查不涉及您的个人隐私。请尽可能准确地填写问卷。

1. 您这次旅行将在德天瀑布及边境停留多久？_____

2. 您之前曾经来过德天瀑布及边境几次？_____

3. 请在您今天去过或打算去的旅游景点前打"√"：德天瀑布风光_____；中国边境一侧的集市_____；越南边境一侧的集市_____；中越边境53号界碑_____；归春河_____；明仕田园风光_____；明仕山庄酒店_____；壮族民族风情街_____。

要素流动重塑跨境旅游合作空间的内在机理与演化路径：

以中越边境地区为例

4. 下列各项是否为您此次游览中的重要体验项目，请在相应选项下打"√"。

		很不同意	不同意	一般	同意	很同意
1	看到中越边境界碑	□	□	□	□	□
2	站在中越边境界碑处	□	□	□	□	□
3	在中越53号界碑处拍照留影	□	□	□	□	□
4	在越南一侧的集市购物	□	□	□	□	□
5	在中国一侧的集市购物	□	□	□	□	□
6	在界河上游的越南境内观光游览	□	□	□	□	□
7	体验骑马	□	□	□	□	□
8	欣赏瀑布风光	□	□	□	□	□
9	在瀑布近处拍照留影	□	□	□	□	□

5. 请根据您在德天瀑布的体验，在符合您情况的程度选项下打"√"。

		很不同意	不同意	一般	同意	很同意
1	它是一处跨国瀑布，值得向国际游客宣传与推广	□	□	□	□	□
2	我希望可以从越南边境一侧游览瀑布	□	□	□	□	□
3	我认为德天瀑布之所以具有吸引力，主要原因是它处在中越边境线上	□	□	□	□	□
4	越南边境一侧的景观看起来与中国一侧不同	□	□	□	□	□
5	越南边境一侧的景观看起来比中国一侧更有趣	□	□	□	□	□
6	比起越南商品，我更愿意买中国商品	□	□	□	□	□
7	比起中国商品，我更愿意买越南商品	□	□	□	□	□
8	我喜欢从越南集市购买越南商品	□	□	□	□	□

续表

		很不同意	不同意	一般	同意	很同意
9	我在驾小船过河的越南商贩那里买过东西	□	□	□	□	□
10	边境的集市使我在德天瀑布的游览更加愉快	□	□	□	□	□
11	1979年发生在附近的中越边境冲突是这个地方历史遗迹的重要部分	□	□	□	□	□
12	紧靠德天瀑布的边境应该开放，使人们能更容易地跨越去看边境两侧的风光	□	□	□	□	□
13	边境使游客产生心理上的障碍	□	□	□	□	□

6. 请您用自己的话谈谈对德天瀑布上的中越边境线的感受。

7. 您居住的地方（城市／省份）_____

8. 您的年龄 _____

9. 您的性别 □男 □女

感谢您参与此次调查！

二、跨境旅游合作区中的居民身份认同研究调查问卷（1）

尊敬的先生/女士：

您好！我是一名旅游管理专业的研究生，非常感谢您参与本次问卷调查！本问卷采取匿名方式作答，所获信息仅供学术研究使用并严格保密，敬请您根据实际情况放心填写。对您百忙之中的帮助，表示最真挚的感谢。

第一部分：个人基本信息

1. 您的性别：男□　　　　女□

2. 您的年龄：

18岁以下□　　18~30岁□　　31~45岁□　　46~60岁□　　60岁以上□

3. 您的受教育程度：

初中及以下□　　高中□　　专科□　　本科□　　硕士□　　博士□

4. 您的职业：

公司职员□　　商贸人员□　　服务业人员□　　技术工人□　　个体经营者□　　农民（渔民）□　　退休人员□　　学生□　　其他 _____

5. 您的个人身份：

土生土长的本地人□　　　　户籍本地（外迁过来）□　　户籍非本地（在此工作）□　　其他 _____

6. 您在此地居住/停留时间（土生土长的本地人不用填写）：

1年以内□　　2~5年□　　6~10年□　　11~15年□　　16~25年□　　26~35年□　　35年以上□

7. 您的平均月收入（元）：

≤ 1000 □　　1001~2000 □　　2001~4000 □　　4001~6000 □

≥ 6000 □

8. 您或家人是否从事旅游相关工作：是□　　　否□

以何种方式（如参与请填写）_____

9. 您对跨境旅游合作区的发展有哪些建议？

第二部分：就以下情况，请根据您的实际感知情况进行评价，并在对应的方框中打"√"。（其中，1代表非常不认同，2代表不认同，3代表一般/说不清，4代表认同，5代表非常认同）

	1	2	3	4	5
1. 本地旅游发展使我的经济收入增加	1	2	3	4	5
2. 旅游为当地居民提供了更多的工作岗位	1	2	3	4	5
3. 旅游收入分配制度实现利益共享	1	2	3	4	5
4. 旅游加大了本地的贫富差距	1	2	3	4	5
5. 旅游使本地的生活成本上升	1	2	3	4	5
6. 本地的基础设施条件日趋完善	1	2	3	4	5
7. 旅游促进了本地的经济发展	1	2	3	4	5
8. 我有机会参与当地的旅游开发决策	1	2	3	4	5
9. 旅游开发规划方重视当地居民的意见	1	2	3	4	5
10. 我了解本地旅游的总体收益和分配情况	1	2	3	4	5
11. 我可以按自己的意愿参与到旅游经营活动中	1	2	3	4	5
12. 我有参与旅游知识教育与培训的机会	1	2	3	4	5
13. 旅游发展改变了人们原有的生活方式	1	2	3	4	5
14. 本地越来越多的人加入旅游行业	1	2	3	4	5
15. 旅游使本地的民俗文化得到传承	1	2	3	4	5
16. 政府引导下举办的"哈节"商业气息浓厚	1	2	3	4	5

续表

17. 旅游提高了我对本土文化的认识	1	2	3	4	5
18. 旅游使中越边民的交流更加密切	1	2	3	4	5
19. 邻里关系不如以前亲密	1	2	3	4	5
20. 更多外地人来这里生活工作	1	2	3	4	5
21. 外来文化及外来人员对当地产生的影响	1	2	3	4	5
22. 发展旅游业后，交朋友的范围变大了	1	2	3	4	5
23. 我认为边境这个地方的景观独特	1	2	3	4	5
24. 我对这个地方有强烈的感情依赖，想一直居住在这里	1	2	3	4	5
25. 外出时会经常想起本地社区	1	2	3	4	5
26. 在边境居住使我产生民族自豪感	1	2	3	4	5
27. 当地的旅游发展提高了我的社会身份地位	1	2	3	4	5
28. 我对目前本地旅游发展现状感到满意	1	2	3	4	5
29. 我支持本地发展旅游产业	1	2	3	4	5

第三部分：就以下情况，请根据您的期望的程度进行评价，并在对应的方框中打"√"。（其中，1代表非常不认同，2代表不认同，3代表一般/说不清，4代表认同，5代表非常认同）

1. 希望可以借助旅游的发展使我的收入增加	1	2	3	4	5
2. 希望旅游为当地居民提供更多的工作岗位	1	2	3	4	5
3. 希望旅游收入分配制度实现利益共享	1	2	3	4	5
4. 希望发展旅游可以加大本地的贫富差距	1	2	3	4	5
5. 希望旅游使本地的生活成本上升	1	2	3	4	5
6. 希望本地的基础设施条件日趋完善	1	2	3	4	5
7. 希望通过旅游的发展促进本地的经济增长	1	2	3	4	5

续表

	1	2	3	4	5
8. 希望有机会参与当地的旅游开发决策	1	2	3	4	5
9. 希望旅游开发规划方重视当地居民意见	1	2	3	4	5
10. 我希望了解本地旅游的总体收益和分配情况	1	2	3	4	5
11. 希望可以参与到旅游经营活动中	1	2	3	4	5
12. 希望有参与旅游知识教育与培训的机会	1	2	3	4	5
13. 希望旅游业可以改变现有的生活方式	1	2	3	4	5
14. 希望本地越来越多的人加入旅游行业	1	2	3	4	5
15. 希望旅游的发展可以传承民族文化	1	2	3	4	5
16. 希望政府引导下举办的"哈节"商业化	1	2	3	4	5
17. 希望通过旅游提高我对本土文化的认识	1	2	3	4	5
18. 希望旅游的发展促进中越边民更深的交流	1	2	3	4	5
19. 希望邻里关系淡漠	1	2	3	4	5
20. 希望更多外地人来这里生活工作	1	2	3	4	5
21. 希望外来文化及外来人员对当地产生影响	1	2	3	4	5
22. 希望借助旅游的发展扩大交朋友的范围	1	2	3	4	5
23. 希望边境这里是个独特的景观资源	1	2	3	4	5
24. 希望对这里有强烈的感情依赖，想一直居住在这里	1	2	3	4	5
25. 希望外出时会经常想起本地社区	1	2	3	4	5
26. 希望在边境居住使我产生民族自豪感	1	2	3	4	5
27. 希望当地旅游发展能提高我的社会身份地位	1	2	3	4	5
28. 希望本地的旅游发展能使我感到满意	1	2	3	4	5
29. 希望在行动上支持本地发展旅游产业	1	2	3	4	5

跨境旅游合作空间生产中的政府部门身份认同研究调查问卷（2）

尊敬的先生/女士：

您好！我是一名旅游管理专业的研究生，非常感谢您参与本次问卷调查！本问卷采取匿名方式作答，所获信息仅供学术研究使用并严格保密，敬请您根据实际情况放心填写。对您百忙之中的帮助，表示最真挚的感谢。

第一部分：个人基本信息

1. 您的性别：男□ 女□

2. 您的年龄：

18~25 岁□ 26~30 岁□ 31~45 岁□ 46~60 岁□

60 岁以上□

3. 您的受教育程度：

高中及以下□ 专科□ 本科□ 硕士□

博士□

4. 您所在的政府部门：_____

5. 您的个人身份：

土生土长的本地人□ 户籍本地（外迁过来）□

户籍非本地（在此工作）□ 其他 _____

6. 您在此地居住／停留时间（土生土长的本地人不用填写）：

1 年以内□ 2~5 年□ 6~10 年□ 11~15 年□

16~25 年□ 26~35 年□ 35 年以上□

7. 您的平均月收入（元）：

$\leqslant$ 1000 □ 1001~2000 □ 2001~4000 □ 4001~6000 □

$\geqslant$ 6000

8. 您或家人是否从事旅游相关工作：是□　　　否□

以何种方式（如参与请填写）_____

9. 您认为跨境旅游合作区的开发发展中有哪些障碍？

_____

10. 您对跨境旅游合作区的发展有哪些建议？

_____

第二部分：就以下情况，请根据您的实际感知情况进行评价，并在对应的方框中打"√"。（其中，1代表非常不认同，2代表不认同，3代表一般/说不清，4代表同意，5代表非常同意）

	1	2	3	4	5
1. 本地旅游发展使我的个人经济收入增加	1	2	3	4	5
2. 旅游的发展增进了本地财政收入	1	2	3	4	5
3. 旅游的发展增加了本地就业机会	1	2	3	4	5
4. 旅游使本地基础设施日趋完善	1	2	3	4	5
5. 旅游促进了本地的经济发展	1	2	3	4	5
6. 在旅游开发过程中，本地政府可以充分合理地分配收益	1	2	3	4	5
7. 本地的旅游开发规划主要体现了政府意志	1	2	3	4	5
8. 国家关于沿边开发开放的政策对于本地政府发展旅游业起到重要推动作用	1	2	3	4	5
9. 旅游业的发展对于本地政府工作人员的政绩评价影响重大	1	2	3	4	5
10. 旅游发展改变了人们原有的生活方式	1	2	3	4	5
11. 发展旅游使本地的民俗文化得到重新塑造	1	2	3	4	5
12. 旅游的发展推动本地政府对本土文化的认识	1	2	3	4	5
13. 旅游提高本地的知名度，树立了良好的口碑	1	2	3	4	5
14. 旅游提高了本地政府的声望	1	2	3	4	5
15. 我认为边境这个地方的景观独特	1	2	3	4	5

要素流动重塑跨境旅游合作空间的内在机理与演化路径：

以中越边境地区为例

续表

16. 我对这个地方有强烈的感情依赖，想一直居住在这里	1	2	3	4	5
17. 我喜欢这个地方，想将此地建设成旅游胜地	1	2	3	4	5
18. 在边境工作使我有强烈的民族自豪感	1	2	3	4	5
19. 我对目前本地旅游发展现状感到满意	1	2	3	4	5
20. 我支持本地发展旅游产业	1	2	3	4	5

第三部分：就以下情况，请根据您的期望的程度进行评价，并在对应的方框中打"√"。（其中，1代表非常不认同，2代表不认同，3代表一般/说不清，4代表认同，5代表非常认同）

1. 希望可以借助旅游的发展使我的收入增加	1	2	3	4	5
2. 希望通过发展旅游业增进本地财政收入	1	2	3	4	5
3. 希望通过旅游的发展增加本地就业机会	1	2	3	4	5
4. 希望本地的基础设施条件日趋完善	1	2	3	4	5
5. 希望通过旅游的发展促进本地的经济增长	1	2	3	4	5
6. 在旅游开发过程中，本地政府希望可以充分合理的分配收益	1	2	3	4	5
7. 希望本地旅游开发规划可以体现政府的意志	1	2	3	4	5
8. 希望国家可以提供更多对边境旅游的支持政策	1	2	3	4	5
9. 希望可以通过旅游业的发展提高本地政府官员的政绩	1	2	3	4	5
10. 希望旅游发展可以改变人们原有的生活方式	1	2	3	4	5
11. 希望发展旅游使本地的民俗文化得到重新塑造	1	2	3	4	5
12. 希望通过发展旅游提高政府对本地文化的认识	1	2	3	4	5
13. 希望可以借助旅游业提高本地的知名度	1	2	3	4	5
14. 希望通过发展旅游产业提高本地政府的声望	1	2	3	4	5

续表

15. 希望边境这里是个独特的景观资源	1	2	3	4	5
16. 希望对这里有强烈的感情依赖，想一直居住在这里	1	2	3	4	5
17. 希望自己喜欢这里，将这里建成旅游胜地	1	2	3	4	5
18. 希望在边境居住使我产生民族自豪感	1	2	3	4	5
19. 希望本地的旅游发展能使我感到满意	1	2	3	4	5
20. 希望在行动上支持本地发展旅游产业	1	2	3	4	5

后 记

本书是国家自然科学基金项目"要素流动重塑跨境旅游合作空间的内在机理与演化路径：以中越边境地区为例"（批准号：41561030）的最终研究成果。项目从2016年获得立项，2019年完成结项，后续经过2年多的补充完善，最终形成本书稿。回首曾受新冠疫情的影响，撰写任务和现场资料采集和核对一度中断，边境口岸为了减少人员流动已经关闭一年多。但是记忆最深的是，课题组于2016年11月8日与东兴市人民政府、芒街市人民委员会协助广西壮族自治区旅游发展委员会、越南广宁省旅游厅、防城港市人民政府，在东兴市共同承办《中国东兴一越南芒街跨境旅游合作专家论坛》，这是一次国际性的会议。来自国内外80多名专家学者、两地旅游企业家参与了本次研讨会，会上两国专家共同磋商，交流中越跨境旅游合作的成果；同时举行首届中越跨境自驾游启动仪式，本次会议标志着中越跨境旅游合作开启新的旅程。2017年12月课题负责人黄爱莲参加中国凭祥2017中越边关文化旅游节暨中国一东盟进口水果高峰论坛，发表《跨境旅游与进口水果新业态培育》的演讲，学术研究成果"凭祥口岸跨境旅游与进口水果业态培育路径"得到地方政府及旅游主管部门高度重视，2018年、2019年连续两年围绕跨境旅游与进口水果业态创新进行项目布局和策划，摸索跨境口岸旅游业态创新的新路径。继后黄爱莲参加越南芒街举办的2017年越中（芒街一东兴）商贸旅游博览会，以及2019年参加广西首届边境旅游发展研讨会，分享"2019年广西边境县域旅游发展分析研究报告"。课题组提出《广西跨境区域旅游合

后记

作的跨界现象的对策》作为广西壮族自治区农工党的政策建言提交提案。

本课题从立项到完成共举办国内学术会议1次，参与国内外学术会议12次，到广西边境地区调研12次，提交会议论文10余篇，撰写调研报告8篇，在《广西日报》《中国一东盟博览》等报纸期刊及人民网、搜狐网、资讯网等发表重要理论文章，发表学术论文20多篇，培养硕士生8名。同时，在服务地方层面，课题组负责人及成员凌常荣教授等、陈红玲博士亲临指导广西东兴、凭祥、大新、宁明、龙州等边境县区创建全域旅游示范区工作，并获取大量的一手资料和数据。特别感谢的是东兴市文化和旅游局、凭祥市文化和旅游局、大新县文化和旅游局、靖西市文化和旅游局等相关部门给予本课题的调研工作全方位的支持和配合。本书在完成过程中获得我的研究生的大力支持和帮助，他们是：温宇、俞渊、杨慧月、高仁权、徐哲帅、罗平雨、陈翀等。课题组成员魏继洲教授、赵赞博士等建构边境旅游感知的理论模型，王淑萍副教授给予数据分析方面大量的指导，另外，本书在资料整理和数据核对方面得到朱俊蓉、冯瑶等研究生的帮助。感谢中国旅游出版社段向民主任对本书出版的大力支持，没有她的耐心和理解就没有书稿的正式出版！感谢武洋老师不辞辛劳订正书稿中的许多知识与文句讹误，从而保证了书稿的质量！同时衷心感谢广西大学工商管理学院领导和科研秘书何芹老师对本课题立项到结题给予的悉心指导和帮助！

黄爱莲

2025 年春于西大碧云湖

项目策划：段向民
责任编辑：武 洋
责任印制：谢 雨
封面设计：武爱听

图书在版编目（CIP）数据

要素流动重塑跨境旅游合作空间的内在机理与演化路径：以中越边境地区为例 / 黄爱莲著．— 北京：中国旅游出版社，2025．5．—（国家自然科学基金旅游研究项目文库）．— ISBN 978-7-5032-7568-5

Ⅰ．F592.3；F593.33

中国国家版本馆 CIP 数据核字第 2025TR2064 号

书　　名： 要素流动重塑跨境旅游合作空间的内在机理与演化路径：以中越边境地区为例

作　　者： 黄爱莲
出版发行： 中国旅游出版社
　　　　　（北京静安东里6号　邮编：100028）
　　　　　https://www.cttp.net.cn　E-mail:cttp@mct.gov.cn
　　　　　营销中心电话：010-57377103，010-57377106
　　　　　读者服务部电话：010-57377107
排　　版： 北京旅教文化传播有限公司
经　　销： 全国各地新华书店
印　　刷： 三河市灵山芝兰印刷有限公司
版　　次： 2025年5月第1版　2025年5月第1次印刷
开　　本： 720毫米×970毫米　1/16
印　　张： 22.25
字　　数： 350千
定　　价： 59.80元
ISBN 978-7-5032-7568-5

版权所有　翻印必究

如发现质量问题，请直接与营销中心联系调换